Improving Health-Span through Sports: Scientific Revelations on Exercise and Nutrition

スポーツでのばす健康寿命

科学で解き明かす運動と栄養の効果

深代千之＋安部孝 編

東京大学出版会

Improving Health-Span through Sports:
Scientific Revelations on Exercise and Nutrition

Senshi FUKASHIRO and Takashi ABE, Editors

University of Tokyo Press, 2019
ISBN978-4-13-053702-5

はじめに

高齢者の健康問題

　日本の平均寿命は世界のトップレベルに達し、その一方で少子化現象が加わり、我が国は急速な高齢化が進んでいる。2017 年では、65 歳以上の高齢者が総人口の 27.7％を占め、その 17.3％が「要支援・要介護」の認定を受けている。高齢者の疾患としては、がんそして心臓病、脳卒中、糖尿病などの生活習慣病が多く、これらは将来の死因となるだけではなく、身体諸機能や生活の質を低下させ、「寝たきり」や「認知症」につながり、医療や介護に関わる社会的負担を増大させる。日本の今日的課題として、人びとが健やかで心豊かに生活できる社会にするために、健康増進そして発病予防といった 1 次予防対策の推進により、壮年期死亡の減少、自立生活を保つ身体的、社会的、認知・知的機能の維持がきわめて重要となっている。

身体不活動への歩み

　むかし話になるが、昭和の初めの頃は、徒歩で移動するのが当たり前で、リヤカーを引いて物を運搬し、階段を上り下りした。斧を振り下ろして薪を割り、かまどでご飯を炊き、水を汲み火の番をして風呂を沸かし、ほうきやぞうきんを使って掃除をする、すべてからだを動かして生活するのが日常であった。それが昭和の後期から平成にかけて、電気化・機械化が進み、車や電車・地下鉄などを使った移動が当たり前になり、建物の中に入っても、エレベーターやエスカレーターで階を移動するのが日常の光景となっている。身近な生活を例にとっても、ボタン 1 つでご飯を炊き、風呂を沸かし、ロボット掃除機が掃除をする。人間が筋肉をはじめとするからだを活動させることによっておこなってきた作業の多くを、機械が代行するようになったのである。結果的に、現在の生活は「必要最低限の動作」だけで生きていけるといっても過言ではない。

iii

なぜ身体活動が必要なのか

　約20万年前に私たちの先祖：新人「ホモサピエンス」が地球に現れてから現在まで、ヒトは生きるためにからだを動かし続けながら進化してきた。そのようにして進化してきたヒトのからだは、本来、活動するため、からだを動かすためにつくられている。したがって、電気化・機械化によって日常生活で人間が動かなくなった現代では、「意図的にからだを動かす」ことをしなければ健康が保てなくなっているのも事実で、動物としての機能が低下しているともいえる。現に、動かなくなったことで筋力が落ち、それによって姿勢が悪くなり、関節が歪み、そこから痛みが出る。または、代謝機能が落ちる。産業革命は、労働の生産効率を機械で向上させ、新たな余暇時間を生み出すというメリットをもたらしたが、健康という面で別の課題を生起させることになった。

便利さの代償

　科学技術の発展は、人工知能（AI）や次世代モバイル通信：5G（現在のインターネットの速度4Gに比べて約100倍の通信速度）の出現によって、さらに便利な環境に大きく変化させていくであろう。ただし、便利さには不健康という代償があることを忘れてはならない。たとえば、たまにおこなうハイキングや運動会参加で筋肉痛になったり、けがや病気になったりすると、自分のからだや健康の大切さを思い出すが、それが治ってしまえばまた忘れてしまう。冒頭で述べたように、高齢人口が日本の中心になる近い将来、生き生きとした高齢者の健康寿命をのばすことが社会の最重要課題となってきている。欧米や日本に代表される先進国では、健康維持や体力増進のために、栄養・運動・休息を意図的に、そして適切に日常生活に組み入れることがますます重要になってきていることをもう一度真剣に考えなければならないのである。

世の趨勢と本書

　いわゆる「○○だけで健康になる」といった啓蒙書が多く出版されている。そのテーマに関する知識がない場合、よさそうな情報を信じたいのは人の常

であろう。しかし、信頼できる知識こそ重要である。実際、高齢者の健康寿命をのばすための試みはそう容易ではない。高齢者が抱える健康問題は一人ひとり異なっているが、共通して考えなければならない課題は、いかにして健康な現状を長く維持するかである。この現状維持には、運動、栄養、休息の問題を切り離して取り組むことはできない。本書は、最新研究のエビデンス（科学的根拠）に徹底的にこだわり、運動と栄養・休息の知識をまとめたものである。たとえば、病気ではないが健康でもなく、こんな不摂生な生活ではいつか病気になると感じるような不定愁訴（序章：図1参照）の場合、どのように現状を判断すればいいのか迷うと思われるが、本書では、中高齢者が健康に関連するからだの形態や機能の現状を把握するためのセルフチェックのやり方を示し、どうしたら自分の目的にあった健康・体力づくりをおこなえるかという具体的なプログラムの提案をおこなうという構成をとっている。理屈をしっかりと理解したうえで運動したいという教養人のために、運動と栄養の効果をエビデンスベースで述べていることが本書の特長である。

　本書を理解し、読み解くことができる教養人が、実践に一歩踏み出すこと、そしてその一歩が池に投じた小石の波紋のように、社会全体に広がることを私たちは願っている。

令和元年初夏

深代千之

安部　孝

目次

はじめに　iii

序章　サステナブルな健康のために（深代千之・安部　孝）………1

第1章　セルフチェック──健康・体力の余裕度を診断する方法…9

1.1　見ためと中身──痩身・肥満（真田樹義）　10

1.2　健康寿命をつかむ──握力（安部　孝）　21

1.3　老化は脚から──下肢筋力余裕度（深代千之）　32

1.4　足並み拝見──歩行能力（沢井史穂）　42

1.5　ゆるぎない骨格とは──骨密度（小田俊明）　52

1.6　からだの硬さ・柔らかさ──柔軟性（山口太一）　62

1.7　からだは揺れている──バランス能力（政二　慶）　71

コラム　セルフチェックの活用（深代千之）　88

第2章　さあ実践へふみだそう──健康・体力づくりへの挑戦…89

2.1　移動手段は健康ジム──ウォーキング・ジョギング
（安部　孝・尾崎隼朗）　90

2.2　ペダルを回した数だけ健康になる？
──サイクリング・自転車エルゴメータ（尾崎隼朗）　99

2.3　水の驚くべき効果──水泳・水中ウォーキング（小野寺昇）　108

2.4　自分の重さは何でも使え──自体重エクササイズ（沢井史穂）　122

2.5　クロトナのミロの教え──レジスタンス運動
（Jeremy P. Loenneke、安部　孝）　135

コラム　バリアフリーの功罪（深代千之）　146

コラム　爽快ジョギング（深代千之）　147

第3章　教養として知りたい運動の効果
──生活習慣病・運動器疾患・認知能力 ……………………149

3.1　肥満の予防と改善（真田樹義）　150

3.2　痩身の問題と課題（真田樹義）　157

3.3　血圧コントロール（家光素行）　163

3.4　高脂血症の予防と改善（家光素行）　173

3.5　糖尿病の予防と改善（井垣　誠）　182

3.6　変形性膝関節症の予防と改善（福井尚志）　191

3.7　骨粗しょう症の予防と改善（緑川泰史）　202

3.8　がんの予防（澤田　亨）　210

3.9　認知機能の維持と改善（中本浩揮）　221

3.10　抑うつの予防と改善（小田切優子）　232

3.11　不眠の予防と睡眠改善（駒田陽子・岡島　義）　240

コラム　ロコモティブシンドローム（深代千之・安部　孝）　248

第4章　食事と栄養──健康の保持と増進（寺田　新）……………249

4.1　若いころから気をつけよう
　　──青年・中年期の栄養状態と高齢期の健康との関係　250

4.2　高齢期の栄養状態と健康　259

4.3　なぜ食事量が減るのか？　264

4.4　低栄養状態を克服する──栄養学的手法　269

4.5　高齢者における特有の難しさ──早期対策の重要性　281

コラム　食事や健康法に関する信頼性の高い情報とは？　286

おわりに　289

索引　291

執筆者一覧　296

序 章

サステナブルな健康のために

日本の喫緊の課題

　日本は、他の先進国と同様に、20世紀後半には日常生活の機械化と電気化が進み、安定した社会環境の秩序が整い、成長への道のりを歩み始めたかにみえた。しかし、21世紀を迎えた今日、化石燃料のような天然資源エネルギーの枯渇問題、台風や竜巻そして平均気温の上昇といった地球環境の異変、鳥インフルエンザのようなパンデミックな感染症の出現、政治面でも社会保障や医療制度の財源不足など、多くの問題が混在してきている。このような種々の問題は、私たち人類が自らの進歩にともなって引き起こしてきた点、そしてこのまま放置すれば確実に人類そのものの持続可能性：サステナビリティを脅かす点などで共通しているといえる。

　日本では、これらの問題のもっとも重要なものの1つに、高齢社会の問題が位置付けられている。「はじめに」でも述べたように日本の平均寿命は世界のトップレベルに達し、その一方で少子化現象が加わり、急速な高齢化が進んでいる。2017年では、65歳以上の高齢者が総人口の27.7％を占め、その17.3％が「要支援・要介護」の認定を受けている（安部他 2013）。疫学的研究による疾患としては、がんそして心臓病、脳卒中、糖尿病などの生活習慣病が多くを占め、これらは死因となるだけではなく、身体諸機能や生活の質（quality of life; QOL）を低下させ、「寝たきり」や「認知症」につながるといった、重大な健康問題をもつ人を増加させ、加えて医療や介護に関わる社会的負担も増大させている。今日的課題として、日本に在住する人びとが健やかで心豊かに生活できる21世紀の社会にするために、健康増進そして発病予防といった1次予防対策の推進により、壮年期死亡の減少、寝たきりや認知症の予防などはきわめて重要となっているのである。

機械化と電気化の功罪

　私たち人間は、生物学上、「ホモサピエンス（動物界脊椎動物門哺乳類霊長目ヒト科ヒト属ヒト、*Homo sapiens*)」と定義される。このホモサピエンス（賢い人）を哲学者は、人間の本質は理性的な思考をおこなうことにあるとした。さらにオランダの歴史学者ホイジンガは、遊戯こそが人間活動の本質であり

2　序章　サステナブルな健康のために

文化を生み出す根源だとして「ホモルーデンス（homo ludens）」と人間を意味づけた。これらの根底には必ず身体活動（human movement）があり、すなわち人間は知的生産を営むために、そして遊戯のために、動くことによって自分を表現し、文化を創造してきたといえる。

　新人ホモサピエンスの人類誕生から約20万年来、普通におこなってきた「動くことによって」という前提が、20世紀後半からの機械化と電気化によって崩壊した。たとえば、階段からエスカレーターやエレベーター、歩行から自転車そして自動車、くわからパワーシャベル、洗濯板からボタン1つの洗濯機といったように、日常生活を含めた多くの作業が機械と電気にとってかわり、運動らしい運動をしなくとも便利な生活を送ることができる社会になった。かつ、飽食の時代といわれるように、食事そして栄養の環境が格段にあがった。その結果、かつて「成人病（geriatric disease）」といわれた高血圧、高脂血症、動脈硬化、冠動脈性心疾患は、日常の運動不足によって消費カロリーより摂取カロリーが過剰になっている生活に起因していることから、最近では「生活習慣病（lifestyle disease）」と呼ばれるようになった。これらの危険因子が重なり、糖尿病・心筋梗塞・脳卒中などの発症リスクが高まるメタボリックシンドローム（metabolic syndrome）も大きな問題となっている。

身体運動の意味と効果

　慢性的な運動不足が病気の原因になることを初めて発表したのは、アメリカの医師クラウスとラープであった（1977）。彼らは、疫学的方法によって、さまざまな疾患の罹患や、死亡率と職業との関連を調査し、1961年に『運動不足病（*Hypokinetic Disease*）』という書物で公表した。その本では、身体活動の多い職業に比較して不活発な職業に従事している人の方が冠動脈性心疾患の罹患率や死亡率が高いということが示された。また、1968年にはやはりアメリカの医師クーパー（1972）が『エアロビクス（*Aerobics*）』を発表した。本書は当初、宇宙飛行士の心肺機能トレーニングの一環として開発されたものであったが、ジョギングなどをポイント化して一般人の健康を支援するプログラムに応用できるという点で、当時のベストセラーになった。

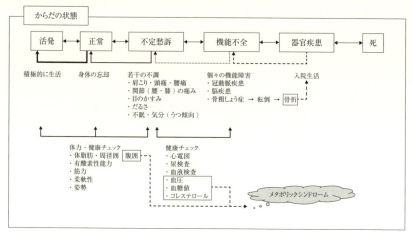

図1 さまざまなからだの状態。不定愁訴のときに適切に対処して、正常なからだの状態にもどすことが肝要（深代 2011）。

21世紀に入った今日、運動不足の傾向はますます強まり、日常生活に運動を意図的に習慣として組み入れていかなければ、現代人は生物としての機能を正常に保てなくなってきているといえる（図1）。また、身体運動は体力面の向上だけでなく、爽快感によるストレス発散効果など精神面のプラス効果が大きいことも知られている。たとえば、運動持続によって、脳内にβエンドルフィンという化学物質が自然生成され、これが爽快感の基となることが最近の研究（朝比奈他 2003）で明らかになってきている。

健康日本21

平成12（2000）年に厚生労働省は生活習慣病やその原因となる生活習慣など、人びとの保健医療対策上重要である課題について、2010年を目途とした具体的な目標値を設定して21世紀における国民健康づくり運動「健康日本21」を策定した。この「健康日本21」では、次の4項目を基本方針とした。1：第1次予防の重視、2：健康づくりを支援するための環境整備、3：生活習慣や生活習慣病（栄養と食生活、身体活動と運動、休養とこころの健康、たばこ、アルコール、歯科、糖尿病、循環器病、がん）について、具体的な目標設定とその評価、4：多様な実施主体による連携のとれた効果的な運動の推

進、である。

平成 17（2005）年の「健康日本 21」の中間評価では、策定時のベースライ
ンよりも改善していない、あるいは悪化している項目（肥満者の割合や野菜
の摂取量、日常生活の歩数など）があり、進捗状況は必ずしも十分ではないこ
とが示された。今後は、健康づくりの意識を高めるために、メタボリックシ
ンドロームの概念を導入して生活習慣病対策を推進し、1：国民に対する予
防の重要性とその知識の普及、2：早期発見・早期治療だけではなくリスクの
高い予備軍をも早期同定して生活習慣の改善を促す、3：医療保険者と都道
府県の取り組み強化など具体的な対応策を講じる、と目標を再設定している。

時を同じくして、同年度から、要介護者を減らして健康寿命を 2 年のばす
「健康フロンティア戦略」が開始された。これは介護予防、生活習慣病、と
くにがんと糖尿病の予防を重視し、次のような目標が定められた。

1：「働き盛りの健康安心プラン」による生活習慣病対策などの推進では、
　　個人のおこなう健康づくり支援や、検診データに基づいた継続的な健康
　　指導、迅速な救命救急や専門診断治療の確保
2：「女性のガン緊急対策」
3：「介護予防 10 カ年計画」では、家庭や地域でおこなう介護予防対策、
　　効果的な介護予防プログラムの開発、地域で支える「認知症ケア」
4：「健康寿命を伸ばす科学技術の振興」では、基盤的技術と最先端技術
　　の開発、医療現場、介護現場を支える技術の開発普及

などである。そして、平成 19（2007）年度から、より内容を細分化した「新
健康フロンティア戦略」へとつながっている。これらの目標の具現化が期待
されているのである。

高齢者の健康づくりの具体策

健康づくりにあたっては、栄養・運動・休養の 3 要素が中心となるが、具
体的には偏りのない食生活・適切な運動・十分な休養を柱とする生活習慣を
推進することが重要である。

この栄養・運動・休養はそれぞれが独立しているわけではなく、実際には
それぞれが複雑に影響しあっている。たとえば、サルコペニア（sarcopenia）

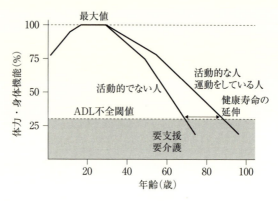

図2 老化と体力の関係。ADL：日常生活動作（Activities of Daily Living）の略。食事やトイレでの動作、排便、排尿、入浴、洗顔、着替え、歩行、階段の上り下り、記憶、コミュニケーションなど日常生活を送るうえで必要とされる、さまざまな身の回りの動作のこと。日常での生活動作が自力で問題なくおこなえるほど ADL が高いと評価される（Kickbusch 1997）。

と呼ばれる、加齢による筋肉の減弱現象あるいは悪液質（何らかの疾患を原因とする栄養失調で起こる虚弱）は、高齢者の自立生活が困難になる可能性を高める（安部他 2013）（図2）。筋肉の量と機能の改善には、計画的トレーニングしかその手段がない。しかし高齢者では、たんぱく質の摂取など、栄養失調を改善しなければトレーニング効果は期待できない。また、子供がそうであるように、身体活動による心地よい疲労は自然な睡眠を誘発する。成人の約10％が不眠症と推定されているが、その改善には手頃な運動（1日に15-20分）が効果を発揮する。さらに、椅子やソファーに長い時間座っていると足に"むくみ"が生じる。むくみで足に貯留した体液は睡眠時に首筋に移動し"睡眠時無呼吸"の原因となる。その改善策として踏み台を上り下りするステップ運動は有効である。

　これらの運動は、各個人が十分に理解して実践しなければならない。そのために本書は、1：健康・体力の余裕度とセルフチェックの方法、2：健康・体力づくりへの挑戦、3：生活習慣病・運動器疾患・認知症に対する運動の効果、4：健康の保持と増進のための栄養素摂取の効果、という4本柱で構成した。

ストイックな生活への挑戦

　本書は、高齢者のための運動と健康というテーマで、その理論と実践をまとめている。ただ、理屈として運動が健康のためによく、体力も増加するとわかっていても、制限ある生活やキツイ身体運動はなかなか続けられない。このようなストイックな生活を日常に組み込むには、どのようにしたらよいだろうか？

　答えの１つは、運動を処方するという考え方である。これは、運動を薬のように使って、健康や体力を保持しようとするものである。風邪を引いたら、病院や薬局で薬をもらう。苦いけれども、この薬を飲めば風邪が治るから飲む、というのが薬の処方である。この薬を運動に置き換えてみると、運動はつらいけれども、続ければ健康になって体力もつくということである。これを続けるモチベーションとなるのが、運動の成果がつねにみえることである。そのためのチェック方法を本書で紹介している。また、自力でおこなうだけではなく、トレーニングジムあるいはフィットネスセンターをうまく利用して効果をあげる方法もある。ただし、トレーナーにいわれたことを闇雲にやるのではなく、自ら理論を知っておこなうことの方がより効果をあげることを忘れないでほしい。

　もう１つは、運動を「楽しむ」という意識改革である。ただ「７キロ歩きなさい」といわれたら絶対に拒否する人でも、ボールを追っていたら知らぬ間に７キロ以上歩いてしまうのがゴルフである。また、小学生が放課後、運動や遊びに熱中し、暗くなっても夕飯の時間がきても遊び続けたいと思うのは、それが面白いからに他ならない。

　以上より、生活の中に運動を組み込んで継続するには、本書で紹介している理論を基に運動プログラムを組み立てて、得られた成果を評価していくことである。そして運動を楽しむために、一人ひとりが好きなスポーツをみつけることを勧めたい。そして動作が「うまくなる」ことを目標にしてみてほしい（深代 2012）。たとえばゴルフで、スコアに一喜一憂するよりも思い通りのショットがいくつ打てるかを目標に練習し、その回数が増えれば、またコースに行ってみようと思うはずだからである。これからは、生き生きした

高齢者こそが日本の中心になる。ぜひ、本書を熟読して、生活や運動の改善を実践してもらいたいと願っている。

引用文献

安部孝他『サルコペニアを知る・測る・学ぶ・克服する』，ナップ，2013.

朝比奈茂他，激しい運動：疲労と爽快感——視床下部βエンドルフィンと運動，『体育の科学』，**53**(11)，832-836，2003.

深代千之，ユビキタスによるトータルウェルネスシステムの構築，科学研究費：基盤研究（B）報告書：課題番号19300217，2011.

深代千之『〈知的〉スポーツのすすめ——スキルアップのサイエンス』，東京大学出版会，2012.

ハンス・クラウス，ヴィルヘルム・ラープ『運動不足病——運動不足に起因する病気とその予防』（広田公一，石川旦共訳），ベースボール・マガジン社，1977.

ケネス・H・クーパー『エアロビクス——新しい健康づくりのプログラム』，（広田公一，石川旦共訳），ベースボール・マガジン社，1972.

Kickbusch,I., Healthy aging: a challenge for health policy and public health. In: Huber, G. (ed.), *Healthy Aging Activity and Sport Gamberg Germany*, Health Promotion Publications, pp. 17-24, 1997.

第 **1** 章

セルフチェック
――健康・体力の余裕度を診断する方法

1.1	見ためと中身——痩身・肥満

はじめに

　世界保健機関（WHO）憲章の前文では、「健康とは、単に病気あるいは虚弱でないというだけではなく、身体的、精神的、社会的に完全に良好な状態である」と述べられている。これは戦後まもなくの1946年に提唱された言葉であり、世界の健康増進の始まりを告げる出来事となった。健康とは病気ではないという考え方から、医療に限定されず幅広い分野で健康を積極的に実現するという方向に変化したのである。その中でも、身体的健康を示す体力は、病気や虚弱ではない良好な状態を実現するための基盤となるものであり、健康を実現するための重要な要素の1つであると考えられる。アメリカスポーツ医学会では、健康関連体力とは、「日常生活において活発に活動できるという能力に関連しており、運動不足による疾患の早期発症リスクを低下させる」と述べられている。

　体力を測る方法は、1950年代に始まった心肺持久力を示す最大酸素摂取量（1分間に体重1kgあたり取り込むことができる酸素の量（ml/kg/分））の評価を皮切りに、筋力、パワー、柔軟性、体組成、バランス、調整力など妥当性の高い方法が次々と開発されており、それらを背景に体力と健康とのかかわりについては、この60-70年間で膨大な研究成果が蓄積されてきた。

　また、身体不活動は日本人の寿命に大きくかかわっている。2007（平成19）年の厚生労働省による国民栄養調査の結果から、身体不活動による非感染性疾患と外因による死亡者数は、全死亡者数834000人のうち52200人であり、死因に関連する危険因子としては、第1位の喫煙、第2位の高血圧に次いで第3位であったと報告されている（図1.1.1）(Ikeda *et al.* 2011)。これは、第11位の肥満よりもかなり上位であった。つまり、国民の身体活動量を増加させることは健康の維持・増進に欠かせないものであることが明らかとなって

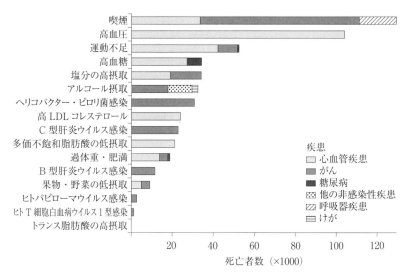

図 1.1.1　2007 年国民栄養調査による非感染性疾患による死亡者数 (Ikeda *et al.* 2011)。

いる。したがって、体力あるいは身体活動量を測るということは、健康を測るということに等しく、「国民は、健康で文化的な最低限度の生活を営む権利を有する」とある日本国憲法第 25 条の観点からも、健康体力のセルフチェックは幅広く推進すべき重要な課題であるといえる。

　痩身（やせ）、肥満およびメタボリックシンドロームは要介護リスクや生活習慣病の発症と関連し、日本でも国民全体に積極的な予防策が講じられている。たとえば、高齢者の痩身は筋量や身体機能の低値を招きやすく、ひとたびけがや病気に罹患すれば短期間でさらに低下することも考えられ、ロコモティブシンドローム（運動器の障害のために移動機能の低下をきたした状態）や要介護のリスクを上昇させる可能性がある。一方、肥満という言葉は一般的な名称であり、「脂肪組織が過剰に蓄積した状態」を示す。肥満症は臨床的な用語であり、「肥満に起因ないし関連する健康障害を合併するか、その合併が予測される場合で、医学的に減量を必要とする病態」をいう。このようなからだの中身、すなわち体組成を評価する測定項目と健康との関係については、これまでに国内外で数多くの研究成果が発表されている。本節では

痩身および肥満と死亡リスクや身体障害（高齢者の生活機能の低下）の発生率、疾病発症との関係や健康体力のセルフチェック法について解説する。

痩身・肥満と死亡リスク

　日本人のBMI（Body Mass Index。16ページ参照）と総死亡リスクとの関係について調査した「NIPPON DATA80」という疫学研究が2008年に発表された（Hozawa *et al.* 2008）。この研究では9000人の日本人男女を対象に1980年から19年間にすべての原因で死亡した1700人のBMIを追跡調査した。その結果、もっとも死亡リスクの高いBMIは18.5未満、すなわち痩身のグループで、もっとも低かったのは23.0-24.9であったと報告されている（図1.1.2（a））。これは欧米の研究と比べると痩身の死亡リスクが圧倒的に突出している結果であった。つまり日本人の場合では、健康寿命をのばすためには他の国々よりも痩身に注意する必要があると考えられる。一方で、心血管系疾患による死亡リスク（図1.1.2（b））をみると、日本では肥満にあたるBMIが25以上のグループで統計上有意な死亡リスクの増加が認められている。したがって、心筋梗塞や脳梗塞などの心臓や血管の疾患の予防の点からは、肥満の予防も重要となってくる。しかし、この研究は平均年齢が50歳前後の比較的若く幅広い年代を対象としたものであった。75歳以降の高齢者の場合では、この傾向は崩れてくる。

　30万人以上の被験者を対象とした欧米の大規模な研究では、74歳まではBMIが27よりも大きい場合、総死亡リスクは高くなるが、75歳以降ではその相関性がなくなるという報告がなされている（Stevens *et al.* 1998）。筆者らが最近ハワイ大学と共同で発表した平均年齢78歳の日系アメリカ人を24年間追跡した研究においても、肥満はむしろ長寿傾向があり、加齢による筋量および筋力の低下を示すサルコペニアがもっとも死亡リスクが高かった（図1.1.3）（Sanada *et al.* 2018）。したがって、高齢者が減量を考える場合は、医師に相談するなどその必要性をみきわめることも重要となる。

サルコペニアと身体障害発生リスク

　欧米人を対象にサルコペニアとさまざまな健康関連要因との関連について

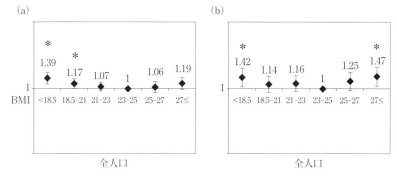

図 1.1.2 日本人を対象とした BMI と総死亡リスクの関係。
*$p<0.05$。(a) 総死亡リスク、(b) 心血管系疾患死亡リスク。

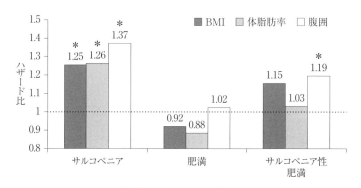

図 1.1.3 サルコペニア、肥満と総死亡リスクの関係。*$p<0.05$。(Sanada *et al.* 2018) より改変。

検討した研究では、男性では、年収、肺疾患、喫煙、日常的なアルコール摂取との関連が高く、女性では喫煙、冠動脈疾患、脳卒中、人種との関連が高いことが示されている (Sanada *et al.* 2018)。さらに男女ともに、サルコペニアと手段的日常生活活動 (Instrumental Activities of Daily Living：IADL) 尺度との間に有意な関連が認められたと報告している。IADL 尺度とは介護が必要かどうかを判断する手法の1つで、自分自身で電話がかけられるか、買い物ができるか、服薬の管理ができるか、財産の管理ができるか、など質問紙による身体障害（高齢者の生活機能）を評価するものである。この研究に

1.1 見ためと中身 13

おいてサルコペニアでは、つえを使用したり、転倒や骨折したりする身体障害の発生リスクは男女とも4倍近くになると見積もっている。またWalshらの研究によると、閉経後の女性では、骨減少症発症者の25％、骨粗しょう症発症者の50％がサルコペニアであったと指摘されている（Walsh *et al.* 2006）。骨粗しょう症などが原因となる骨折は高齢者の介護の原因の10％以上を占めており、サルコペニア予防は高齢者の介護予防に直結すると考えられる。

肥満・メタボリックシンドロームと心肺持久力

メタボリックシンドロームは、「内臓脂肪の蓄積に加えて、高血糖、血圧高値、血中脂質異常のうち、いずれか2つ以上をあわせもつ状態」を示すもので、病気というよりはその手前の予防段階を示している（Japanese Circulation Society 2002）。これまでにメタボリックシンドロームは、全死亡リスクや心血管系疾患による死亡リスクを増加させることが指摘されている（Lakka *et al.* 2002）。一方、心肺持久力もまた全死亡リスクや心血管系疾患による死亡リスクとの関連が指摘されており（Blair *et al.* 1995）、高い心肺持久力はメタボリックシンドロームを有する人の全死亡リスクおよび心血管系疾患による死亡リスクを低下させるとの報告もみられる（Katzmarzyk *et al.* 2004）。したがって、メタボリックシンドロームの予防も心肺持久力の保持増進も健康寿命の延伸に重要であると考えられる。

心肺持久力の有力な指標としては最大酸素摂取量がある。最近の研究では、最大酸素摂取量を用いて、幅広い年代のスペイン人を対象に腹部肥満への影響を検討したところ、2年間の追跡調査の中で、新たに腹部肥満となった人の割合は、最大酸素摂取量の高い者は6％であったのに対して低い者では16％であったと報告されている（Ortega *et al.* 2018）。つまり、最大酸素摂取量を指標としてみた心肺持久力の低い者は、肥満の発症リスクが2倍以上高いと考えられる。心肺持久力が死亡リスクに関係するくわしいメカニズムは現在でもわかっていないが、最大酸素摂取量は心臓のポンプ力に加えて、筋肉でのエネルギー産生や肺でのガス効果能力、全身血管の循環能力などあらゆる組織の総合力であり、このことが寿命との関連性につながっているものと考えられる。さらにOrtega *et al.* の研究によると、対象者を最大酸素摂取量に

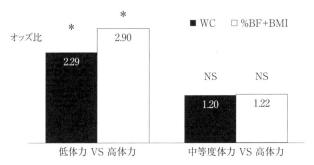

図 1.1.4 2年間の追跡調査による体力の違いと腹部肥満発症の関係。
*$p<0.05$（Ortega *et al.* 2018）。
低体力：男性 28.47 ml/kg/分未満、女性 21.72 ml/kg/分未満
中等度体力：男性 28.47-35.01 ml/kg/分、女性 21.72-26.04 ml/kg/分
高体力：男性 35.02 ml/kg/分以上、女性 26.05 ml/kg/分以上
WC（腹囲）基準：男性 102 cm 以上、女性 88 cm 以上
％BF（体脂肪率）基準：男性 25％以上、女性 35％以上
BMI（体格指数）基準：男女とも 30 以上
NS：有意性なし

よって低体力と中等度体力、高体力に分類し、腹部肥満発症との関係を比較すると、腹囲で評価した肥満（男性 102 cm 以上、女性 88 cm 以上）においても体脂肪率と BMI で評価した肥満（男性 25％以上、女性 35％以上かつ BMI 30 以上）においても、低体力者は高体力者に対して 2 倍以上腹部肥満の発症リスクが高かったが、中等度体力と高体力との間には有意差は認められなかった（図 1.1.4）。つまり、腹部肥満の予防のためには、まずは低体力から脱却すること、さらにその先は高体力を目指すことが重要であると考えられる。具体的にはこの報告で用いられた低体力の基準が、最大酸素摂取量で男性 28.5 ml/kg/分、女性 21.7 ml/kg/分であることから、低体力者の腹部肥満の予防はこの基準以上の体力を目指す必要がある。また、高体力の基準は、男性 35.0 ml/kg/分、女性 26.0 ml/kg/分である。

肥満・メタボリックシンドロームのセルフチェック法

肥満かどうかのみきわめは、BMI を用いると簡易に評価できる。BMI は、次の式で求められる。BMI で求めた肥満の基準は 25 以上である。

$$BMI(kg/m^2) = 体重(kg) \div 身長(m) \div 身長(m)$$

　また、体脂肪率は市販の体脂肪計によって測定することができる。現在のところ統一された肥満の基準は認められないが、測定機器ごとに参考となる肥満の基準がわかりやすく表示されているものもある。日本人を対象とした体脂肪率のカットオフ値（基準値）としては、死亡リスクや心血管系疾患発症リスクとの関係から、男性で20％が報告されている（Sanada *et al.* 2018, Yamashita *et al.* 2012）。中国人を対象に高血圧、糖尿病、血中脂質異常症等のメタボリックシンドローム関連因子との関連からみた場合、男性で18.7-24.2％、女性で32.7-35.4％が上限基準となるという研究や（Lv *et al.* 2018）、男性25％以上、女性35％以上でメタボリックシンドローム発症リスクが高まるという研究もある（Li *et al.* 2012）。これらの研究結果から、体脂肪率で求める肥満の基準としては、男性20％以上、女性30％以上と判断するとよい。しかし、市販の体脂肪計を用いて測定する場合、機器によって値が異なり、また食事のタイミングや時間帯も影響する。そのため、体脂肪率を評価するためには同じ測定機器を使って同時間帯に観察することで誤差要因を減らすことが重要であると考えられる。

　腹囲はメジャーさえあれば測定できるため、一般にも簡単に測定することができる。日本の場合の腹囲の測定では、メジャーは地面と平行にしてへその高さで測定する。両腕をからだのわきに自然にたらして立ち、リラックスして軽く息を吐き出し、おなかをへこませないで測定する。メジャーは肌にぴったりと接触させ、測定者はしゃがんで目線をメジャーの高さにするとよい。厚生労働省は特定保健指導の際、脂肪蓄積が不明でへそが下方に偏位している場合は肋骨下縁と前上腸骨棘の中点の高さで測定するとしている。他の国によっては体幹のもっともくびれた箇所を測定することもあり、測定値の国際比較には注意が必要である。

　BMIと腹囲で評価した肥満とメタボリックシンドローム関連因子や死亡リスクとの関係について検討した研究は多いが、BMIおよび腹囲ともにそれらのリスクと関係するという報告と（Lv *et al.* 2018, Wang *et al.* 2018）、BMIより腹囲のほうが死亡リスクなどの健康関連リスクに対する検出力がより高い

とする報告も多い（Cepeda-Valery *et al.* 2011, Ortega *et al.* 2018, Park *et al.* 2018）。日本のメタボリックシンドロームの腹部肥満の基準は、男性が 85 cm、女性が 90 cm 以上と定められている（Japanese Circulation Society 2002）。この基準値は、平均年齢 55 歳の日本人男女 1193 人を対象とした横断研究である。コンピューター断層撮影法によって求めた内臓脂肪面積との相関関係によって求められているが、その相関係数は男性が 0.48（775 人）、女性が 0.71（418 人）と有意ではあるが比較的低値であるともいえる。世界的には、男性の腹囲基準は女性よりも大きいことが多く、国内でも有効性に関する議論はされており、今後のさらなる臨床研究による検証が望まれる。

心肺持久力のセルフチェック法

最大酸素摂取量は、おおがかりで高価な器材と熟練した測定者が必要となるため、通常はエリートスポーツ選手や体育・スポーツ系大学の学生でもなければ直接測定することは困難である。ここでは、運動しなくても鉛筆 1 本ですぐに推測できる簡単な式を紹介する。この計算式は 60 歳以上のスペイン人男女 2930 人のデータから作成されたものである（Martinez-Gomez *et al.* 2015）。本研究によって推定された最大酸素摂取量の標準誤差は、男性が 5.9 ml/kg/分、女性が 5.4 ml/kg/分であった。身体活動は「あなたは運動不足を感じますか？」の質問に対して「はい」の場合は 0、「いいえ」の場合は 1 とし、喫煙は「いままで吸ったことがない」の場合は 0、それ以外は 1 と計算する。

$$男性 = (21.2870 + (年齢 \times 0.1654) - (年齢^2 \times 0.0023) - (BMI \times 0.2318)$$
$$- (腹囲 \times 0.0337) - (安静時心拍数 \times 0.0390) + (身体活動 \times 0.6351)$$
$$- (喫煙 \times 0.4263)) \times 3.5$$
$$女性 = (14.7873 + (年齢 \times 0.1159) - (年齢^2 \times 0.0017) - (BMI \times 0.1534)$$
$$- (腹囲 \times 0.0088) - (安静時心拍数 \times 0.0364) + (身体活動 \times 0.5987)$$
$$- (喫煙 \times 0.2294)) \times 3.5$$

たとえば男性で年齢 50 歳、BMI が 26、腹囲が 90 cm、安静時心拍数が 70、

身体活動が 0 で喫煙者の場合は、40.6 ml/kg/分となる。また、この値で体力年齢をチェックすることができる（小林 1982）。表 1.1.1 は日本人における最大酸素摂取量の年代別平均値を示しており、男性で 40.6 kg/ml/分の場合の体力年齢は 30 歳ということになる。

表 1.1.1 日本人における最大酸素摂取量の年代別平均値に基づいた体力年齢。（小林 1982）より改変。

年齢	20	21	22	23	24	25	26	27	28	29	30	31	32	33	34
男性	43.6	43.3	43.0	42.7	42.4	42.1	41.8	41.5	41.2	40.9	40.6	40.3	40.0	39.7	39.4
女性	35.0	34.6	34.3	34.0	33.6	33.3	32.9	32.6	32.3	31.9	31.6	31.2	30.9	30.6	30.2

年齢	35	36	37	38	39	40	41	42	43	44	45	46	47	48	49
男性	39.1	38.8	38.5	38.2	37.9	37.6	37.3	37.0	36.7	36.4	36.1	35.8	35.5	35.2	34.8
女性	29.9	29.5	29.2	28.9	28.5	28.2	27.9	27.5	27.2	26.8	26.5	26.2	25.8	25.5	25.1

年齢	50	51	52	53	54	55	56	57	58	59	60	61	62	63	64
男性	34.5	34.2	33.9	33.6	33.3	33.0	32.7	32.4	32.1	31.8	31.5	31.2	30.9	30.6	30.3
女性	24.8	24.5	24.1	23.8	23.4	23.1	22.8	22.4	22.1	21.8	21.4	21.1	20.7	20.4	20.1

年齢	65	66	67	68	69	70	71	72	73	74	75	76	77	78	79
男性	30.0	29.7	29.4	29.1	28.8	28.5	28.2	27.9	27.6	27.3	27.0	26.7	26.4	26.1	25.8
女性	19.7	19.4	19.0	18.7	18.4	18.0	17.7	17.3	17.0	16.7	16.3	16.0	15.7	15.3	15.0

サルコペニアのセルフチェック法

　サルコペニアかどうかは、下腿周径囲が男性で 34 cm、女性で 33 cm 以下という基準を用いると簡単に判断できる可能性がある（Kawakami *et al.* 2015）。ふくらはぎ（下腿三頭筋）は、立位バランスを調整するために非常に重要な筋肉で、加齢とともに減少しやすい筋肉でもある。この場合、ふくらはぎの中でもっとも太い箇所を地面と水平にメジャーで測定する。メジャーも使わずに判断するならば、「指輪っかテスト」という方法もある（図 1.1.5）。このテストで、左右の人差し指同士、親指同士を付けて輪っかをつくり、ふくらはぎのもっとも太い部分が指輪っかよりも小さい人（ふくらはぎが細い人）は、要介護化リスクが 2 倍、死亡リスクも 3 倍高くなる可能性を示す報告も

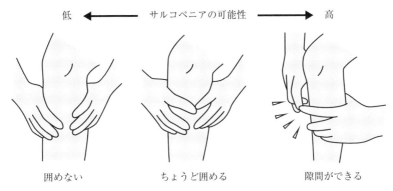

図 1.1.5　サルコペニアのセルフチェックのための「指輪っかテスト」(Tanaka *et al.* 2018)。

ある（Tanaka *et al.* 2018）。

引用文献

Blair, S. N. *et al.*, Changes in physical fitness and all-cause mortality. A prospective study of healthy and unhealthy men, *JAMA*, **273**: 1093-1098, 1995.

Cepeda-Valery, B. *et al.*, Impact of obesity on total and cardiovascular mortality–fat or fiction?, *Nat. Rev. Cardiol.*, **8**: 233-237, 2011.

Examination Committee of Criteria for 'Obesity Disease' in Japan. Japan Society for the Study of Obesity. New criteria for 'obesity disease' in Japan. Japan Circulation journal : official journal of the Japanese Circulation Society, **66**: 987-992, 2002.

Hozawa, A. *et al.*, Relationship between BMI and all-cause mortality in Japan: NIPPON DATA80, *Obesity* (Silver Spring), **16**: 1714-1717, 2008.

Ikeda, N. *et al.*, What has made the population of Japan healthy?, *Lancet*, **378**: 1094-1105, 2011.

Katzmarzyk, P. T., Church, T. S. and Blair, S. N., Cardiorespiratory fitness attenuates the effects of the metabolic syndrome on all-cause and cardiovascular disease mortality in men, *Arch. Intern. Med.*, **164**: 1092-1097, 2004.

Kawakami, R. *et al.*, Calf circumference as a surrogate marker of muscle mass for diagnosing sarcopenia in Japanese men and women, *Geriatr. Gerontol. Int.*, **15**: 969-976, 2015.

小林寛道『日本人の最大酸素摂取量の標準値』，朝倉書店，1982.

Lakka, H. M. *et al.*, The metabolic syndrome and total and cardiovascular disease mortality in middle-aged men, *JAMA*, **288**: 2709-2716, 2002.

Li, L. *et al.*, Optimal body fat percentage cut-offs for obesity in Chinese adults, *Clin. Exp. Pharmacol. Physiol.*, **39**: 393-398, 2012.

Li, Y. *et al.*, Optimal body fat percentage cut-off values for identifying cardiovascular risk factors in Mongolian and Han adults: A population-based cross-sectional study in Inner Mongolia, China. *BMJ Open*, **7**: e014675, 2017.

Lv, Y. B. *et al.*, Associations of body mass index and waist circumference with 3-year all-cause mortality among the oldest old: Evidence from a Chinese community-based prospective cohort study, *J. Am. Med. Dir. Assoc.*, **19**: 672-8 e4, 2018.

Martinez-Gomez, D., *et al.*, Nonexercise cardiorespiratory fitness and mortality in older adults, *Med. Sci. Sports Exerc.*, **47**: 568-574, 2015.

Ortega, R. *et al.*, Cardiorespiratory fitness and development of abdominal obesity, *Prev. Med.*, **118**: 232-237, 2018.

Park, S. H. and Kim, S. G., Comparison of hypertension prediction analysis using waist measurement and body mass index by age group, *Osong Public Health Res. Perspect.*, **9**: 45-49, 2018.

Sanada, K., *et al.*, Association of sarcopenic obesity predicted by anthropometric measurements and 24-y all-cause mortality in elderly men: The Kuakini Honolulu Heart Program, *Nutrition*, **46**: 97-102, 2018.

Stevens, J. *et al.*, The effect of age on the association between body-mass index and mortality, *N. Engl. J. Med.*, **338**: 1-7, 1998.

Tanaka, T. *et al.*, "Yubi-wakka" (finger-ring) test: A practical self-screening method for sarcopenia, and a predictor of disability and mortality among Japanese community-dwelling older adults, *Geriatr. Gerontol. Int.*, **18**: 224-232, 2018.

Walsh, M. C., Hunter, G. R. and Livingstone, M. B., Sarcopenia in premenopausal and postmenopausal women with osteopenia, osteoporosis and normal bone mineral density, *Osteoporos. Int.*, **17**: 61-67, 2006.

Wang, L. *et al.*, Body mass index and waist circumference predict health-related quality of life, but not satisfaction with life, in the elderly, *Qual. Life Res.*, **27**: 2653-2665, 2018.

Yamashita, K. *et al.*, The significance of measuring body fat percentage determined by bioelectrical impedance analysis for detecting subjects with cardiovascular disease risk factors, *Circ. J.*, **76**: 2435-2442, 2012.

1.2	健康寿命をつかむ──握力

はじめに

　元気に活動する高齢者の姿は、みるからに若々しく、そして健康そのものに映る。事実、体力レベルは罹患率や死亡率を予測する有益な指標である。たとえば、高い筋力をもつ子供は、血糖値を下げる働きのあるインスリン（2.5 節参照）というホルモンの感受性（効きやすさ）に優れ、将来、大人になったときの糖尿病発症リスクが低い（Li *et al.* 2018）。ほかにも、高い筋力を維持することは生活習慣病の発症リスクを低く維持できる可能性がある。

　握力は手軽に筋力レベルを評価する方法として、調査研究はもとより学校や職場の体力テストなど、さまざまな場面で利用されている。それだけではない。意外にも握力は、膝関節を伸ばす力など下半身の筋力と強い関連性を示す。高齢者には膝関節に障害を有する人が多い。そのような場合でも、握力は筋力レベルを評価する生体マーカーとして有効である。「握力を測ると何がわかるのか」「握力の大小はどのような要因によって決定されるのか」「握力を評価するやり方とは」、さらには「握力低下の要因は何なのか」など、生体マーカーとしての握力の有効性を理解し、日々の握力変化を観察することで、体力の余裕度を日常的にチェックすることが可能である。

成人の握力を決定する因子とは

　母体に宿った生命が子宮内環境の影響を受けながら成熟し出産を迎える。誕生後は、家族の生活環境に影響されながら発育発達を遂げる。握力の大小も、遺伝的な要因にプラスして、それら外部環境の影響を受けながら決定されていくことが明らかになっている（図 1.2.1）。以下にはその主要な因子について紹介する（Buckner *et al.* 2019）。

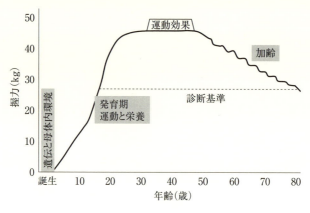

図1.2.1　握力を決定する要因。

(1) 出生時体重

　意外かもしれないが、成人の握力は出生時体重に強く関連しているらしい。つまり、出生時体重が低いと、後の人生で低い握力を示すことが報告されている (Kuh et al. 2006)。ある研究では、出生時体重1 kgの差が53歳時の握力に対して男性では平均約3 kgの差、女性では平均2 kgの差として現れることが見出された。この観察結果の一部が遺伝的要因によって説明されることは事実であろうが、出生前の子宮内環境とその後の生活環境が握力に影響した可能性が考えられる。遺伝要因の影響度に関しては、研究によって数値に大きな幅があり現時点でも十分な合意は得られていない。ある双生児の出生時体重を調べた大規模研究 (2930組の双生児) によると、出生時体重を決定する要因の約10%が遺伝要因に起因しているという (Van Baal and Boomsa 1998)。出生時の低体重は、1) 母体からの栄養供給の不足、2) 胎盤の機能不全、3) 妊娠中の喫煙、4) ストレスホルモン (例：コルチゾール) の高値などが関与する。低体重児 (2500 g以下) の出生数は世界中で年間2000万人以上と推定されている。母体から十分な栄養供給を受けられない胎児は、限られたエネルギーを脳のような重要な器官の成長にあて、筋肉などの成長は犠牲にすることで過酷な母体内環境に適応する。たとえ出生後の栄養環境が優れているとしても、母体内で身につけた環境適応がその後の人生に影響を与えているものと考えられている。一方、子宮内で胎児が日々成熟してい

くことを考えれば、妊娠期間は出生時体重と密接な関係にあることは理解できる。このように子宮内環境が握力の大小に寄与し得る可能性は高い。出生時体重を低下させないために最適な子宮内環境（母体の栄養や禁煙など）を整えることが重要である。

(2) 母乳と人工乳

　授乳期に母親が母乳を与えるのか、人工乳を与えるのか、児童期の握力に及ぼすその違いを調べた調査では、母乳摂取の期間の長さにかかわらず母乳と人工乳に差は認められていない（Artero *et al.* 2010）。母乳の方が望ましいように思えるが、結果はそれを支持していない。

(3) 栄養と身体活動

　子宮内環境を考慮することに加えて、成人に至る発育発達過程は握力の大小に影響を及ぼす重要な時期でもある。栄養不足は正常な発育を阻害し、筋機能の発達に影響することは明らかで、望ましい成長のためには適切な栄養摂取が重要であることに疑いはない。子供のからだから大人のからだに変化する思春期は、生殖能力の成長を促すホルモンの分泌によって男女の生殖器が成熟する。この時期は同時に筋肉の量的増加と機能的向上が起こる大事な時期でもある。身体活動レベルの高い子供では、充実した筋機能の発達が認められる。とくに強度の高い身体活動は優れた握力の発達に関連する。したがって、この時期の運動と栄養は、筋肉の量的・機能的変化にとって非常に重要である。

握力が低いと現れる病態

(1) メタボリックシンドローム

　心血管疾患の危険因子（血中脂質異常、高血圧、高血糖、インスリン抵抗性（2.5 節参照）、腹部肥満など）が集積する病態は「メタボリックシンドローム」と命名されている。危険因子が複数集積すると単独の場合に比べ危険度が大きく高まる。中高齢者を対象に調査した大規模研究（約 2700 名）では、握力と心血管疾患の危険因子との間に密接な関連性が認められ、握力が低い者

では血中脂質の高値、血圧の高値、腹部肥満、高いインスリン抵抗性を示す可能性の高いことが報告されている（Sayer *et al.* 2007）。また、握力が低いとメタボリックシンドロームの病態が認められる確率が上昇する。この関連性は成人に限らず、子供でも観察されている。握力が高い児童はメタボリックシンドロームの可能性が低い。

(2) 転倒・骨折

　70歳以上の高齢者の約50％が少なくとも年1回の転倒を経験している。もし骨粗しょう症のような骨密度の低下が起こっていれば、転倒にともなう骨折の危険性は高くなる。握力はそれら転倒および骨折と密接な関連性を示す。たとえば、約2800名の高齢男女を対象にした研究で、大腿骨頸部の骨密度および利き腕の握力と骨折の発生数との関連性が調査された。骨密度は二重エネルギーX線吸収法（Dual-energy X-ray Absorptiometry；DXA）という精密な方法で測定され、骨折の重症度はX線法でその程度が確認された。調査の結果、握力は骨折の発生に対して骨密度と同程度の関連性を示すことが認められた（Cheung *et al.* 2012）。握力の低下は骨折の危険性を高める可能性がある。同様に握力は、高齢者の転倒を予測する因子として有効である可能性も報告されている（Moreira *et al.* 2018）。しかし、80歳以上の超高齢者では、これらの関連性が認められないらしい。

(3) 身体機能障害

　加齢にともなって起こる筋量と筋力、身体機能の低下現象はサルコペニアと呼ばれている。サルコペニアはからだの機能障害を引き起こす可能性が高く、日常の生活動作が徐々に困難になり、介護が必要な状態になる場合もある。サルコペニアの診断基準の1つとして国際的に握力が利用されている。最近の研究では、握力それ自体も単独でからだの機能障害を予測する生体マーカーとして役立つ可能性が報告されている。興味深いことに、児童期の筋力レベルによってその後の障害発生を予測できるらしい。調査は北欧スウェーデンに在住する約120万人の男性を対象に実施された（Henriksson *et al.* 2018）。軍隊に入隊する時期（16-19歳）に握力、膝伸展力、肘屈曲力、およ

24　　第1章　セルフチェック

び有酸素性能力が測定され、その後、約 30 年間の「障害年金」申請の実態が調べられた。申請理由はさまざまで、筋骨格系の障害やけがから、心的障害も含まれていた。調査の結果、握力を含む筋力レベルは障害発生と負の関係にあり、筋力が高い者ほど障害発生の可能性は低かった。

（4）認知症

認知能力の低下は加齢に関係し、悪化すれば独立した生活を損失する恐れがある。多くの研究で認知機能と歩行能力との関係が議論されてきたが、手の運動機能の神経回路が認知能力の神経回路に関連する可能性も考えられている。横断的調査だけでなく、縦断的調査においても握力の低下と認知能力の低下の関連性が報告されている（Kobayashi-Cuya *et al.* 2018）。たとえば、包括的認知、記憶、注意、および処理速度などの認知能力を測定し、握力の変化との関係を検討した研究では、両者に密接な関連性が観察されている。研究結果が示唆するのは、握力が低いと認知機能の低下が起こる可能性が高いことである。

（5）疾患別死亡率

中年期に測定された握力がその後の死亡率に関連することは多くの研究によって確認されている。ある研究では、握力が低いと死亡リスクが 2 倍高くなることが示されている。ここでは最近報告された大規模調査の結果を紹介する（Leong *et al.* 2015）。この研究は世界 17 カ国に住む約 13 万人の人びとを対象に握力の大小が死亡率に及ぼす影響について調べた。その結果、握力はすべての死因を含めた全死亡率だけでなく、疾患別死亡率との間にも明らかな関連性が認められ、握力が低い者では死亡率が高かった（図 1.2.2）。たとえば、握力の低い者では心筋梗塞や脳卒中、がんの死亡率が握力の高い者に比べ約 2 倍高いことが確認された。この傾向は先進国に限らず、発展途上国においても同様であることが示されている。

握力の測り方

現在、握力測定に使われている握力計には大きく 2 種類のタイプがある。

1.2 健康寿命をつかむ　25

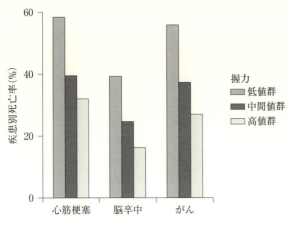
図 1.2.2 握力と疾患別死亡率（Leong *et al.* 2015）。

1つは油圧式の握力計で Jamar 社製が有名である。もう1つはバネ式の握力計で、日本では竹井機器社製の握力計が広く使われている（図1.2.3）。油圧式は握り幅を自由に調節できないという欠点があり、幅が約3 cm から8 cm までの間に5段階しかない。一方、バネ式は握り幅を自在に変えることができる。しかし、装置を握ったとき、加わった力に応じて握り幅が狭くなる特徴がある。握力が強い場合、両装置間に握力値の差が観察される（Abe *et al.* 2019）。測定の姿勢（立位と座位、肘を伸ばすと肘を90度に曲げるなど）や利き腕か両腕の平均値かなど、結果を評価する上で統一されていない問題もある。日本では、バネ式の握力計を用いて、立位姿勢で利き腕に握力計を持ち、腕を体側にそって垂らした状態で測定するのが一般的である（図1.2.3）。握り幅は、握力計を握ったときに指の第2関節が90度になる状態を目安に決定する。とはいっても、握り幅が好みの幅よりも少々狭くても広くても、握力値に大きな差は認められない。

握力の目標値

サルコペニアの診断基準の1つとして握力が利用されていることを先に述べた。ここで紹介するのはその診断基準である。各自が握力を測定したときにその評価として役立てることができる。握力は身長に比例して高い値を出

せる傾向がある。また、体重にも関係する。したがって、私たちの体型に則した診断基準を参考にする必要がある。サルコペニアに関するアジアの研究者グループが作成したサルコペニアの診断基準では（Chen *et al.* 2014）、男性は 26 kg、女性は 18 kg が 1 つの目安となっている。

加齢にともなう握力の変化

加齢は脚から始まるといわれるように、体重の支持に働く太もも前面の筋力低下が著しい。この現象は男女共通である。一方、握力は中年期には比較的一定に維持されているが、

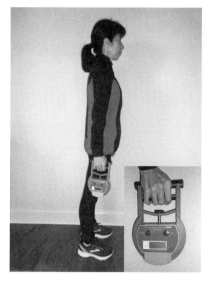

図 1.2.3　立位姿勢による握力の測定。

男女とも 50 歳を境に低下に転じてくる（Abe *et al.* 2016）。バネ式握力計（竹井機器社製）を用いて測定された元気に活動する男性の握力（平均値）は、20代から 40 代で約 48 kg（範囲は約 35-65 kg）であるが、その後は年に 0.3-0.4 kg ずつ低値を示し、60 代では約 40 kg（範囲は約 30-55 kg）、80 代では約 33 kg（範囲は約 25-45 kg）であった（図 1.2.4）。一方、元気に活動する女性の握力は 20 代から 40 代で約 31 kg（範囲は約 23-40 kg）であるが、その後は年に平均 0.1-0.2 kg ずつ低い値を示し、60 代では約 27 kg（範囲は約 23-35 kg）、80代では約 22 kg（範囲は約 15-28 kg）を示した（図 1.2.5）。先に記載した握力の診断基準（男性 26 kg、女性 18 kg）を下回る男女の人数は、60 代で男性が 0%、女性が 2%、80 代では男性が 8%、女性が 14% と、年齢にともなう増加が元気に活動する高齢者でも認められた。

握力に対する前腕運動の影響

スポーツジムなどで一般に実施されている筋力トレーニングによって握力が大きく改善することはない。もし増加しても、その変化はわずかである。

1.2　健康寿命をつかむ　　27

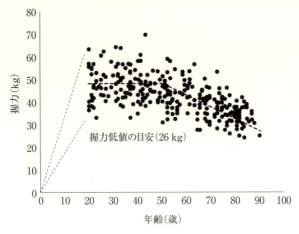

図 1.2.4 握力の加齢変化（男性）。

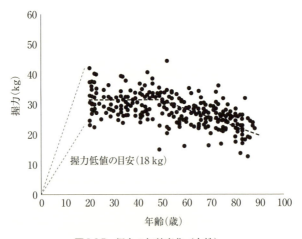

図 1.2.5 握力の加齢変化（女性）。

　一方，握る運動のみを繰り返し実施して前腕と手のひらの屈筋群を鍛えた場合，握力値が増加することが予想される。このような状態で向上した握力が疾患別死亡率や疾病の罹患率に及ぼす効果については，まったく解明されていない。Buckner *et al.* (2019) は「筋力のベースライン理論」を提唱し，握力の大小を議論するよりも，中年期に獲得した筋力レベルを低下させること

なく、その後も維持することが重要であると述べている。

加齢によって握力が低下する要因

(1) 栄養不足と身体不活動（生活環境要因）

　高齢者では5人に1人の割合で、食欲の衰えによる食事量の減少、それが主因の体重減少がみられる。摂取する食事量の減少は、たんぱく質摂取の低下を引き起こし、筋量の減少に結びつきやすい。このような体重減少は握力の低下を引き起こす可能性が高い。高齢者のたんぱく質摂取量は一般に体重1 kg あたり1日に0.8-1.1 g であるが、病院や施設に入所している高齢者では0.7 g/体重1 kg/日よりも少ないケースもみられる。最近の共通見解として、高齢者のたんぱく質摂取量は、1.2-1.5 g/体重1 kg/日に維持することで筋量減少を抑え、あるいは、減少した筋量を回復させる効果を有することが指摘されている。たんぱく質以外にも、カルシウムやマグネシウム、ビタミンDの摂取不足が高齢者の筋機能低下に関与している可能性がある（Tieland *et al.* 2018）。

　日常の身体活動レベルは、筋量と筋機能の維持にきわめて重要である。とくに下半身の筋肉は身体活動の影響を受けやすい。また、高齢者では瞬発的な運動、強度の高い運動をさける傾向にあり、下肢筋群では素早く大きな力を発揮することができる速筋線維の萎縮が観察される。自体重や重量物を使ったレジスタンス運動は主要な筋群の筋力増加に適したトレーニングである。サイクリングなどの有酸素性運動も筋力の維持向上に効果的であると考えられている。握力を維持する運動として、レジスタンス運動や有酸素性運動は有効であろう。

(2) インスリン抵抗性、ホルモン、炎症（生物学的要因）

　加齢にともなってインスリン感受性（効きやすさ）の低下が認められる。つまり、高齢者ではインスリンに対する抵抗性が若者よりも高く、これが筋量低下の原因となっている。事実、糖尿病の高齢者では筋量の減少率が正常な高齢者よりも明らかに高い。インスリンは筋肉のたんぱく質代謝に関与し、筋量と筋機能の維持に関与している。加齢によって男性ホルモンの一種であ

るテストステロンや成長ホルモンの血中濃度が低下し、筋量と筋機能の維持に影響を与える。また、高齢者では炎症反応のマーカーとして知られるたんぱく質の一種インタロイキン-6の増加が報告されている。インタロイキン-6の増加は、握力を含む筋機能の低下を引き起こす可能性が高い（Tieland *et al.* 2018）。

(3) 自己効力感（心理的要因）

　高齢者の身体能力に直接あるいは間接的に影響するいくつかの心理社会的要因が存在する。自己効力感（ある行動や課題に対して"自分が達成できる"という信念または自信）は、身体機能の重要な決定要因であり、高齢者の身体機能を改善するためにはなくてはならない要因である。一方、こころの落ち込みは不活動な時間の増加と活動時間の減少を招き、高齢者の身体機能に悪影響を与える。知性や経験、自立性、家族や友人などの支援体制は、望ましい心理社会的要因を維持する上できわめて重要である（Tieland *et al.* 2018）。

まとめ

　各自の握力値はまず、誕生前に母親の体内で子宮内環境の影響を受ける。その後、成人に至る過程では主に運動と栄養といった生活環境の影響を受けて各自のピーク値が決定する。握力値が疾病の発症率や死亡率と関連することを考えると、発育発達期の変化はきわめて重要である。握力値は、一般的なレジスタンス運動で大きく変化することはない。したがって、成人以降は獲得した握力を低下させない努力が重要になる。握力低下の要因には、努力によって改善できる因子（栄養、運動、心理的要因など）が多い。強力な生体マーカーである握力を利用して、体力の余裕度を日々チェックすることは可能である。

引用文献

Abe, T. *et al.*, Age-related change in handgrip strength in men and women: Is muscle quality a contributing factor?, *Age* (*Durdr*), **38**: 28, 2016.

Abe, T. *et al.*, The bigger the hand, the bigger the difference? Implications for testing strength with 2 popular handgrip dynamometers, *J. Sport Rehabil.*, **28**: 278-282, 2019.

Artero, E.G. *et al.*, Longer breastfeeding is associated with lower body explosive strength during adolescence, *J. Nutr.*, **140**: 1989-1995, 2010.

Buckner, S.L. *et al.*, The association of handgrip strength and mortality: What does it tell us and what can we do with it?, *Rejuv. Res.*, **22**: 230-234, 2019.

Chen, L.K. *et al.*, Sarcopenia in Asia: consensus report of the Asian Working Group for Sarcopenia, *J. Am. Med. Dir. Assoc.*, **15**: 95-101, 2014.

Cheung, C.L. *et al.*, Low handgrip strength is a predictor of osteoporotic fractures: cross-sectional and prospective evidence from the Hong Kong Osteoporosis Study, *Age (Durdr)*, **34**: 1239-1248, 2012.

Henriksson, H. *et al.*, Muscular weakness in adolescence is associated with disability 30 years later: a population-based cohort study of 1.2 million men, *Br. J. Sports Med.*, 2018.

Kobayashi-Cuya, K.E. *et al.*, Observational evidence of the association between handgrip strength, hand dexterity, and cognitive performance in community-dwelling older adults: A systematic review, *J. Epidemiol.*, **28**: 373-381, 2018.

Kuh, D. *et al.*, Birth weight, childhood size, and muscle strength in adult life: Evidence from a birth cohort study, *Am. J. Epidemiol.*, **156**: 627-633, 2002.

Kuh, D. *et al.*, Developmental origins of midlife handgrip strength: findings from a birth cohort study, *J. Gerontol. A Biol. Sci. Med. Sci.*, **61**: 702-706, 2006.

Leong, D.P. *et al.*, Prognostic value of grip strength: findings from the Prospective Urban Rural Epidemiology (PURE) study, *Lancet*, **386**: 266-273, 2015.

Li, S. *et al.*, Handgrip strength is associated with insulin resistance and glucose metabolism in adolescents: Evidence from National Health and Nutrition Examination Survey 2011 to 2014. Pediatr, *Diabetes*, **19**: 375-380, 2018.

Moreira, N.B. *et al.*, Does functional capacity, fall risk awareness and physical activity level predict falls in older adults in different age groups?, *Arch. Gerontol. Geriatr.*, **77**: 57-63, 2018.

Sayer, A.A. *et al.*, Grip strength and the metabolic syndrome: findings from the Hertfordshire Cohort Study, *Q. J. Med.*, **100**: 707-713, 2007.

Tieland, M., Trouwborst, I. and Clark, B.C. Skeletal muscle performance and ageing, *J. Cachexia Sarcopenia Muscle*, **9**: 3-19, 2018.

van Baal, C.G.M. and Boomsma, D.I. Etiology of individual differences in birth weight of twins as a function of maternal smoking during pregnancy, *Twin Res.*, **1**: 123-130, 1998.

1.3 老化は脚から——下肢筋力余裕度

はじめに

　加齢による筋力低下、とくに脚力低下は、移動の困難さや転倒リスクに関連して日常生活の質を低下させることから、高齢者にとって深刻な問題となっている。そのため、下肢筋力の加齢変化について調べた研究は多く、60歳を過ぎる頃から急激に筋力が低下すること、速い動きに関わる筋力（速筋）の低下が著しいことなどが明らかにされてきた。また、このような加齢による筋力低下に対処するため、高齢者の筋力トレーニングについても数多く研究されてきており、これまでに、高齢者であっても若齢者と同様に筋力トレーニングによって筋力が向上することが明らかにされてきている。この知見は筋力低下を抑制できることを示すものでもあり、筋力面での日常的な健康管理（心掛け）の有効性を示すものといえる。ただ、トレーニングを続けるには、その成果が目にみえる形になることが望ましいといえる。

下肢筋力の測定・評価

　このように重要な下肢筋力について、その測定の歴史は古く、半世紀以上前から多様な測定法が開発され、研究やトレーニングの管理、健康状態の検査などさまざまな場面で使われてきている。研究機関や医療機関などの専門機関において使用される測定方法としては、ダイナモメータ（動力計）を用いた等速性もしくは等尺性の筋力測定法がよくみられる。一方、トレーニング施設における方法としては、最大挙上重量を調べる 1RM（One Repetition Maximum）法が一般的である。その他、専門的な機器を必要としない簡便法も開発されており、タイムアップアンドゴーテスト（TUG, 1.4 節参照）（Podsiadlo *et al.* 1991）、30 秒椅子座り立ちテスト（Jones and Rikli 1999）、10 回椅子座り立ちテスト（健康運動指導士養成講習会テキスト 2010、図 1.3.1）など椅

32　　第 1 章　セルフチェック

年齢 (歳)	男性 速い	男性 普通	男性 遅い	女性 速い	女性 普通	女性 遅い
20-39	-6	7-9	10-	-7	8-9	10-
40-49	-7	8-10	11-	-7	8-10	11-
50-59	-7	8-12	13-	-7	8-12	13-
60-69	-8	9-13	14-	-8	9-16	17-
70-	-9	10-17	18-	-10	11-20	21-

単位（秒）

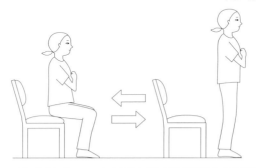

図 1.3.1 10 回椅子座り立ちテストと評価（健康運動指導士養成講習会テキスト 2010）。

子を用いた方法が代表的なものとしてあげられる。これらの簡便法は動作速度から筋力を評価するものであるが、椅子とストップウォッチだけで実施可能であることが特長である。加えて、計測時間が短いという特長もあり、多人数を対象とした測定の場で重宝される。ただし、虚弱高齢者（腕の補助なしでは椅子立ち上がり動作をできない高齢者や持久力が不足しているため連続して立ち上がることができない高齢者など）への適用が難しい点、そして動作の正確性や動作の巧みさが関与しやすいために下肢筋力を正確に反映した結果なのかどうかが明らかとならない点が短所としてあげられる。

　筋力測定を実施したら、次は結果を複数の観点から評価し、その後の対応を決めていくことになる。この過程において、評価基準が多様かつ質の高いものであると、きめ細かな対応が可能となる。一般的な基準としては、自身の過去の筋力、同世代の筋力、目標とする人びとの筋力などがあげられる。いずれも有用な基準であるが、不足している点として起立や歩行動作などと

関連付けられた基準がほとんど見受けられないことがあげられる。通常、筋力トレーニングは動作水準を向上させるために実施するにもかかわらず、動作と関連した基準が少ないことは大きな弱点である。専門家であればその弱点を知識で補うことも多少可能であるが、一般の人びとに要求すべきことではない。目標とする動作ごとに基準値（目標値）を明確に示すことができれば、家庭での健康管理が専門家によるものに近付くことから、そのような基準の作成と提示は必要である。

日常生活に必要な最小筋力——立ち上がり動作

　日常生活での筋力管理を想定する場合、日常生活に必要となる最低の筋力値（その値を下回った場合に日常生活に支障をきたすと考えられる筋力値）を基準に筋力を評価することが妥当である。しかしながら、該当する基準値がないことから、まずは基準値の作成が必要となる。

　日常生活の中でもっとも大きな力（筋力）を必要とする動作として、椅子からの立ち上がりと階段上りの2つの動作がある。両者ともに下肢の力やパワー発揮能力を評価するための動作として利用されていることからもその点がうかがい知れる（例：椅子座り立ちテスト、階段駆け上がりテスト）。これら動作については加齢とともに動作遂行が困難になることが知られている。たとえば、65歳以上の高齢者のうち、介護施設に入居していない人の5.9％、入居している人の60％が椅子立ち上がりに困難をともなうことが報告されている（Schultz 1995）。椅子立ち上がりの動作回数は1日平均で約60回にも達することから、たとえ1回の動作での困難感が軽微なものであったとしても日常生活全体の困難感につながっていく。

　椅子からの立ち上がりと階段上り動作を比較した研究によると、椅子からの立ち上がりの方が階段上り動作よりも若干ながら負荷が高い（必要筋力が大きい）ことが明らかにされている（Ploutz-Snyder *et al.* 2002）。加えて、階段の上り下りにはエレベーターやエスカレーターといった代わりの機器が存在する一方で、椅子立ち上がり動作にはそのような機器がなく独力での実施が欠かせない。このような環境的な条件も考慮すると、椅子からの立ち上がり動作の遂行の可否がとりわけ日常生活における筋力面での重要な基準とな

ると考えられる。

椅子立ち上がり動作に必要な最小筋力

　吉岡と長野（2016）は、椅子立ち上がり動作に必要な最小筋力を明らかにするための研究（Yoshioka *et al.* 2007）で、コンピュータ（順運動学的）シミュレーションを用いて約16万試行の多種多様な動作を生成し、それらの動作で発揮される力（関節モーメント）について網羅的な解析（数値計算）をおこなった。この解析を通して次の2つの知見を得た：①股関節と膝関節で発揮される力の合計値の大きさが動作の可否を分けること、②その可否を分ける境界値（必要最小筋力値）が片脚あたり1.5 Nm/kg（身長1.74 m、体重73.8 kgの体格の成人男性の場合）であること。後者の知見は運動方程式から解析的に導出することも可能（式(1)、（Yoshioka *et al.* 2013））であることから、理論的にも必要最小値であることが確認できる。

$$\left(\frac{0.5 \cdot m_H}{m_B} + \frac{m_T}{m_B} \cdot k_T\right) \cdot g \cdot L_T \tag{1}$$

　ここで、m_B は全身の質量、m_H は上半身（頭＋体幹＋上肢）の質量、m_T は大腿部の質量、g は重力加速度、L_T は大腿長（膝と股関節間の距離）を示している。また、k_T は大腿セグメントの重心位置を示すパラメータであり、L_T を基準として膝から大腿部の重心位置までの相対距離を示している。通常 0.6 程度の値をとる（くわしくは、（吉岡・長野 2016）参照）。

　股関節と膝関節で発揮される筋力の合計値が式(1)の値を下回ると腕の補助なしで立ち上がることが力学的に不可能であることが示されており、日常生活における困難感に直結することが予想される。介護施設に入居している虚弱高齢者の筋力（股関節と膝関節の合計値）を先行研究から見積もったところ 1 Nm/kg 前後（＝（股関節 25.8 Nm ＋ 膝関節 25.8 Nm）÷体重 50 kg）であり、吉岡らの研究で得られた必要最小値を下回ることからも、式(1)と日常生活における困難感との関連性が示唆される。

計測による筋力余裕度

　ここでは、"筋力余裕度"という指標を次のように定義する（式(2)、（Yoshioka *et al.* 2013))。筋力余裕度は、必要最小筋力（式(1)）を基準として最大筋力を百分率で示すものである。100％を超えた場合は筋力に余裕があることを示し、100％に届かない場合は筋力不足を示す。

$$筋力余裕度 ＝（最大筋力 ÷ 必要最小筋力）× 100 \quad （\%） \tag{2}$$

　ヒトを対象とする研究では集団の平均値について議論することが一般的であるが、平均値から得られた知見がすべての個人に対して保証されることは稀である。個人ごとに一般的知見と照らし合わせた場合、その知見に沿わない事例（例外）が必ず生じる。この例外は該当した人にとっては不信感を引き起こすものであり、取り組み全体への意欲を削ぐものにもなりかねない。そのため、一般的知見の現場応用を考える場合にはできる限り例外が起きにくい確たる知見に立脚することが理想である。式(1) は運動方程式から解析的に導出されたものであり、椅子立ち上がり動作が可能な場合は発揮力が必ず式(1) の値を超えるという厳密性を有する。吉岡と長野（2016）は、式(1) を基準とした筋力値、すなわち筋力余裕度を定義し、指標として用いた。

　吉岡と長野（2016）が提案している測定動作を、図 1.3.2 に示した。全速力で立ち上がる際に股関節および膝関節で発揮される力（関節モーメント）の和の最大値を測定し、その値を最大筋力と定義する。図 1.3.3 に彼らの試作機を示した。胸部および大腿部に取り付けた 2 個のセンサユニット（加速度およびジャイロセンサ（物体が回転している速度を測定する機械）により構成）からコンピュータへ送信される動作データに基づいて逆動力学演算[1]がおこなわれ、発揮力が計測される仕組みとなっている。足首がかたく、深くしゃがみ込む姿勢をとることが困難な人でもしゃがむことができるよう、フットスペーサーを設置している。日常生活で求められる利便性（準備のしやすさ、取扱いの簡単さ、サイズ、費用、結果の理解の容易さ、疲労しにくさ）はもちろんのこと、正確性（精度、力発揮のしやすさ）、安全性（けがの危険性の低さ）、必要最小筋力指標との整合性などを勘案し、全体で構成されている。

　1）逆動力学演算：動作分析を基に、筋出力を推定する方法。

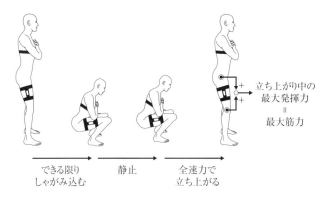

図 1.3.2　筋力余裕度計測における最大筋力の測定動作（吉岡・長野 2016）。

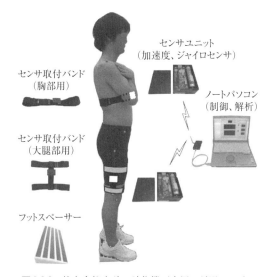

図 1.3.3　筋力余裕度計の試作機（吉岡・長野 2016）。

計測結果の例

　この手法では肘かけを押す腕の補助なしで通常の椅子から立ち上がることができないような人でも測定が可能である（図1.3.4）。この場合、一番深い姿勢（和式トイレでとるような姿勢）までしゃがみ込むのではなく、立ち上がることが可能な範囲で最大限しゃがみ込んだ姿勢（中腰姿勢）から測定を

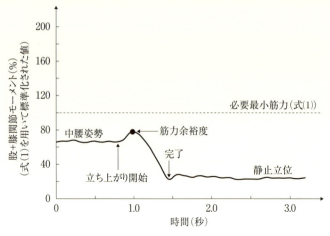

図 1.3.4 筋力余裕度計測中の股関節と膝関節の発揮力（関節モーメント）の合計値の時系列グラフ（虚弱高齢者の典型例）（吉岡・長野 2016）。

おこなう。当然ではあるが、しゃがみ込みが浅いことにより必要な力が小さくなるため、測定される最大筋力も小さくなる。筋力余裕度が100%（必要最小筋力）を下回る人は、しゃがみ込める姿勢が浅い人である。100%を下回る場合、値が低くなるにつれてしゃがみ込み姿勢が浅くなっているものと考えてよい。一番深い姿勢から立ち上がれる場合、動作がどれほど遅かったとしても100%を下回ることはない。なお、椅子高と力学的負荷については注意すべき点がある。一般的に椅子高を低くしていくと負荷（必要筋力）が単調に上昇すると考えられているが、実際に計測すると40 cm以下の椅子では負荷の上昇が頭打ちになり、それ以上増加しない（Yoshioka *et al.* 2014）。すなわち、しゃがみ込む深さについていえば、大腿部が水平位となる深さまでしゃがみ込めれば十分であると考えてよい。

図1.3.5は14歳から98歳までの年齢の人たち（98人）の筋力余裕度値の分布図である。筋力や筋パワーなどの加齢変化を調査した研究の多くで、60代以降に急激に筋力が低下する現象が観察されているが、図1.3.5では同様の特徴が見受けられる。椅子立ち上がりに困難を感じることがある人（十字記号で表記）のデータが100%を中心に分布していることや、介護認定を受けている人（図1.3.5の（a））、日常的につえを使う人（図1.3.5の（b））などの結

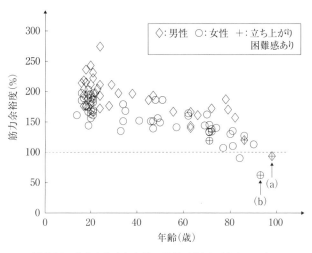

図 1.3.5　筋力余裕度と年齢の関係（吉岡・長野 2016）。

果が100％に満たない点は、必要最小筋力の概念に一致するものである。また、若齢者の下限が130％前後である一方、困難を感じる人の最高値が同じく130％前後にあることから、130％という値が若齢者と同様の水準（質）で日常生活を送るための1つの目安と予想される。図1.3.5から推察すると、60代以降の急激な筋力余裕度の低下は年2.5％程度であるが、この値から概算すると一般的な人たちは約10年強で元気な状態（130％）から虚弱な状態（100％）へと遷移することが見積もられる。また、図1.3.5において女性の結果に着目すると、80歳頃に100％に近付くことがわかる。健康な女性の場合、80歳頃に椅子立ち上がり動作に困難をともなってくるようになることが知られているが、その知見とも一致する。

また、本節の概念を基にし、加速度センサ1個とスマートフォンで立ち上がりの筋力余裕度を簡単に計測する機器も開発されている（図1.3.6、深代とRohmの共同開発）。この測定法の一般化が期待される。

まとめ

加齢による筋力低下に対処する上で大切なことは、適切なトレーニングによって筋力の改善が可能であることを認識し、習慣的にトレーニングを実施

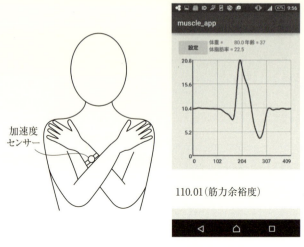

図1.3.6 筋力余裕度の測定例。スマートウォッチをつけて椅子からの立ち上がり運動をすると、スマートフォンで筋力余裕度が測定できる（深代とRohm 2018）。

することである。単純明快であるが、習慣的にトレーニングを実施することは心理的に難しい。使用されなくなった健康器具、きれいな状態の運動靴、運動の必要性を説いた指南書など、運動の取り組みの遺物が多くの家庭でみられることがそれを示している。その一因として成果がみえにくいことが考えられる。筋力余裕度計は筋力面での成果を可視化できることから、実施者に対して日常の中で達成感を与えることが可能である。本節で紹介した筋力余裕度計も単なる測定器ではなく、血圧計や体脂肪計と同様に動機付けの面でも役立ち、継続した筋力トレーニングの実施、そして、最終的には筋力や動作の改善につながることが、2次予防対象者（特定高齢者）で実証されている（橋立他 2012）。

引用文献

橋立博幸他，高齢者における筋力増強運動を含む機能的トレーニングが生活機能に及ぼす影響，『理学療法学』，**39**(3):159-166，2012.
Jones, C. J. and Rikli, R.E., Beam WC: A 30-s chair-stand test as a measure of lower body

strength in community-residing older adults, *Res. Q. Exerc. Sport*, **70**: 113-119, 1999.

『健康運動指導士養成講習会テキスト』［下］，p. 532，2010.

Ploutz-Snyder, L.L. *et al.*, Functionally relevant thresholds of quadriceps femoris strength, *J. Gerontol. A Biol. Sci. Med. Sci.*, **57**: B144-152, 2002.

Schultz, A.B., Muscle function and mobility biomechanics in the elderly: an overview of some recent research, *J. Gerontol. A Biol. Sci. Med. Sci.*, **50** Spec No.: 60-63, 1995.

Yoshioka, S. *et al.*, Computation of the kinematics and the minimum peak joint moments of sit-to-stand movements, *Biomed. Eng. Online*, **6**: 26, 2007.

Yoshioka, S. *et al.*, New method of evaluating muscular strength of lower limb using mems acceleration and gyro sensors, *J. Robot. Mechatron.*, **25**: 153-161, 2013.

Yoshioka, S. *et al.*, Peak hip and knee joint moments during a sit-to-stand movement are invariant to the change of seat height within the range of low to normal seat height, *Biomed. Eng. Online.*, **13**: 27, 2014.

吉岡伸輔・長野明紀，日常生活で利用可能な下肢筋力測定法の開発，『生体医工学』，**54**(3): 112-119，2016.

1.4	足並み拝見──歩行能力

歩行能力を評価することの意義

　これまでの長期間にわたる追跡調査の結果から、日常生活の中で「歩く」距離が長い人ほど死亡率が低いこと（Paffenbarger *et al.* 1986）、高齢になっても速く歩く人のほうが平均余命が長いこと（Studenski *et al.* 2010）が明らかにされている。Paffenbarger らの研究は、米国のハーバード大学の卒業生 16936 人（調査開始時の年齢 35-74 歳）を対象に 12-16 年間にわたって日常生活の中で歩く距離の長さと寿命との関係について調べたもので、1 週間に3 マイル（4.8 km）未満しか歩かない群、3 マイル以上 8 マイル（12.8 km）以下程度歩く群、9 マイル（14.4 km）以上歩く群に分けて年間死亡者数を比較したところ、もっとも死亡率が高かったのは日常的に歩く距離が少なかった群であり、その群の死亡リスクを 1.0 とすると、歩く距離の長かった群の死亡リスクは 0.79 であったという。よく歩く人は 20% 以上死亡リスクが低いということになる。Studenski らは、9 つの調査研究のデータに基づき、65歳以上の高齢者 34485 人を 6-21 年間追跡調査した結果、歩行速度と平均余命との間には有意な相関があった（歩行速度が速いほど余命が長い）ことを報告している（図 1.4.1）。

　また、ウォーキングと冠動脈疾患（coronary heart disease；CHD）に罹るリスクとの関連性について調べた 1954 年から 2007 年までの 12 編の研究を総合的に分析した結果から、ウォーキングと冠動脈疾患の罹患リスクの減少との間には量反応関係（一定量を超えると効果が現れることを意味する）が認められ、週 5 日、1 日およそ 30 分歩く量を増やす（週に 8 メッツ時の歩行がCHD 罹患リスクの減少につながるというメタ解析[1]の結果に基づく。8 メッツ時

1）複数の研究の結果を統合し、より高い見地から分析すること、またはそのための手法や統計解析のこと。

の歩行/週は、1日30分週5日の歩行量に相当することから、日常生活活動に加えて30分余計に歩くという意味。メッツについては3.4節参照）ことで冠動脈疾患の罹患リスクを19%減らすことにつながることが示されている（Zheng *et al.* 2009）。日本人を対象とした研究では、ウォーキングによるメンタルヘルスの改善効果も認められている（Ikeguchi-Sugita *et al.* 2013）。これは、日本の勤労者606人を4週間のウォーキング実施群と非実施群に分けてメンタルヘルスを評価するスケールのスコアを比較したところ、

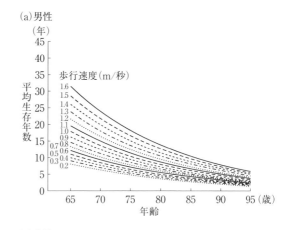

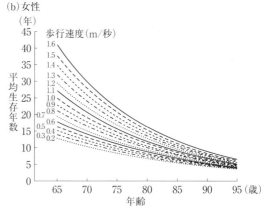

図 1.4.1 高齢男性（a）と高齢女性（b）の歩行速度と平均余命との関係（Studenski *et al.* 2010）。

ウォーキング実施群において抑うつ度が改善し、社会適応度が増加したというものである。さらに近年はウォーキングが脳・認知機能の向上をもたらすことも検証されており、120人の高齢者が有酸素性運動（ウォーキング）を週3日1年間おこなったところ、記憶や認知機能を司る海馬前部のサイズが2%増加したという（Erickson *et al.* 2011）。この増加率は加齢にともなう海馬容積減少の1-2年分に相当する。

そして何より「歩く」という運動は、特別な用具や技術を必要とせず、い

つでも、どこでも、誰でも手軽におこなうことができ、脚への負担も少ないことから、現代人にとってもっともポピュラーな健康スポーツと捉えられている。実際、スポーツ庁の平成29年度「スポーツの実施状況等に関する世論調査」（スポーツ庁 2018）において、18歳以上の成人がよく実施しているスポーツ、実施頻度が増えたスポーツ、これから始めようと思うスポーツはいずれも「ウォーキング」が群を抜いてトップの座を占めている。

　一方、60歳を過ぎると歩行速度の低下や歩幅の減少が顕著になり、歩行速度が0.25 m/秒以下になると（一般人の通常歩行速度は1.0-1.2 m/秒）、ADL（日常生活動作。序章参照）自立度が36％に低下するという（Potter *et al.* 1995）。日本の地方在住高齢者624人を5年間にわたって追跡した調査（Suzuki *et al.* 2003）においても、最大歩行速度が低いことがIADL（手段的日常生活動作。食事や着替えなどの日常生活動作を基本としたより高度な動作のこと）の低下に強く関わっていることが示されている。つまり、高齢者にとって歩行能力の低下は要介護リスクを高める大きな要因の1つと考えられる。したがって、歩行能力はしばしば高齢者の健康や体力を評価するための有用な指標として使われている。

高齢者の歩行能力低下

　加齢にともない筋力、持久力、柔軟性、バランス機能が衰えると、歩行の仕方にも変容がみられる。高齢者の歩行の特徴は以下のようにまとめられる。

①　歩幅の減少

②　歩調（ピッチ）の減少

③　歩行速度の減少

④　両脚支持期（両足が地面に着いている）時間の延長

⑤　歩隔（左右の足の間の距離）の増大

⑥　足向角（進行方向に対する左右の足跡の角度）の増大

⑦　かかと着地時のつま先挙上の減少

⑧　遊脚期の脚（地面から離れている方の脚）の挙上の低下

⑨　股関節開脚度の減少

⑩　腕の振りの減少

⑪　上体の上下動の減少と左右動の増加

⑫　骨盤回旋の減少

⑬　体幹の前傾の増大

⑭　視線の下方傾向の増大

⑮　肘関節の屈曲増大

⑯　不十分な蹴り出し

歩行能力の評価法

①　歩行速度の測定

　歩行速度の測定は、歩行能力の評価法としてもっとも一般的である。よくおこなわれている測定は、5 m もしくは 10 m の歩行速度と、6 分間歩行距離である。前者は主に下肢の筋力から、後者は心肺機能から、それぞれ歩行能力を評価しようとするものである。

（a）5 m 歩行速度・10 m 歩行速度（鈴木・大渕　2004）

　5 m（10 m）の距離を何秒で歩けるか歩行速度を測定するテストで、通常歩行時間（いつも歩いているように歩く）と最大歩行時間（できるだけ速く歩く）を測定する場合がある。

〈測定方法〉

　直線で 11 m（10 m 歩行の場合 16 m）をとれるスペースを準備し、5 m（10 m）歩行路の前後に 3 m の予備路をとり、歩行路の開始位置と終了位置の床の 2 カ所にテープを貼る（次頁の図）。

　(1)　開始位置の 3 m 前より歩き始め、開始地点のテープを足部が越えた　　　時点から計測する。

　(2)　終了位置を両足が越えるまでの所要時間を測定する。

　(3)　測定は 2 回実施し、良い方の値を採用する。

　(4)　通常歩行時間の測定は「いつも歩いているように」と指示する。

　(5)　最大歩行時間の測定は「走らないようにできるだけ速く歩く」と指示　　　する。

〈評価表〉　　　　　　　　　　　　　　　　　　　　単位：秒

	レベル		5m 通常歩行時間	5m 最大歩行時間
男性	1	低	≧ 5.0	≧ 3.2
	2	↓	4.4-5.0	2.8-3.2
	3		4.0-4.4	2.4-2.8
	4		3.6-4.0	2.2-2.4
	5	高	≦ 3.6	≦ 2.2
女性	1	低	≧ 5.6	≧ 3.8
	2	↓	4.8-5.6	3.2-3.8
	3		4.2-4.8	2.8-3.2
	4		3.8-4.2	2.4-2.8
	5	高	≦ 3.8	≦ 2.4

　歩行速度テストを実施することで、歩行能力だけでなく「転倒リスク」や「横断歩道が渡れるか」を判断することもできる。たとえば、高齢者763人を対象にした歩行速度と転倒についての18カ月間の調査によると、歩行速度が速くても遅くても1年間で0.15m/秒低下すると転倒リスクが高くなるという（Quach *et al.* 2011）。また、日本の歩行者用信号機は、歩行速度が5mの距離を5秒以上（1.0m/秒）かかると横断歩道を渡りきれない設定になっている。

　さらに、歩行速度はサルコペニア（筋量と筋力の進行性かつ全身性の減少に特徴づけられる症候群）の判定基準としても使われており、アジアの基準では普通歩行速度0.8m/秒、国立長寿医療研究センターによるサルコペニアの簡易判定法では1m/秒未満をカットオフ値（基準値）としている（畠中 2015）。

(b) 6分間歩行（文部科学省 2002）

　高齢者の体力テストの意義は歩行能力の評価であるという観点から、65-79歳対象の新体力テストの項目に取り入れられたもので、6分間でどれだけの距離を歩けるかを測定する。

〈測定方法〉

1周30 m 以上の周回路または50 m 以上の折り返し直線路に5 m ごとに目印を置く。十分な準備運動の後、スタートラインに立つ。

(1) スタートの合図で歩行を開始する。

(2) 両肘を軽く伸ばし、できるだけよい歩行姿勢を保ち、普段歩く速さで6分間歩く。

(3) 測定者は被測定者が走ることがないように、またいつも片方の足が地面についた状態を保って歩くように指示する。

(4) スタートから1分ごとに、その経過時間を伝える。

(5) 6分目に終了の合図をする。

(6) 記録は5 m 単位とし、5 m 以下は切り捨てる。

〈実施上の注意〉

被測定者の健康状態に注意し、疾病の有無、当日の体調をチェックする。医師の治療を受けている者、風邪気味の者、熱がある者、二日酔いの者、当日の血圧が160/95 mmHg 以上の者などについては、このテストを実施しない。

(1) ADL（高齢者の新体力テストの項目の1つで、日常生活活動に関する質問紙調査、50ページ参照）の問1「休まないで、どれくらい歩けますか」で「5-10分程度」と答えた者については、このテストを実施しない。

(2) 実施前に、被測定者に次のことを伝える。

①競争ではないので、他の人と競わないこと。

②走らないこと、跳び上がらないこと（片方の足が必ず地面についていること）。

③6分経ったら笛で合図するので、その位置を確認すること。

(3) 競争をしたり、無理なペースに陥らないように徹底させる。

(4) 準備運動を十分におこなわせる。

(5) 比較的長い時間続けて歩くことができる能力の目安となるテストであることを理解してもらう。

(c) TUG（Time UP and Go Test）（鳥羽 2016）

　立ちあがる、歩く、からだの向きを変える、バランスをとるなどの複合能力の程度を評価する。開眼片脚起立時間（両眼を開けて片脚で立っていられる時間）とともに運動器不安定症（Musculoskeletal Ambulation Disability Symptom Complex：MADS、バランス能力および移動歩行能力の低下が生じ、閉じこもり、転倒リスクが高まった状態）の指標となっている。椅子から立ち上がり、3 m 先の目印を折り返し、再び椅子に座るまでの時間を計測する。

〈測定方法〉

(1) スタート肢位は背中を垂直にして椅子に座る。手はももに置く。

(2) 測定者の掛け声に従い、対象者にとって快適かつ安全な速さで一連の動作をおこなわせる。

(3) （目印を折り返すときの）回り方は被験者の自由とする。

(4) 測定者は、対象者の背中が椅子の背もたれから離れたときから、立ち上がって再び座るまで（椅子にお尻が触れたとき）の時間（小数点第2位まで）をストップウォッチにて測定する。

　※体格が小さく、背もたれに背中が届かない場合は、動作の開始から測定する。

(5) 1回練習したのち2回測定をおこない、良い方の値を採用する。

(6) 教示は「できるだけ速く回ってください」に統一する。

　※小走りも可であるが、転倒に十分気をつける。

〈実施上の注意〉

(1) 椅子は背もたれつきで肘かけのついていない安定したものにする。

(2) 対象者が目印（コーンなど）を回るときに転倒の恐れが高く、座るときに勢いがつきすぎて倒れる恐れがあるため、必ず補助者をつける（とくに畳の上は滑りやすく、カーペット敷きはつまずきやすい）。

〈評価表〉   単位：秒

レベル		TUG	
		男性	女性
1	低	≧ 7.2	≧ 8.9
2		6.1-7.2	7.5-8.9
3		5.5-6.1	6.5-7.5
4		5.0-5.5	5.8-6.5
5	高	≦ 5.0	≦ 5.8

② タンデム歩行（鳥羽 2016）

目印をつけた直線上を片方の足のつま先と反対の足のかかとが離れないように歩く、いわゆる継ぎ足歩行をおこなうもので、バランス能力の指標として使われている。評価の仕方には複数の方法があり、一定距離を何歩足を踏み外さずに歩けたかで評価する方法、一定距離のタンデム歩行中に踏み外した歩数で評価する方法、一定距離のタンデム歩行に要した時間で評価する方法などがある。一定距離に関しても決まったものがなく、さまざまな距離（2 m、3.6 m、5 m、10 m など）が用いられている。5 m のタンデム歩行の所要時間とミス・ステップ数から算出した指数は、高齢者の将来的な転倒を予測できる評価指標となることを示した研究報告もある。

③ 歩幅の測定

（a）2 ステップテスト

歩行の最小単位である 1 歩行周期を最大歩幅で測定することで歩行能力を推定する。ロコモティブシンドローム（1.1 節参照）のスクリーニングテストの 1 つ（ロコモ度テスト）になっている。下肢筋力のほかにバランス能力、柔軟性を含めた歩行能力を総合的に評価できる。このテスト結果は、10 m 歩行速度、6 分間歩行速度と相関することが知られている。

〈測定方法〉

スタートラインを決め、両足のつま先を合わせる。

（1）できる限り大股で 2 歩歩き、両足をそろえる（バランスを崩した場合は失敗とする）。

1.4 足並み拝見 49

(2) 2歩分の歩幅（最初に立ったラインから着地点のつま先まで）を測定する。

(3) 次の計算式で2ステップ値を算出する。

2歩幅(cm) ÷ 身長(cm) = 2ステップ値

〈実施上の注意〉

(1) 介助者をつけておこなう。

(2) 滑りにくい床でおこなう。

(3) 準備運動を十分におこなわせる。

(4) バランスを崩さない範囲でおこなう。

(5) ジャンプしてはいけない。

〈評価〉

2ステップ値によってロコモ度を判定する。

2ステップ値1.3未満　ロコモ度1：移動能力の低下が始まっている状態

2ステップ値1.1未満　ロコモ度2：移動能力の低下が進行している状態

④　質問紙による評価

(a) ADL（日常生活活動テスト）（文部科学省 2002）

文部科学省式新体力テストの65-79歳の高齢者対象に実施されている質問紙調査の中に歩行能力に関係する項目がある。問1、問2、問4が該当するが、テストそのものは全12項目の回答の合計得点によって、総合的に高齢者の生活活動能力を判定するようになっている。

問1　休まないで、どれくらい歩けますか。

1. 5〜10分程度　2. 20〜40分程度　3. 1時間以上

問2　休まないで、どれくらい走れますか。

1. 走れない　　2. 3〜5分程度　　3. 10分以上

問4　階段をどのようにして昇りますか。

1. 手すりや壁につかまらないと昇れない

2. ゆっくりなら、手すりや壁につかまらずに昇れる

3. サッサと楽に、手すりや壁につかまらずに昇れる

回答1＝1点、2＝2点、3=3点

まとめ

ヒトは誰でも「歩く」ことができる。歩くことはもっとも基本的な日常生活動作であり、歩けるからこそ遠い場所へも自力で移動でき、活動範囲を広げることができる。しかし、加齢にともない、筋力低下や関節可動域の減少、バランス能力の低下が進むと、自分の保持している能力に応じた歩き方へと変容し、'速く'、'長く'、歩くことができなくなる。逆にいうと、歩行能力の低下は身体諸機能の衰えを端的に表していることになる。したがって、歳をとっても自分のからだをしっかり支え動かせる能力を保つことは、高齢者のQOL（生活の質）を保証する上で非常に重要な要件といえる。

引用文献

Erickson, K. I., *et al.*, Exercise training increases size of hippocampus and improves memory, *Proc. Natl. Acad. Sci. ESA.*, **108**(7): 3017-3022, 2011.

畠中泰彦, サルコペニア研究――理学療法士によるバイオメカニクス的アプローチ, *Sports-medicine*, **175**: 2-5, 2015.

Ikeguchi-Sugita, A., *et al.*, The effects of a walking intervention on depressive feelings and social adaptation in healthy workers. *J. UOEH*（産業医科大学雑誌）, **35**(1): 1-8, 2013.

文部科学省『新体力テスト』, ぎょうせい, 2006.

Paffenbarger Jr., R. S. *et al.*, Physical activity, all-cause mortality and longevity of college alumni, *N. Engl. J. Med.*, **314**: 605-613, 1986.

Potter, J. M. *et al.*, Gait speed and activities at daily living function in geriatric partients, *Arch. Phys. Med. Rehabil.*, **76**: 997-999, 1995.

Quach, L. *et al.*, The non-linear relationship between gait speed and falls: The MOBILIZE Boston study, *J. Am. Geriatr. Soc.*, **59**(6): 1069-1073, 2011.

Studenski, S. *et al.*, Gait speed and survival in older adults, *JAMA*, **305**(1), 50-58, 2010.

スポーツ庁, 平成29年度「スポーツの実施状況等に関する世論調査」について. http://www.mext.go.jp/sports/b_menu/houdou/30/02/__icsFiles/afieldfile/2018/05/02/1401750_01.pdf（2019年7月30日アクセス）

Suzuki, T. *et al.*, Walking speed as a good predictor for maintenance of I-ADL among the rural community elderly in Japan: A 5-year follow-up study from TMIG-LISA, *Geriatr. Gerontol. Int.*, **3**: S6-14, 2003.

鈴木隆雄・大渕修一監修『指導者のための介護予防完全マニュアル――包括的なプラン作成のために』, 東京都高齢者研究福祉振興財団, pp. 19-54, 2004.

鳥羽研二監修『高齢者の転倒予防ガイドライン』, メディカルビュー社, pp. 23-25, 2016.

Zheng, H. *et al.*, Quantifying the dose-response of walking in reducing coronary heart disease risk: meta-analysis, *Eur. J. Epidemiol.*, **24**(4): 181-192, 2009.

1.5 ゆるぎない骨格とは──骨密度

はじめに

　私たちヒトは骨格による支持構造をもち、その周辺に張り巡らされた骨格筋の働きによって、直立二足歩行、咀嚼、細やかな上肢の運動など各種関節運動が可能となっている。そのため、骨折などによりその支持作用を部分的に失った場合、移動や日常生活でこれまで苦もなくできていたことが実施困難な状況が出現する。子供は、遊びやスポーツ活動による前腕や手首、手のひらと指の骨折が多いが、高齢になると体重を支える部分である背骨の椎骨、骨盤、大腿骨の骨折が増加する（厚生労働省 2011）。高齢者においては、骨折による入院が生活の質（QOL）の低下や寝たきりのきっかけとなることも少なくなく、加齢による骨の変化を把握し、運動等の積極的対策をとることが重要である。また、骨に関わる後天的な変形もまた生活の質に影響する。本節では、そのような観点の基礎となる、骨の構造と機能、骨の成長と発達、骨に関わる後天性変形、骨折、骨の強度と加齢による骨密度の低下、骨折の予後の年齢差、骨強度や骨密度・骨折・後天性変形の評価、臓器相関について解説する。

骨の構造と機能

　図 1.5.1 の骨の断面図をみると、関節に近いところの骨端部は薄い骨（皮質骨）が外周を取り囲んでいる。皮質骨は層状構造をなし、密度が高いため、緻密骨とも呼ばれる。両端部分の内部は網目状の構造となっており、海綿骨という。海綿骨の一部は荷重方向に走り、家屋の柱のような骨梁となっている。海綿骨の内部の隙間には軟らかい軟部組織や細胞が詰まっており、骨髄と呼ばれる。

　骨の主たる機能は、強度による全身の骨格におけるからだの支持と、肋骨、

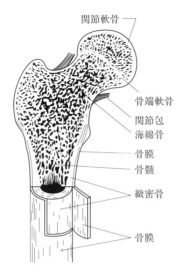

図 1.5.1　骨の内部構造（大腿骨）。

骨盤、頭蓋骨などにみられる内部臓器の保護、ミネラルの貯蔵機能、ならびに造血作用である。支持作用によって重力下においても形態を維持し、筋肉の作用によって骨と骨とをつなぐ関節を動かし、関節運動をおこなうことが可能となる。また、カルシウムやリンといった生命維持に必須なミネラルの最大の貯蔵庫である。さらに骨内部の骨髄は血液の造血作用をもつ。これらの機能はいずれも生命維持、ならびに高い生活の質の維持に不可欠である。しかし、それらの多くは加齢や運動不足等の身体活動量の低下によって機能低下が生じる。適切な質と量の身体運動を継続することで、これらの機能低下の多くを抑制することが可能であると考えられている。

骨の成長と発達

　骨は胎児から大人になるまで大きさが変化する。私たちの腕や脚などを構成する細長い長管骨では、胎児期のはじめは軟骨モデルによる骨形状が形成され、胎児期 7 週頃に周囲の膜が骨化を始める（図 1.5.2）。軟骨モデルがしだいに成長し中央に石灰化が起こると、血管が侵入し 1 次骨髄腔が形成される。次に、その部分から長軸両端方向へ骨髄腔が広がるとともに中央部は骨

1.5　ゆるぎない骨格とは　53

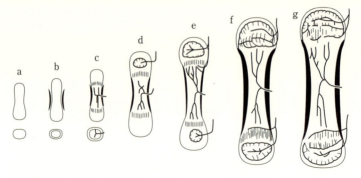

図1.5.2 骨の発生と成長過程。a. 軟骨モデル，b. 骨膜性骨カラーの添加，c. 1次骨髄腔の形成，d. 近位端に2次骨化中心が出現，e. 遠位端にも2次骨化中心が出現，f. 近位端の骨端軟骨板の閉鎖，遠位端ではまだ成長がおこなわれている。g. 両端部で骨端軟骨板は閉鎖し成長は停止する。（藤田・藤田 1981，p. 157，図Ⅲ-93）より改変。

化し、両骨端部は軟骨組織のままの状態となり、この時期に誕生を迎える。誕生後、骨端部に2次骨化中心（骨端核）が出現する。骨端核が十分な大きさに成長すると、その部分で軟骨の細胞層が明確になり、骨端軟骨板となる。この部位では軟骨細胞が骨端側から細胞年齢の若い順に整列し、それぞれ骨細胞の増殖、肥大、変性をつかさどる。最終的に変性部の骨化が起こり、新しく変性した軟骨をもつ部分が長軸端部方向へ移り、骨の長さが増す。思春期を過ぎると、骨端軟骨板は薄くなり、最終的には消失し骨化する。これを骨端軟骨板（骨端線）閉鎖といい、骨の長さ方向の成長の終わりを意味する。

　このような骨の成長の過程を経て、全身の骨が成長する。その成長の1つの指標として身長の年齢による変化をみてみると（図1.5.3）、10歳ごろまでは平均値にそれほど大きな性差はみられないが、それぞれの思春期における発育発達のスパート期を境に性差が広がる。男子は13歳ごろ、女子は11歳ごろが、身長が1年間でもっとも伸びる時期となる。その後、ピークを迎え（男性は170 cm強、女性は160 cm弱）、しばらく一定値が続く。その後、女性は40代、男性は50代になると平均身長の低下が起こる。とくに高齢期の身長の低下には後述の背骨の椎体部分の骨折による身長低下が含まれる。

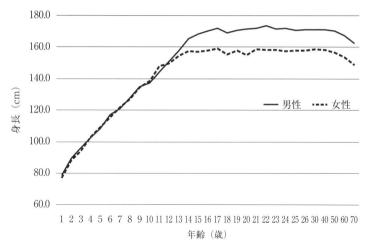

図 1.5.3 身長の年齢による変化。2018（平成 30）年国民健康・栄養調査データを基に作成

骨に関わる後天性変形

　出生時には異常がみられず、その後出現した変形を後天性変形という。遺伝性の素因のものもあるが、加齢や負荷、代謝異常、局所的な病変などさまざまな原因がある。なかには、生活習慣が影響する変形もあり注意が必要である。筋肉の力や長さ変化を骨同士でつくられた関節を介することで身体運動は可能となるため、骨がしっかりしていてはじめてうまく筋力を活用できる。2016（平成 28）年より学校定期検診（対象：小学 1 年生から高校 3 年生）に側弯症などの運動器検診が加わり、運動のし過ぎや、逆に運動不足によると考えられる若年期からの骨の変形の発症を予防しようという動きも盛んである。症例の多いものとして、脊柱の変形である側弯症、後弯症、O 脚、X 脚、うちわ歩行、扁平足、外反母趾があげられる。この、後弯症には老人性の円背も含まれる。また、O 脚や X 脚は、生理的な範囲にとどまるものも多いが、程度が大きいと老後に変形性膝関節症（3.6 節参照）となることが多く、ロコモティブシンドローム（1.1 節参照）と関連するため、発育完了までに正常な形に矯正することが望ましいと考えられている。

1.5　ゆるぎない骨格とは　55

骨折

　からだに外部から加えられた外力による損傷を外傷といい、骨の外傷の1つが骨折である。骨はとても頑丈な組織に感じられるが、捻りなど力のかかる方向によっては折れやすくなる。骨折は年代別には子供と高齢者に多く、若年では四肢の骨折が多い。頸部・胸部および骨盤の骨折（脊椎を含む）と大腿の骨折は高齢期に多く、それぞれ70代、80代にピークとなっている（図1.5.4）。図からも明らかなように、骨折の患者総数は高齢者に多い。年代の人数を調整した上での年齢階層別の骨折割合をみると（村松 2013）、5-19歳で、男性は6.1%、女性は3.2%、65歳以上で男性は4.2%、女性は6.9%となる。骨折部位は、若年では前腕、手首、手に多く、高齢では肋骨、胸骨、胸椎、腰椎、骨盤、大腿骨が多く部位に違いがある。要支援、要介護となる原因の12.7%が骨折である（厚生労働省 2010）ことからも骨折予防の重要性が指摘されている。

骨の強度と加齢による骨密度の低下

　前述のように、加齢によって骨が弱くなり、背骨の椎骨と大腿部の骨折のリスクが増える。実際、2000年における調査（Yoshimura 2006）によると背骨の椎体骨折の有病率（一時点における患者数の単位人口に対する割合）は、男性で、50代10.3%、60代13.2%、70代は25.0%である。また、女性は50代9.1%、60代20.5%、70代54.2%と男性に比して高い。このことは、80歳の時点で、男性は1/4、女性は半数以上が椎体骨折を有していることを示す。加齢による骨折の引き金になるのは骨の強度低下、ならびに骨の密度の低下（骨粗しょう症と呼ぶ。3.7節参照）であることが多い。

　骨の強度は、骨内のカルシウムなどのミネラルの密度の指標となる骨密度と、海面骨の微細構造（どのように海綿が配置されているか）、骨組織の石灰化の度合いなどからなる骨質の影響を受ける。前者は骨強度の70%、後者は30%を説明し（National Institutes of Health 2000）、どちらも重要な意味合いをもつが、骨強度に貢献度の高い骨密度の加齢による低下は古くから着目されてきた。高齢者ではかなり高い割合で背骨の椎体や大腿骨頸部の骨折がみ

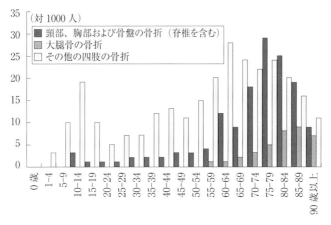

図 1.5.4 骨折の総患者数(年齢階級×傷病小分類別)(ニッセイ基礎研究所 2013)。

られるが、これらの骨折は骨密度が低下している上に、転倒や生活活動にともなう負荷などの軽い衝撃が加わって骨折が生じる脆弱性骨折であることが多い。椎体骨折に関しては、前屈位の過重な労働によって変形が誘発されることも指摘されている。骨折により身体活動量が制限され、不活動による筋萎縮からの寝たきりの発生、認知能力への影響など、骨折を起点とした生活の質への影響は甚大であり、強い骨を保つことを意識した生活や運動習慣の確保が重要となる。

では、この加齢による骨密度の低下はどのようにして生じるのだろうか？骨は、全体形状はほとんど変化しないようにみえるが、実は、その構成要素の内部部品は絶えず入れ替わっている。これを骨改変(リモデリング)と呼ぶ。骨内では骨をつくる骨形成と骨を壊す骨吸収の両方が繰り返されており、そのどちらかが優位になってバランス変化が生じると、骨強度の増加あるいは減少(硬化と粗しょう)が進む。たとえば、骨吸収が骨形成よりも相対的に亢進すると骨密度が低下する。まさに、このリモデリングのバランスが骨吸収側に傾いた状態が、加齢により骨粗しょう症の発生率が上昇するメカニズムである。

これまでの研究において、加齢による骨粗しょう症の原因は、エストロゲ

ンなどの性ホルモンの低下、ならびにカルシウム、ビタミンDの欠乏などが主な要因として考えられている。骨粗しょう症は、女性の患者数が男性の3倍であることが示されている（骨粗しょう症の予防と治療ガイドライン作成委員会 2015）。この女性の罹患率の高さは、高齢になると閉経により女性ホルモンの1つであるエストロゲンのレベルが低下し骨吸収が亢進するため骨量が減少しやすいことと関連している。また、カルシウムなどの吸収能力も一般的に加齢によって低下し、骨密度に影響する。なお、このリモデリングのバランス変化による骨粗しょう症は、副腎皮質ステロイド投薬や甲状腺機能亢進症の病変等によっても発生することに注意が必要である。

骨折の予後の年齢差

　骨粗しょう症に関連する骨折であってもそうでなくても、治療に要する時間は加齢にともない延長する傾向にある。大腿骨の骨折はいずれの年齢層においても他部位に比べ治療期間は長いが、年齢によりその期間が増加し（0-34歳で3-4カ月、65歳以上で6カ月強）、椎骨、肋骨、骨盤の骨折は、高齢では骨折割合が高いだけでなく、治療期間が急激に長くなる（0-34歳で1-3カ月、65歳以上で4-7カ月）（村松 2013）。若年に多い四肢の骨折も高齢になるほど治療期間が長引く傾向にある。

骨強度や骨密度・骨折・後天性変形の評価

　骨粗しょう症や後天性変形の医学的検査と判定においては、X線撮影やMRIを用いた医療画像診断が重要とされる。骨粗しょう症であれば、これらの画像情報により、骨折の可能性が高い大腿骨近位部や背骨の椎体の骨密度や椎体骨折による変形の有無、骨粗しょう症に似た他の疾患との識別が可能となる。一方、超音波でかかとの骨密度を計測する方法は診断には使用できないが、X線による被爆もなく簡便なため、検診において広く用いられている。また、血液や尿を定期的に検査することで、骨のリモデリングの状態を示す物質である骨代謝マーカーの変化を調べることもできる。後天性変形についても、画像診断によって詳細な病態を把握することができる。

　これらに加えて、からだや加齢にともなうその変化の所見からも骨粗しょ

う症と後天性変形のリスクを検討することが可能である。これまでに骨粗しょう症のリスクとして知られているのが、低体重、身長の低下、歯数の減少、運動器ならびに運動能力の低下である。低体重の場合、28-74 歳の女性を対象とした研究では、体重が 60 kg 未満の群は 60 kg 以上の群と比較すると、低骨密度になる確率が 3.6 倍になる（Michaëlsson *et al.* 1996）。また、日本人を対象とした研究では、閉経後女性の骨粗しょう症の有病率を骨粗しょう症自己評価ツール FOSTA（Female Osteoporosis Self-assessment Tool for Asians）（Koh 2001）を用いて検討し、FOSTA＝（体重(kg)－年齢(歳)）×0.2 がマイナス 4 未満となると骨粗しょう症の高リスクとなること（マイナス 4 未満：危険度が高い、マイナス 4 からマイナス 1 未満：危険度が中等度、マイナス 1 未満：危険度が低い）、ならびに、それらは全体の 25% を占め、そのうちの 43-45% が骨粗しょう症であったと報告している（Fujiwara *et al.* 2001）。

身長の低下に関しても、成人期に比べ高齢期において 2.1-4 cm 以上の身長低下は、骨粗しょう症の発症サインとなり、椎体骨折のリスク（1.49-20.6 倍と報告により差あり）が上昇することが複数の調査の結果のまとめとして報告されている（骨粗しょう症の予防と治療ガイドライン作成委員会 2015）。

また、高齢者の歯数は低骨密度の指標となりうる。低骨密度の割合が、歯数が 20 以上の女性では 7%、歯数が 20 未満では 32% と高いことが報告されている（Inagaki *et al.* 2001）。

加えて、運動能力や運動器機能の低下については、歩行速度の遅さ、継ぎ足歩行ができない、視力低下、下腿周径が細いことが大腿骨近位部骨折の発生に関連することが報告されている。これらの危険因子ならびに低骨密度がある場合と、いずれもない場合を比較すると 1000 人あたりの発生率が 5-29 人と 5 倍以上に増える（Dargent-Molina *et al.* 1996）。なお、生活習慣等も含んだ総合的な指標としては、世界保健機関（WHO）によって国別の骨粗しょう症や骨折のリスクを計算する FRAX というプログラムが公表されている。

簡易な脊柱変形の測定法としては、壁に背中をつけ直立した状態で壁に頭がつけられない場合に椎体骨折の可能性が高いという判定法がある。また、立位時に、肋骨の最下部と骨盤上端とに指 2 本分以上の距離がない場合は、錐体骨折の可能性が高いという判定法がある。もちろん脊柱の変形のみでは

1.5　ゆるぎない骨格とは　　59

かならずしも骨粗しょう症とは診断できない。しかし、変形度の高い上位10％には骨密度の低下があり、骨粗しょう症の可能性の指標となりえる。あくまで椎体骨折の可能性を検討するという意味においてではあるが、1つの簡便なリスク評価指標として活用できよう。

後天性変形の1つである脊椎の側弯に関しては上体を90度前屈させ、背中の左右の高さの差を調べる方法がある。また、直立位における肩やウエストラインの左右差を確認する方法もある。O脚に関しては膝の間の距離を、X脚に関してはくるぶし間の距離を計測することで変形の程度を評価することができる。

臓器相関

近年の知見として、体内の臓器が互いに他の臓器の調整にも関わっていることが明らかとなっている。これを臓器相関というが、骨も例外ではない。たとえば骨内の骨細胞は腎臓におけるリン排泄の促進や、免疫に関係するリンパ球の分化に影響する。また、骨内における細胞応答によって、膵臓におけるインスリンや、テストステロンの分泌が促進される。一方、骨自身も他臓器から影響を受け、食欲調整作用をもつ脂肪細胞からのレプチンの中枢神経への働きかけの結果、自律神経系を介し骨代謝が影響をうける。このことは、運動等による骨へのストレス刺激や運動器等への刺激が、臓器相関を通じて他臓器の機能にも影響する可能性を示唆している。

まとめ

骨には多くの機能がある。その中でも支持機能は、筋肉と関節による身体運動を可能とする上で重要である。この機能が後天性変形、骨折、加齢により低下すると、生活の質を下げる可能性がある。とくに、罹患率の高い加齢による骨密度の低下（骨粗しょう症）による背骨の椎体骨折と大腿部骨頭骨折は、加齢により治療期間も延長する傾向があるため、生活の質全般へ大きく影響することが予想される。骨はからだの深部に存在することが多く詳細な判定には画像診断が必要となることが多いが、自身の身長や姿勢の変化を観察することによるリスク評価も可能である。検診等とあわせて自身の骨状

態を把握できることが理想であろう。近年の臓器相関の知見から推察するに、身体運動等による骨や運動器への刺激が他臓器の機能改善にも好影響を与える可能性があり、今後の研究に期待したい。積極的な運動参加が望まれる。

引用文献

Dargent-Molina, P. *et al.*, Fall-related factors and risk of hip fracture: the EPIDOS prospective study, *Lancet*, **348**: 145-149, 1996.

藤田尚男・藤田恒夫『標準組織学　総論』第 2 版，医学書院，1981.

Fujiwara, S. *et al.*, Performance of osteoporosis risk indices in a Japanese population, *Current Therapeutic Res.*, **62**: 586-594, 2001.

Inagaki *et al.*, Low metacarpal bone density, tooth loss and periodontal disease in Japanese women, *J. Dent. Res.*, **80**: 1818-1822, 2001.

Koh, L. K. H., A simple tool to identify Asian women at increased risk of osteoporosis, *Osteoporo. Int.*, **12**: 699-705, 2001.

厚生労働省，平成 22 年国民生活基礎調査，2010.

厚生労働省，平成 23 年患者調査，2011.

骨粗鬆症の予防と治療ガイドライン作成委員会，骨粗鬆症の予防と治療ガイドライン 2015 年版，2015.

Michaëlsson, K. *et al.*, Screening for osteopenia and osteoporosis: selection by body composition, *Osteoporos Int.*, **6**: 120-126, 1996.

村松容子，年齢別の骨折部位と治療期間，ニッセイ基礎研究所　基礎研レター，2013.

National Institutes of Health, Osteoporosis Prevention, Diagnosis, and Therapy, NIH Consensus Development Conference Statement, 2000.

Yoshimura, N. *et al.*, Cumulative incidence and changes in the prevalence of vertebral fractures in a rural Japanese community: a 10-year follow-up of the Miyama cohort, *Arch. Osteoporos.*, **1**: 43-49, 2006.

| 1.6 | からだの硬さ・柔らかさ——柔軟性 |

はじめに

　両膝を伸ばして座った姿勢から前屈をしたときに、手がつま先まで届く"柔らかい人"もいれば、すねまでしか届かない"硬い人"もいるだろう。このようなからだの柔らかさが柔軟性である。柔軟性は、持久力や筋力と並ぶ体力要素であり、体力テストの測定項目にも含まれている。では、柔軟性は何によって決まるのか？　また、からだを柔らかくするためにはどのような運動をおこなえばよいのか？　そして、からだが柔らかいことにはどのような健康的な意義があるのか？　本節ではこれらについて考えていきたい。

柔軟性の測定評価法

　柔軟性は、関節を動かせる範囲や関節を動かす際、あるいは関節を動かして任意の姿勢を保持した際に生じる抵抗力として評価される。関節を大きく動かせるほど、関節を動かす際の抵抗力が少ないほど、柔軟性が優れていることになる。柔軟性の測定評価方法として、文部科学省の新体力テストで採用されている長座体前屈がある。長座体前屈は長座位で上半身を直立させた姿勢からできるだけ前屈をし、両手の移動距離を計測するものである（図1.6.1）。また、角度計を用いて関節の動いた範囲（角度）を測定する関節可動域も柔軟性測定評価法の一例である。さらに、膝の関節を伸ばすときに関わる大腿の前面の筋群（大腿四頭筋群）の柔軟性を測定する方法として、膝関節を最大限まで曲げたときのかかとと臀部との距離をものさしで測定する踵臀間距離法などもあげられる。そして、高い客観性と妥当性が求められる研究レベルでは等速性筋力測定装置の類いを用い、関節を他動的に動かし、その際に発揮される筋力を受動的トルクとして導出し、柔軟性の指標として評価を試みる方法も利用される。

62　　第1章　セルフチェック

図 1.6.1　長座体前屈の測定。壁に背および尻をつける。胸を張って肘を伸ばした位置に専用の測定器や箱を置き、両手をのせる。膝を伸ばしたまま、両手を動かさぬよう測定器や箱を前方へ動かし、最大限まで前屈をし、手を離す。測定器や箱の移動距離が測定値となる。

柔軟性を決定する要因

　柔軟性を決定する要因は大きく分けて3つあるとされる（川上 2008）。1つめは、「関節の仕組み」である。関節は、骨、関節包および靭帯から構成されている。このうち、靭帯が柔軟性に大きな影響を及ぼすと考えられている。2つめは、「筋肉や腱などの結合組織の働き」である。筋肉や腱は関節を動かす役割を担う組織であることはよく知られている。伸ばすこと（伸展）と曲げること（屈曲）の両方をおこなう関節では、関節をまたぐ筋群が前後や裏表で対の関係になっている場合が多い。たとえば、膝関節には伸展のために大腿前面の大腿四頭筋群、屈曲のために大腿後面のハムストリングスが存在する。膝関節を能動的に伸展させるためには、伸展に際して主働筋となる大腿四頭筋を収縮させることと、拮抗筋（主働筋と相対する働きをする筋）となるハムストリングスをリラックスさせる必要がある。このとき、大腿四頭筋の収縮力が弱かったり、ハムストリングスが硬かったりすると膝関節を十分に伸展できない。関節の可動は筋肉だけではなく、筋肉と骨とをつなぐ腱も大きな役割を担うことから、腱の強さや硬さも柔軟性に大きく影響する。他方、筋肉を他動的に伸張させる際は筋肉や腱の柔らかさが柔軟性の決定要因となる。3つめは、「神経の働き」である。主働筋の収縮は神経を介して送られた信号によって実行される。関節を円滑に動かすためには同時に拮抗筋に

リラックスを促す信号が送られる。これらのことから、神経の機能性が柔軟性を決定するのに重要な役割を担っていることが理解できる。また、筋肉や腱には、それぞれ伸ばされすぎや伸ばされた際にかかる力を感知するセンサーが存在する。これらのセンサーの働きは神経によってコントロールされていることから柔軟性に影響を及ぼす要因となる。

柔軟性の加齢変化

　柔軟性は他の体力要素と同様に加齢にともなっていやがおうでも低下する。文部科学省の平成 29 年度体力・運動能力調査結果（スポーツ庁 2018）によると長座体前屈の記録は、横断的な調査結果ではあるものの、女性においては17 歳の 48.8 cm をピークに 75-79 歳の 38.9 cm まで漸減する。また、男性においても同様に 17 歳の 50.8 cm をピークに 75-79 歳の 35.6 cm まで漸減する（図 1.6.2）。加齢にともなう柔軟性の低下には、前述した柔軟性を決定する要因のうち、靱帯、筋肉および腱の組織的な変性、さらには、腱組織の血流量の低下が関わっているとされる。また、能動的な可動域の低下には可動の際の主働筋の収縮力の低下も関わっているとされている（川上 2008）。

柔軟性の低下にともない損なわれる健康

　加齢にともなう柔軟性の低下は、歩行速度の低下など生活活動動作の遂行の妨げになるとされる。田井中と青木（2002）は高齢者（平均年齢 80 歳）において、股関節および足関節の可動域と普通歩行ならびに最大努力下での歩行時の速度との間に正の相関関係があることを報告している。このことから、股関節や足関節の柔軟性が低い人ほど歩行速度が遅いことが理解できる。また、柔軟性の低下によって転倒のリスクが高まることも明らかとなっている。田井中と青木（2007）は高齢者（平均年齢 80 歳）の転倒経験者と非経験者との間で柔軟性を比較したところ、体幹の回旋および股関節の伸展における可動域が転倒経験者で低値を示すことを報告した。すなわち、加齢にともなう柔軟性の低下が正常の歩行動作の遂行の妨げになること、さらには転倒につながる恐れがあることが示唆されている。

　また、近年、柔軟性が血管の硬さと関係することが明らかとなっている。

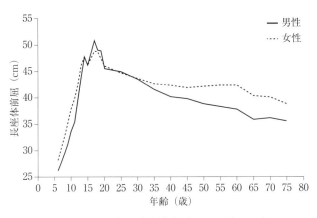

図 1.6.2 長座体前屈の加齢変化（スポーツ庁 2018）。

血管、殊に動脈は加齢とともに硬化し、いわゆる動脈硬化症の発症につながる。動脈硬化症により、脳血管や心臓血管の疾病のリスクが高まる。Nishiwaki *et al.* (2014) は、若齢者（平均年齢 24 歳）、中年者（平均年齢 49 歳）、高齢者（平均年齢 68 歳）を対象に長座体前屈の記録と動脈のスティッフネス（硬さ）の指標である心臓から足首までの動脈の硬さの指数（Cardio Ankle Vascular Index; CAVI）との関係性について調査した。その結果、男性では、全年代において、女性では、高齢者において柔軟性が低い人ほど血管が硬いことが明らかとなった。すなわち、この事実はからだの柔軟性が血管の硬さに関係することを示唆している。女性において高齢者のみで関係性が確認されたのは、女性ホルモンの影響があると考えられている。

柔軟性を高めるための方法としてのストレッチング

ストレッチング（stretching）は直訳すると「伸ばすこと」となる。ストレッチングによって筋肉や腱などの組織が伸ばされ、柔軟性が向上する。ストレッチングは柔軟性を向上させるための最善かつもっとも簡便な方法である。ストレッチングによる柔軟性の向上には、伸長する対象である筋肉や腱などの組織の特性の変化、ならびに神経が関わる筋肉の機能の変化が深く関わっている（山口・石井 2011）。

結合組織によって構造化されている筋肉や腱などの組織は粘弾特性を有し

ており、ストレッチングにより伸長されることで弾性（stiffness）が減少し（伸長に対する抵抗力が少なくなり）、伸展性が増大する、すなわち柔軟性が向上する。

　ストレッチングにより筋肉や腱が伸ばされると、それらに存在する筋紡錘やゴルジ腱器官といわれるセンサーが反応する。筋紡錘は筋肉の長さ変化を検知している。一方、ゴルジ腱器官は伸ばされる力の変化を検知している。これらのセンサーで検知された変化によりそれぞれ伸張反射あるいは自原性抑制が生ずる。伸張反射は筋紡錘で検知された信号をもとに伸長された筋肉を収縮させるものである。したがって、ストレッチング実施時において伸張反射が生ずることは柔軟性の向上の妨げとなり得る。一方、自原性抑制はゴルジ腱器官で検知された信号をもとに筋肉をリラックスさせるものである。自原性抑制を生じさせるためには伸張反射が生じる時間よりも長く伸長しなければならず、6秒以上伸長し続けることで筋肉がリラックスしはじめ、柔軟性が向上するとされている。また、ストレッチングにより筋肉の機能を変化させる反射として相反性抑制もあげられる。この反射は主働筋群と拮抗筋群の関係にある両筋群において、主働筋群を収縮させることによりその筋群における筋紡錘が反応し（筋肉の収縮によっても一時的に筋肉が伸張され、筋紡錘が伸張を検知する）、伸張反射によってその筋群の収縮力を高めるとともに、拮抗筋群をリラックスさせるというものである。よって、ストレッチングにおいて伸長させたい筋群の拮抗筋群を能動的に収縮させることで伸長させたい筋群をリラックスさせ、柔軟性を向上させることが可能になると考えられる。ゆえに、柔軟性を向上させるためにはいかに伸長させたい筋群に伸張反射を起こさせず、自原性抑制あるいは相反性抑制を生じさせるかが重要なポイントとなる。

ストレッチングの方法

(1) バリスティックストレッチング

　バリスティックストレッチングは、反動や弾みをつけて関節を可動させることで筋肉を伸長させる方法である（図1.6.3a）。この方法では最大可動域を超えて筋肉が勢いよく伸長されることもあり、伸張反射が生じやすいことが

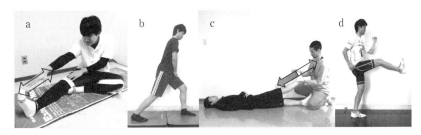

図 1.6.3 ストレッチングの方法。a：バリスティックストレッチング、b：スタティックストレッチング、c：proprioceptive neuromuscular facilitation（PNF）ストレッチング、d：ダイナミックストレッチング。

確認されている。したがって、伸長させたい筋肉を収縮させる可能性があることから、柔軟性を向上させる効果を引き出すことが難しい。また、伸張反射が生じている状況において大きな外力により無理に筋肉を伸長させると、筋肉に損傷を引き起こす危険性もはらむ。これらのことから、昨今では柔軟性の向上のための有効なストレッチングの方法とは考えられていない。

(2) スタティックストレッチング

スタティックストレッチングは、バリスティックストレッチングとは対照的に反動や弾みをつけることなくゆっくりと関節を可動させ、最大可動域付近において数秒から数十秒保持する方法である（図1.6.3b）。この方法は1人でもパートナーとでも安全かつ容易に柔軟性を向上させることができ、いわゆる「ストレッチング」として広くおこなわれている。スタティックストレッチングによる柔軟性の向上には主に筋肉や腱の組織における弾性の減少、ならびに自原性抑制が関与していると考えられる。

(3) Proprioceptive Neuromuscular Facilitation（PNF、固有受容性神経筋促通法）を用いたストレッチング

PNFは、リハビリテーションの分野において開発され発展してきた促通[1]手技法であり、それをストレッチングに応用させたのがPNFを用いたスト

---

1) 神経系または神経筋の接合部に複数の刺激を加えると、その効果が単独の刺激の効果の和よりも大きくなる現象のこと。

レッチングである。具体的にはパートナーの徒手抵抗を利用し、伸長させたい筋肉を等尺性あるいは短縮性に筋活動させた直後に受動的あるいは能動的に伸長させる方法である（図1.6.3c）。この方法による柔軟性の向上には自原性抑制あるいは相反性抑制のメカニズムが大きく関与していると考えられている。バリスティックストレッチングやスタティックストレッチングよりも柔軟性を向上させる効果が高いとされているが、施術にはPNFの知識を十分に理解し、技術の熟練したパートナーが必要となる。

(4) ダイナミックストレッチング

　ダイナミックストレッチングは、ストレッチングを実施する人自身が伸長させたい筋肉の拮抗筋を能動的に収縮させ、関節の可動や回旋などをおこなうことで、動きのなかで伸長させたい筋肉を伸ばす方法である（図1.6.3d）。この方法による柔軟性の向上には相反性抑制が関与していると考えられているが、実際のところそのメカニズムは明らかになっていない。

ストレッチングによる柔軟性向上が健康を保持増進する

　ストレッチングによる主たる効果である柔軟性の向上は、前述のような加齢にともなう柔軟性の低下が関わる生活の質の低下を防ぐと考えられる。ストレッチング、殊にスタティックストレッチング（以後の"ストレッチング"はスタティックストレッチングを示す）は方法が比較的簡単であり、実施のために広いスペースも必要としない。さらに、運動強度も高すぎず、ジョギングやレジスタンス運動のような他の様式の運動に比べれば、習慣化することが比較的容易であるだけでなく、他の運動様式に劣らず、むしろ優る効果があることが明らかとなっている。ストレッチングによる柔軟性の向上が健康の保持増進に寄与することを示した知見について概説していきたい。

　前述の通り、加齢にともなう下半身の柔軟性の低下は、歩行速度の低下や転倒のリスクを高めることが報告されている。加齢にともなう柔軟性の低下をストレッチングによって抑制することによって、歩行動作が容易になる可能性がうかがえる。実際に、ストレッチングが歩行動作を改善することを明らかにした研究も散見される。Christiansen（2008）は、高齢者（平均年齢

72歳）を対象とした8週間（週2回）の股関節屈筋群および足底屈筋群に対する習慣的なストレッチングによって、これらの筋群がかかわる関節可動域が拡大し、さらに被験者によって自由選択された歩行速度が増大したことを報告している。さらに、Cristopoliski *et al.*（2009）は高齢者（平均年齢66歳）を対象とした4週間（週3回）の股関節伸筋群および屈筋群、足関節底屈筋群に対する習慣的なストレッチングによって、これらの筋群がかかわる関節可動域が向上し、歩行速度をはじめとする各種歩行パラメータが改善したことを確認している。歩行動作に制限が出るような柔軟性の低下を有する被験者が対象となってはいるものの、股関節伸筋群および足関節底屈筋群の柔軟性を向上させるストレッチングを習慣的に実施することは歩行動作の改善につながる可能性が示唆される。

　また、前述の通り、からだの柔軟性が血管の硬さと関係することを明らかにした研究があるが、ストレッチングが血管を柔らかくできるか否かについて検討した研究もおこなわれ始め、若齢者、中年者を対象にストレッチングを習慣的に実施させることで、柔軟性の向上とともに血管が柔らかくなったことが確認されている（Yamamoto 2017）。このメカニズムとしてからだの柔軟性も血管の柔らかさもそれぞれの筋肉や結合組織の柔らかさによって決まることから、習慣的なストレッチングの実施によって筋肉や結合組織が伸ばされてともに柔らかくなったのではないかと考えられている。そして、もう1つのメカニズムとして、血管の硬さが血管の筋の緊張度によってもコントロールされており、血管の筋の緊張度を変化させる自律神経系における交感神経の活動が習慣的なストレッチングの実施によって適度に刺激され、結果的に交感神経の活動の低下、ひいては血管の筋の緊張度の低下につながったことで血管が柔らかくなったのではないかとも考えられている。いずれにしても、今後、さらに多くの研究がおこなわれることで、ストレッチングが動脈硬化症の予防改善のための運動様式として推奨される日が近いのかもしれない。

まとめ

　これまで述べてきたように柔軟性は健康に関連し、ストレッチングは柔軟

性を向上させ、健康の保持増進にもポジティブな働きかけをすることが明らかとなっている。ストレッチングの方法としては、前述のスタティックストレッチングの部分を参照されたい。また、具体的な保持時間としては、若齢者や中年者を対象とした場合には1セット当たり15-30秒（Decoster *et al.* 2005）、高齢者では60秒が推奨されている（Feland *et al.* 2001）。また、1日のセット数は1セット以上（3セット程度が好ましい）、週当たりの頻度は3回以上、そして期間としては5週間以上の継続が必要とされる（Decoster *et al.* 2005）。また、動きやすい服装で実施することや呼吸を止めずに実施することもポイントとしてあげられる。加えて、けっして無理をしないことが大切である。

引用文献

Christiansen, C. L. The effects of hip and ankle stretching on gait function of older people, *Arch. Phys. Med. Rehabil.*, **89**: 1421-1428, 2008.

Cristopoliski, F. *et al.*, Stretching exercise program improves gait in the elderly, *Gerontology*, **55**: 614-620, 2009.

Decoster, L. C. *et al.*, The effects of hamstring stretching on range of motion: a systematic literature review, *J. Orthop. Sports Phys. Ther.*, **35**: 377-387, 2005.

Feland, J. B. *et al.*, The effect of duration of stretching of the hamstring muscle group for increasing range of motion in people aged 65 years or older, *Phys. Ther.*, **81**: 1110-1117, 2001.

川上泰雄，柔軟性とトレーニング効果，『トレーニング科学　最新エビデンス』（安部孝編），講談社サイエンティフィク，pp. 19-33，2008.

Nishiwaki, M. *et al.*, Sex differences in flexibility-arterial stiffness relationship and its application for diagnosis of arterial stiffening: a cross-sectional observational study, *PLoS ONE*, **9**(11): e113646, 2014.

スポーツ庁，平成29年度体力・運動調査結果の概要及び報告書について，2018. http://www.mext.go.jp/sports/b_menu/toukei/chousa04/tairyoku/kekka/k_detail/1409822.htm（2019年7月30日アクセス）

田井中幸司・青木純一郎，高齢女性の歩行速度の低下と体力，『体力科学』，**51**: 245-252，2002.

田井中幸司・青木純一郎，在宅高齢女性の転倒経験と体力，『体力科学』，**56**: 279-286，2007.

山口太一・石井好二郎，ストレッチング，『スポーツ・運動生理学概説』（山地啓司・大築立志・田中宏暁編），明和出版，pp. 213-217，2011.

Yamamoto, K., Human flexibility and arterial stiffness, *J. Phys. Fitness Sports Med.*, **6**: 1-5, 2017.

<table>
<tr><td>1.7</td><td>からだは揺れている──バランス能力</td></tr>
</table>

はじめに

　地球に生きる私たち人間は、重力の縛りから逃れることができない。立ち歩くことは重力に逆らって起き上がり、動き回る行為であり、足腰が弱って立ち上がれなくなれば、座りっぱなしになってしまう。さらに体幹が弱れば、重力に逆らって座る姿勢を維持することも困難になり、寝たきりとなる。寝たきりになってしまえば、ますますからだが弱るという悪循環に陥る可能性がある。生き生きとした生活を営むためには、重力に逆らって座り、立ち、歩くことを続けなくてはいけない。すなわち、重力の場において直立位を保つ能力、バランス能力を保ち続けなくてはならない。実はこれがなかなか難しく、些細なことで損なわれることがある。けがや病気が引き金になったり、健康であっても加齢による能力低下は避けがたい。

　実際、国内の転倒転落事故の死亡者のうち、65歳以上の高齢者は8割を超え、加齢によるバランス能力の低下が深刻である。これら高齢者の転倒転落事故のうち8割が家庭内で起きており、高齢者の転倒事故は身近な生活の中で起こっているといえる。また、高齢者は一度転倒すると、転倒への恐怖からさらに転倒リスクが高まり複数回転倒に至るケースが多いとされる。あらかじめ自己のバランス能力を測り、その変化をみつめることが、最初の転倒あるいは次の転倒を防ぐために必要である。

　本節では、私たちがどのようにからだのバランスをとって立ち歩いているのかを科学的根拠（エビデンス）に基づいて概観し、転倒を予測するバランス能力の指標について、そして自宅でできるセルフチェックについて論じる。

立つことの科学

　人間は二脚で立つが、動物は四脚で立つ（立った姿勢を「立位」と呼ぶ）。

四脚の立位は、テーブルのように安定していることは容易に想像できるだろう。四脚では、脚を固めてしまえば他には何もせずに安定して立ち続けることができる。これはつねに動物の重心（身体重心）が、それを支持する4本の脚がつくる面（支持面）の中にあるからである。

　しかしながら、人間の二脚での立位は、それほど簡単ではない。二脚立位では、身体重心が高い位置にあり、支持面は非常に狭い。まるで足首を回転中心とした振り子を逆さまに立てたようである（倒立振子）。それゆえに動物と異なり、人間は生後、立ち・歩くまでに1年もの年月を要するし、からだが弱れば二脚立位を維持できずにつえに頼ることになる（つえを用いて支持面を広くして、身体重心をおさめやすくする）。

　科学はさまざまなからだの仕組みを明らかにしてきたが、その多くを動物実験に頼っている。しかし、人間のように二脚で立つ動物はいないので、人間がどのように立位のバランスを保っているかは、動物を使う実験では調べることができない。それゆえに、人間のバランス能力についてはよくわからない点も多々あるのだが、ここではその制約の中でこれまでにわかっている知見を概観したい。

(1) 立位時のからだの揺れ

　私たちは「じっと立つ」ことができる、と思っている。しかし立位中の私たちのからだは実は「じっと」はしていない。たとえば、ほうきを逆さにして手のひらに載せて立たせる遊びを考えてみよう。ほうきの先をつねにみながら、手を細かに動かすことで、逆さまのほうき（これは前述の倒立振子に相当する）をふらふらと揺らしながらではあるが立たせることができる。人間の立位も同じことである。すなわち、脳がからだの状態をつねに測り（ほうきの先をみていることに相当する）、身体内の各筋肉が脳の命令により適切な力を発揮することで（手を細かく動かすことに相当）、大きな倒立振子のようにふらふらと揺れながらからだが「辛うじて」立っているのである。立位時にからだが揺れる様子を示したものが図1.7.1である。"倒立振子"様のからだが足首を中心として揺れていて、身体重心の水平移動は前後に約3cmほどであることがわかる（図1.7.1b）。

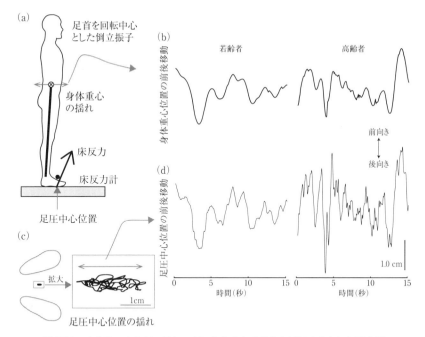

図 1.7.1 立位時のからだの揺れ。(a) 身体重心は足首を回転中心とした倒立振子のように揺れる。これにともない身体重心の水平な移動が起こる。(b) 身体重心位置の水平移動を測った記録。約 3 cm 程度動いていることがわかる。また若齢者のほうが高齢者に比べて揺れが小さいことがわかる。(c) 床反力計で測った足圧中心位置の軌跡。数センチ程度の揺れであり、足の大きさと比べて非常に小さいことがみてとれる。(d) 足圧中心位置の左右移動と前後移動を測った記録。前後移動で比べると身体重心位置の移動と非常によく似ていることがわかる。

揺れの様子には脳がバランス調節をした結果が反映されており、これを測ることでバランス能力を測ることができると考えられている（後述）。成人若齢者と高齢者とで揺れの大きさを比較してみると、高齢者のほうが大きく揺れていることがわかる（図 1.7.1b）。一般に、高齢者のほうが若齢者に比べて、大きく・速く揺れることが知られており、これは加齢変化によるバランス能力の低下を示している。

(2) からだの揺れを測る感覚器官と感覚統合

　脳がからだの状態をつねに測り、身体各筋に適切な命令を送って筋出力をつねに調節することで、からだの立位バランスが保たれている。脳が立位中のからだの動きを測るために、次の3つの感覚器官が働いている。1つめは視覚である。視覚は、頭の位置を周りの環境との関係として測り、たとえば目と目の前の壁との距離を測っているのである。この情報は、自分のからだが止まっているのか、あるいは前・後に動いているのかなどを知るのに役立つが、視線の先にある物の状況にも依存し、すなわち目の前の壁が動けば自分が動いているかのように感じてしまうという難点もある。電車に乗っているとき停車中に隣の電車が動き出すと、まるで自分が動いているかのように錯覚してしまうのは、このためである。

　2つめは前庭覚である。内耳にある前庭器が、頭の3次元の回転と並進加速度を測っている。すなわち、頭がどの方向にどのように加速されているかを測っている（スピードを上げ下げする度合いを「加速」と呼ぶ）。視覚は環境との相対的な関係を示すにすぎないが、前庭覚は環境内での絶対的な加速度を検知する。つまり、視覚のように周りが動いた場合に錯覚が起こることはなく、自分自身がいかに加速されているかを正しく測ることができる。それゆえに、車に乗って自分自身が動いているときに、車内にいて本を読んでいれば視覚情報は固定される一方で（本と頭の距離は一定である）、前庭覚は自身が加速されていることを検知してしまい、感覚間の不一致が起こるために車酔い症状に至ることがある（感覚間で情報が異なっていると、脳が混乱し気持ちが悪くなることが多々ある）。

　3つめは体性感覚である。体性感覚には、固有感覚と皮膚感覚がある。固有感覚は深部感覚とも呼ばれ、身体内部のさまざまな感覚器により、筋長、筋長変化速度、腱張力などが測られる。すなわち、筋肉がどのくらい力を発揮しているか、どのように筋肉や関節が運動しているかなどを測る感覚である。たとえば、目を閉じて拍手することを考える。自分の手がみえなくても、手の位置や動きのタイミングがわかり拍手をすることができるのは、両手の位置や動きを固有感覚が測っているからである。皮膚感覚は皮膚の触覚や圧覚を測るが（触った感じや押された感じ）、立位中はとくに足裏の触覚・圧覚

74　　第1章　セルフチェック

が身体重心の位置を測るのに役立つと考えられている（足裏のもっとも圧力を感じる部分の上に身体重心がある）。また、触覚に関しては以下の面白い知見がある。図1.7.2aのように、指先で机などの動かない物に軽く触れるだけで、立位中のからだの揺れが大きく減ることがよく知られている。一見、机で支えられているから当たり前と思うが、この現象は指先の触覚・圧覚がからだの小さな揺れを検知することで、脳がからだの揺れをより良く測ることができるからであることがわかっている。これは神崎らの次の実験で確かめられた（Kouzaki and Masani 2008）。神崎らは図1.7.2bのように机に触れている腕を虚血し感覚を麻痺させた状態をつくりだし（血圧計のカフでしばらく締め続けると、血流が不足するので一時的に感覚が消えてしまう）、そのときのからだの揺れの変化を測った。その結果、普通に机に軽く触れたときはからだの揺れが減ったのに、腕の感覚がない状態ではからだの揺れは元の状態と変わらないことを示した。つまり、脳が指先の触覚・圧覚を使ってからだの揺れをより良く測り、より適切な命令を筋肉に送ることでからだの揺れが減ることが明らかとなったのである。揺れる電車やバスで手すりにつかまるのは、それ自体に支えられるということに加えて、脳が自分の立位の状態を測ることに役立っているわけである。

　からだの立位バランスを保つには、上記3つの感覚でからだの状態を測ることが必要である。つねに三者すべてが必要ではなく、足りない分を柔軟に相互に補い合っている。たとえば、目を閉じた状態（視覚情報が得られない）でも、不安定ではあるが立ち・歩くことは不可能ではない。これは視覚が足りない分、他の二者の感覚でこれを補うからである。また柔らかなベッドマットの上に立つときは、体性感覚が正しく働かない。たとえば、堅い床上であれば、立位中に足首の角度が変わる方向（体性感覚により検知される）とからだが動く方向は同じであるはずだが（したがって、体性感覚はからだの動く方向を正しく検知できる）、ベッドマットの上では足首の角度が変わる方向とからだが動く方向が逆になることもある（体性感覚がからだの動く方向を正しく検知できない）。この場合脳は、からだの状態を測るために、体性感覚を無視し、それ以外の感覚に依存する割合を増やす。このように各感覚の貢献度を柔軟に加減して調整する様子を、「感覚統合」と呼ぶ。

1.7　からだは揺れている　　75

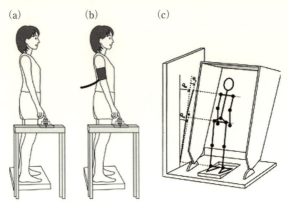

図 1.7.2 からだの揺れを測る感覚を調べる実験の様子。(a) 指先を机に軽く触れたときにからだの揺れが減ることを明らかにする実験の様子。(b) この現象が、机に支えられているということよりも、指先の触覚情報を基に脳がより適切にからだの揺れを調節しているために起こることを示す実験の様子。図のように腕を虚血し感覚を麻痺させた状態では、指先を机に軽く触れたときの効果がなくなることを明らかにした。(c) 感覚統合を調べる実験機器。詳細は本文参照。(a)，(b) は（Kouzaki and Masani 2008）より。(c) は（Peterka and Black 1990）より。

　感覚統合が上手になされることが、からだのバランスを保つ1つの鍵となる。図 1.7.2c のような装置を用いると、立位中の各感覚の貢献度をさまざまに調節することができ、その折のからだの揺れの大きさを測ることで、感覚統合の具合を調べることができる。上述の通り私たちは立っているときにわずかに揺れており、視覚が顔の位置と目の前のスクリーンとの距離を測ることで、脳は自分が揺れていることを無意識に検知している。目の前のスクリーンをからだの揺れに合わせて動かすことで、顔とスクリーンの距離を一定に保つことができる。このような状態では、視覚の情報はあるけれども、それは正しいものではないということになる。もしも実験参加者が視覚の情報に頼りすぎている場合、誤った視覚情報にしたがって筋肉の活動を調節するため、筋活動がからだを正しく調節できずからだが非常に大きく揺れることになる。またこの装置では、足下の床をからだの揺れに合わせて動かすことで、足首の角度を一定に保つこともできる。この場合、本来はからだの揺れに合わせて変わるべき足首の角度が一定になるので、足首角度の固有感覚が

正しくない状態ということになる。Peterka と Black（1990）のこの装置を使った実験では、7歳から81歳までの214人のうち、55歳以上の中高齢者は視覚に依存しすぎる割合が非常に高いことがわかった。すなわち、中高齢者は視覚情報が誤っているときに他の感覚を使ってこれを補正することがうまくできないということである。ただし目を閉じている場合は他の感覚を有効利用できるので、とくに目を開けているときに視覚にだまされやすいということになる。

(3) からだの揺れを調節する筋肉

　非常に不安定な倒立振子様のからだの立位バランスは、脳がこれら3つの感覚系からの情報を用いて筋活動を時々刻々と適切に調節することで保たれている。その様子を脳から筋肉への命令の量を示す筋電図を測ることで、知ることができる。図1.7.3は、ふくらはぎの筋肉（ヒラメ筋）の筋電図と身体重心の揺れを示している。立位中に唯一外界と接する関節は足首であり、からだの揺れを調節するのに非常に重要で、主にその調節の役割を担っているのがふくらはぎの筋肉である。筋電図と身体重心の揺れを観察すると、両者はよく似ており、からだの揺れに合わせて筋活動が調節されている様子がわかる。また、筋活動が若干先行している様子もみてとれる（たとえば56秒頃の筋肉の大きな活動は、その後の大きな揺れに対応している）。感覚系からの情報が脳へ届くまで、また脳から脚へ命令が届くまでには数十ミリ秒程度（1ミリ秒は1秒の千分の一）の時間がかかり、さらに筋肉に命令が届いてから筋肉が適した力を発揮するまでに数百ミリ秒もかかるので、脳からの命令は先を見越したものでなければならないからである。

(4) プロアクティブバランスとリアクティブバランス

　以上のように、「じっと立つ」という簡単な立位（静止立位）であっても、つねに脳が3つの感覚情報を集め各筋肉の力を微妙に調節することで、からだの立位中のバランスが保たれている。私たちが日常生活で立位を保つときには、静止立位を基本として、さらに複雑なからだの使い方をする。たとえば、静止立位状態から両手を前方に上げることを考えてみよう。壁にかかと

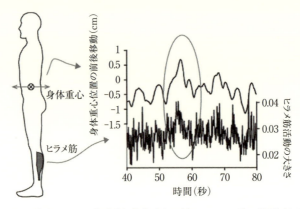

図1.7.3 立位時のヒラメ筋活動と身体重心の揺れ。ヒラメ筋の筋電図から筋肉の活動量を求め、同時に測った身体重心の揺れと比較した。両者が非常に似た揺れを示していることがみてとれる。また筋活動の揺れのほうが先行している様子がみてとれる（とくに円で囲った部分でよくみえる）。

をつけて立ち、両腕を素早く前に上げてみると、腕が上がりきる前に、お尻や背中が壁にぶつかるはずである。これは、手を上げることで身体重心が手の分だけ前に移動することを脳が見越して、あらかじめからだを少し後ろに動かすことで身体バランスを保とうとした結果である。これを「予測的姿勢制御」と呼ぶ。静止立位時のからだの調節や予測的姿勢制御を含め、立位を保ちながら自身の四肢を動かすような調節は、立位の「予期的メカニズム」と呼ばれることがあるが、立位のバランス能力の重要な一側面である。

また、自身では予測できない外からの力（外乱）がからだに与えられた場合、からだは適切にそれに対応しなくてはならず、これに必要な能力を「応答的メカニズム」と呼ぶことがある。たとえば、電車で立っているとき床面はつねに動いており、バランスを保つためには床面の揺れに対応して脚の力の入れ具合を変える必要がある。床面の小さな動きに対しては、足首の動きだけでうまく対応できるかもしれない（これを足関節戦略と呼ぶ）。しかし、床面の動きが大きくなってきた場合、腰や全身を大きく使って対応することが必要となってくる（股関節戦略）。また、突然床面が大きく動いたときなどは、足を一歩踏み出すことになるだろう（ステッピング戦略）。このような外

乱に対して適切に筋活動を調節したり、戦略を選択し適切に対応する能力が、応答的バランス能力である。

(5) 立つバランス能力を測る

　立位中のからだの揺れの様子には、3つの感覚がからだの様子を検知し、からだの各筋肉が脳からの命令を受けて働いた結果が反映されている。たとえば、目を閉じたときは、視覚情報が不足するために脳から筋肉への命令が不正確となり、目を開けているときよりもより大きく揺れる。座布団の上に立つと、足の固有感覚情報が不正確になるので、畳の上に立つときよりもより大きく揺れる。このようにからだの揺れには脳がどのようにバランスをとっているかの結果が反映されるので、からだの揺れを測ることで立つバランス能力を評価することができるのである。

　からだが揺れる様子は、足にかかる力を測ることでも記録できる。床反力計という精密な体重計のような装置を用い力が均衡している点（足圧中心）を測ると、図 1.7.1c、d のようになる。足圧中心の揺れは身体重心の揺れ（図 1.7.1b）と、非常に似ていることがみてとれる。足圧中心の揺れは足首の力の変化を反映しており、両者が似ていることは、足首の力がからだの揺れにきちんと対応していることを意味する。したがって、床反力計を用いて足圧中心の揺れを測ることで、大まかな身体重心の揺れを推測することができるのである。

　とくに高齢者の健康と体力という観点からもっとも避けたい事態が転倒であり、バランス能力を考えるにあたり、転倒を予測するようなバランス能力測定ができることが望ましい。Maki ら（1994）は、62-96 歳の 100 人の実験参加者が、床反力計を用いて立位時の足圧中心の揺れ（すなわちからだの揺れ）、床を揺らしたときの応答的バランス能力、予測的姿勢制御らの評価、臨床でよく用いられる「片足立ち時間テスト」と「ティネッティテスト（椅子からの立ち座り動作や歩行動作を評価して点数化するテスト）」をおこない、その後 1 年間にわたり、転倒の有無の追跡調査をおこなった。すべての課題を終了した実験参加者 96 人のうち、転倒経験者は 59 人であった。彼女ら・彼らの転倒を予測することができたバランス能力の指標は、測定項目のうち

1.7　からだは揺れている　　79

立位時のからだの揺れ、とくに横揺れの大きさだけであった。つまずいたときには転倒しないように姿勢を立て直す必要があり、応答的バランス能力が重要になる。また、立位時に自ら手足を動かすときにもバランスを崩しがちであるが、予測的姿勢制御能力が十分であれば、これを防ぐことができる。しかしながらこれらの能力から将来の転倒の有無を予測することはできなかったのである。また臨床でよくおこなわれる2つのテストも、将来の転倒の有無を予測することはできなかった。いったん転倒しそうになれば、応答的バランス能力は転倒を防ぐためにとても重要である。しかし、それ以上に転倒しそうにならないようにしっかりとバランスをとって立つことがより重要であり、このあらかじめ正しい身体バランスをとる能力が立位時の揺れを測ることで適切に評価できるのである。

歩くことの科学

立位のバランス能力は人間が二脚で直立を保つための基本的な能力であり、将来の転倒危険度を示す指標となりうるものである。しかしながら転倒は歩行中に起こることが多く、歩行のバランス能力は転倒危険度により直接的に結びついていると考えられる。立位と同じく、人間のような二脚歩行は動物ではみられず、私たちの歩行メカニズムを解明するために動物実験を利用することができない。立位と同じく制約があるものの、これまで科学が解明してきた人間の歩行バランス能力についての知見を以下に概観する。

(1) 歩行リズムの変動

立位は倒立振子のような状態であることはすでに述べた。この倒立振子が前に倒れかけ、これに対して脚を出して支える、これが繰り返される状態が歩行といえる。図1.7.4のように、まさに振り子が前に進んでいくように身体重心が移動する。歩行中の両足の幅のことを「歩隔、足幅」、かかとから次の足のかかとまでの長さを「歩幅、ステップ長」と呼ぶ。また、片足をついたときから次に反対の足をつくまでを「一歩、ステップ」と呼び、片足をついたときから同じ足をつくまでを「一重複歩、ストライド」と呼ぶ。

歩行はこのような同じ動きを繰り返す運動であるが、毎歩毎歩がまったく

同じではない（図 1.7.4c）。たとえば、毎歩の歩幅や歩隔は多少大きくなったり小さくなったり、人によってはその変動が大きい場合もあるだろう。脳卒中によりからだの片側が麻痺した人は、左右の歩幅が大きく異なることがよくある。この変動の大小が、実は歩行のバランス能力に、すなわち転倒危険度に、密接に関係しているのである。

　図 1.7.5 に示したように一重複歩にかかる時間はストライド毎に少しずつ変動していることがみてとれる。すなわち、歩いているときは、同じように毎歩を繰り出しているつもりでも、歩くリズムは少しずつ変動しているのである。Hausdorff ら（2001）は、高齢者を対象として、この歩くリズムの変動と転倒との関係を調べた。70 歳以上の歩くことができる成人男女 52 人に、6 分間の歩行をおこなってもらい、歩行リズムの変動を測定した。その後 1 年間の観察期間中に 40%の参加者が転倒を経験したが、転倒者と非転倒者を比べると、歩行の速さ、ファンクショナルリーチテスト（立位の動的バランス能力を評価する方法）、TUG テスト（1.4 節参照）に差がなかったのに対し、歩行リズムの変動ははっきりと異なっており（図 1.7.5）、転倒の有無に関係していた。

　すなわち、毎歩毎歩同じように繰り返される歩行が、転倒しにくい歩行ということになる。安定性を失っていると、毎歩の動きがばらつき、歩行のリズムもばらつくと考えられる。この歩行リズムの変動は、運動によって改善することも示唆されていることから、運動をして、リズム良くしっかりとした歩調を保てるようにすることが、転倒を防ぐ上で肝要である。

（2）つまずき

　高齢者の転倒事故の原因はさまざまであるが、歩行中のつまずきが 4 割でもっとも多く、次いで滑りが 2 割である。高齢者のつまずきの原因として考えられているのが、加齢にともなう足の軌跡の変化である。歩くときには脚を振って前に出すが、このときの足は地面すれすれ数センチメートル上を通る。この足の軌跡のうち、もっとも低い高さを最小フットクリアランス（Minimum Foot Clearance; MFC）と呼ぶ。一歩で 80 cm も足が移動するが、そのとき足は床のわずか数センチメートルあるいは数ミリメートル上を通る

1.7　からだは揺れている　　81

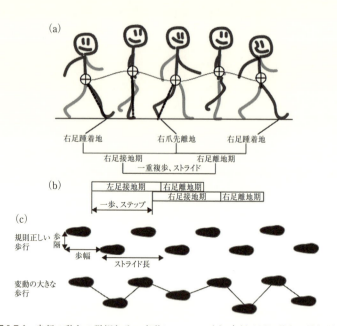

図 1.7.4 歩行の動きの詳細とその変動について。(a) 歩行は同じ動きの繰り返しで、1つの単位（周期）は、踵着地から同じ足が次に踵着地するまでをとることが多い。踵着地から同足の踵着地までを接地期、そこから次に同足が踵着地するまでを離地期と呼ぶ。踵着地から同足の踵着地まで（つまり接地期と離地期を合わせた期間）を重複歩あるいはストライドと呼ぶ。(b) 片足の踵着地から、反対の踵着地までを一歩あるいはステップと呼ぶ。(c) 両足の幅を歩隔、一歩で進んだ距離を歩幅、一重複歩で進んだ距離をストライド長と呼ぶ。歩行の動きは毎歩同じようであるが若干変動し、安定性が悪い歩行では毎歩の動きが大きくばらつく。

という、歩行中の脚の振り出しは非常に繊細な動作なのである。加齢にともなって、歩幅は減少し、歩行中の足の角度も平坦になり、すり足状態となって、つまずく危険度が上がるとされる。また、二重条件課題（歩行中に計算など頭を使う課題をおこない、注意をそらした状態で歩く課題）を課した歩行中には、最小フットクリアランスが小さくなることが報告されており、「ながら」歩きは危険であることは科学的にも明らかだ。

歩行リズムと同様に、最小フットクリアランスも、その変動が転倒と密接につながっている。最小フットクリアランスの加齢変化および転倒との関連

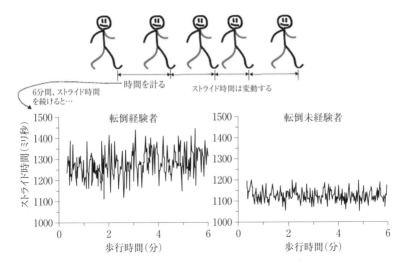

図1.7.5 ストライド時間の変動。片足の踵着地から同じ足の次の踵着地までの時間をストライド時間と呼ぶ。これは毎歩、少しずつ変動する。6分間にわたってストライド時間を計った記録が下の2つのグラフである。左側が転倒経験者の場合で、右の転倒未経験者に比べて変動が大きいことがわかる。下の図は(Hausdorff *et al.* 2001)による。

については非常に多くの研究がなされているが、2010年の時点でこれらの研究を体系的に調査した文献研究（システマティックレビュー）によると、最小フットクリアランスの大小よりも、その変動こそが加齢変化を反映し、転倒経験者と転倒未経験者を明確に区別できたということである（Barrett *et al.* 2010）。すなわち、地面すれすれを通るような歩き方か否かというよりは、その高さが大きく変動するかどうかということが、転倒危険度を表すということである。若齢者と比べて高齢者は、あるいは転倒未経験者と比べて転倒経験のある高齢者では、この変動が大きいことがわかっている。バランス能力が低い場合、歩行の動きが安定せずに足先の軌跡にばらつきが生じ、このために足先が引っかかること、つまりつまずきが起こる確率が大きくなるものと考えられる。

(3) すべり

すべりは高齢者の転倒事故原因の2割を占める。すべりは、履き物と床

面・路面の間の「摩擦」が小さすぎるときに起こる。摩擦は、履き物がすべっていないとき（静摩擦）とすべりはじめたとき（動摩擦）とで異なる。足をついたときに静摩擦が小さすぎるとすべり出しが始まり、すべって動いている足の動摩擦が小さすぎて動いている足を止められないときに、すべり転倒が起こる。したがって、履き物と床面・路面の間に高い静・動摩擦があることが転倒を回避するためには必要である。

　また、すべりやすさは歩き方によって変わる。足をついたときに、足が床から受ける力の垂直方向の大きさと水平方向の大きさの比率が、すべりやすさに密接に関係する。Yamaguchi と Masani（2016）は、足幅が狭い歩行では、足に体重をかける角度が垂直に近く、そのために足が床から受ける垂直方向の力が水平方向の力に比較して大きくなり、すべり出すまでに耐えうる摩擦力が十分に大きくなることを示した。つまり高齢者が足をするような足幅を小さくした歩行は、すべり転倒を回避するのに適しているということになる。

　摩擦は大きいほうが、すべりが起こらず良いのだが、摩擦が大きすぎて転倒に至るケースもある。すなわち、歩行中に路面が変わり突然摩擦が大きくなった場合、必要以上に急激に足が止まり前方に転倒することがある。このように路面摩擦が突然変わる状態を、通常の路面障害物としての段差になぞらえて、「摩擦段差」と呼ぶことがある。とくにすり足で歩行しがちな高齢者では、摩擦段差に起因する転倒の危険度が高いことが指摘されている。

（4）足のつき方

　歩行は、倒立振子が前に倒れかけ、これに対して足を出して支える動作の繰り返しであることは先に述べた。このとき足をどこに置くかが大変重要である。動物の四脚歩行では、身体重心はほぼつねに支持面の中にあり、そのため非常に安定している。しかし人間の二脚歩行では、身体重心は立位中には支持面の中にあるが、一歩踏み出した途端に支持面の外に出る。同時にからだは前に倒れはじめる。そして、踏み出した足が次に地面についたときには、脚を前後に開いた大きな支持面ができる。このからだが前に倒れる勢いに応じた場所に、次の足をつき、勢いに見合った適切な支持面をつくること

が大切である。

　止まっているとき、身体重心が支持面の中にあれば安定している。しかし動いているときは、からだが動くときの勢いを加味して支持面をつくらなくてはならない。Hofら（2008）は、この勢いを加味した身体重心の位置（Extrapolated Center of Mass; XCoM）を計算することを提案し、歩行中は両足でつくる支持面の中にこのXCoMがあることが、転倒しないために必要であることを理論的に示した。また、XCoMと支持面との距離を「安定性マージン（Margin of Stability; MoS）」と呼び、歩行の安定性の指標となることを示唆した（図1.7.6）。すなわち、XCoMが支持面の縁に近いような歩行は、少しの外乱ですぐにXCoMが支持面の外に出る、つまり転倒に至るので、安定性マージンが大きな歩行ほど余裕のある歩行といえる。

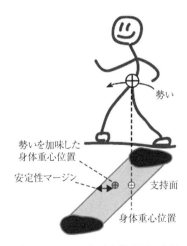

図1.7.6　XCoMを示す模式図。歩行中は、からだの勢いを加味した身体重心（XCoM）が両足でつくられる支持面の中にいることが、転倒しない条件となる。XCoMが中に入るように両足をつき続けることが、安定した歩行にとって大事である。またXCoMが支持面の縁に近すぎると、安定性にとって余裕のない歩行ということになる。よって、XCoMと支持面との距離は、安定性マージンと呼ばれて歩行の安定性の指標となる。

　この理論研究の成果は近年さまざまな実験的研究で用いられ、歩行の安定性との関係、転倒との関係について盛んに調べられている。

バランス能力のセルフチェック

　以上の通り、比較的大規模な研究で、事後に起こる転倒をよく予測できたバランス能力の評価変数は、立位中のからだの揺れと歩行リズムの変動の大きさであった。これらを測るには両者ともに特別な機器が必要であり、自宅で簡便にからだの揺れを評価することができる機器は、現在市場にはみあたらないようだ。

　自宅でできるセルフチェックとして提案されている測定では、「片足立ち

1.7　からだは揺れている　85

時間テスト」や「ファンクショナルリーチテスト」、「TUG テスト」が有名
である。これらは上記で紹介した Maki ら（1997）や Hausedorff ら（2001）の
研究では転倒を予測するのに十分でないとされたが、他の研究では転倒予測
での有益性を少なからず認めている場合もある。また、何より自らのバラン
ス能力の変化を測るには適しており、定期的に測ることでバランス能力が衰
えていないかをチェックし、日々注意していくことが望ましい。ここでは、
日本整形外科学会が、「運動器不安定症（高齢化にともなって運動機能低下を
きたす運動器疾患により、バランス能力および移動歩行能力の低下が生じ、家に
閉じこもり、転倒リスクが高まった状態と定義される）」の診断基準の１つとし
ているセルフチェックテストについて紹介する（日本整形外科学会 2016）。

(1) 開眼片足立ち時間テスト

　ストップウォッチを用意する。バランスに不安がある人は、ふらついたと
きにすぐにつかまれるよう手すりや介護者のそばでおこなう。まっすぐに立
ち遠くをみる。静かに片足を上げ、無理のない範囲で片足だけで立ち続ける。
足を上げたときから下ろすまでの時間を計る。運動器不安定症の診断基準で
は、15 秒未満で運動機能が低いとされる。

(2) TUG テスト

　椅子とストップウォッチを用意する。椅子の３m 先に目標物を用意する（た
とえばゴミ箱などを置く）。椅子に深く座った状態から、椅子から立ち上がり、
無理のない速さで歩き、３m 先の目標物を回って椅子に戻り座る。椅子から
立ち上がり、次に椅子に座るまでの時間を計ってもらう。運動器不安定症の
診断基準では、11 秒以上で運動機能が低いとされる（詳細は 1.4 節参照）。

　上記の両テストに加えてさまざまな診断基準を満たした場合、運動器不安
定症と診断されるが、ここでは運動器不安定症の診断よりも、両テストの診
断基準のみに注目し、この診断基準よりもバランス能力が低かった場合は、
バランス能力が要注意レベルであると解釈いただきたい。また、上述の通り、
定期的に自身のテストをおこない結果を知ることが何よりも重要である。自

86　　第 1 章　セルフチェック

身のバランス能力が低下しているのか否かの経過をみることができる上に、転倒予防の注意喚起になるからである。

おわりに

私たちはいかに立ち、歩いているのかについて、そのメカニズムを概観し、バランス能力をいかに測るかについて論じた。立位も歩行も、ふらふらと変動しない状態が良いバランスを保った状態といえるだろう。転倒危険度を示す簡単なセルフチェックテストはみあたらないが、上述した2つのセルフチェックテストは健脚度を示すものといってよいだろう。日々、しっかりとリズム良く歩き、定期的に健脚度をチェックして、転倒フリーな生き生きとした生活をお送りいただきたい。

引用文献

Barrett, R. S., Mills, P. M., and Begg, R. K., A systematic review of the effect of ageing and falls history on minimum foot clearance characteristics during level walking, *Gait Posture*, **32**: 429-435, 2010.

Hausdorff, J. M., Rios, D. A. and Edelberg, H. K., Gait variability and fall risk in community-living older adults: A 1-year prospective study, *Arch. Phys. Med. Rehabil.*, **82**: 1050-1056, 2001.

Hof, A. L., The "extrapolated center of mass" concept suggests a simple control of balance in walking, *Hum. Mov. Sci.*, **27**: 112-125, 2008.

Kouzaki, M. and Masani, K., Reduced postural sway during quiet standing by light touch is due to finger tactile feedback but not mechanical support, *Exp. Brain Res.*, **188**: 153-158, 2008.

Maki, B. E., Holliday, P. J. and Topper, A. K., A prospective study of postural balance and risk of falling in an ambulatory and independent elderly population, *J. Gerontol.*, **49**: M72-84, 1994.

日本整形外科学会,「運動器不安定症」とは, 2016. 日本整形外科学会ホームページ, https://www.joa.or.jp(2019年7月30日アクセス)

Peterka, R. J. and Black, F. O., Age-related changes in human posture control: sensory organization tests, *J. Vestib. Res.*, **1**: 73-85, 1990.

Yamaguchi, T. and Masani, K. Contribution of center of mass-center of pressure angle tangent to the required coefficient of friction in the sagittal plane during straight walking, *Biotri.*, **5**: 16-22, 2016.

コラム　セルフチェックの活用

　私たちの身体状態を専門的な医療機器を用いて精密に測定する健康診断は、一般に年に一度おこなわれている。筆者が毎年受けている大学の検査は、身長・体重・体脂肪率という形態測定を基礎に、胸部レントゲン撮影、心電図と血圧、尿・大便検査、血液検査などである。その後に医師の問診があり、いつも「飲みすぎ注意」といわれる。このような詳細な検査は年単位でおこなわれるが、私たちのからだはもちろん日々変化している。

　毎日変化しているからだのバイタルデータを測ることができる体温計、血圧計、体重計、体脂肪計などの家庭用の身体計測器は、健康状態や健康改善への取り組みの成果を日々手軽に確認できることから、身近な健康管理において強力な道具となっている。これら家庭用の身体計測器から得られる情報は健康状態の単なる把握に留まらず、食習慣や運動習慣等の生活習慣の改善のきっかけにもなる。そのため、人びとの健康意識向上（動機付け）の面でも有用な道具となっている。家庭用の身体計測器は、医療機関ではサポートしきれない日常的な健康管理を受け持つことで独自の立場を築き、日常生活において欠かせないものとなっている。医療費削減が社会的に喫緊の課題となり、医療機関にすべてを頼ることができなくなってきている昨今、これまでと同様の健康状態を保つためには家庭におけるきめ細かな健康管理が欠かせない。

　このような日常生活で用いるセルフチェックは、測定の時刻や身体状態などをなるべく同じ条件でおこなうことが基本である。たとえば、インピーダンス法を用いた体脂肪計は、からだの中の電気抵抗を基に推定しているので、センサーに接触する足の裏や手のひらに水分の変化（風呂上がりや手洗い後など）があったりすると、適切な値が得られない。たとえば筆者は、毎朝トイレの後に、いつも同じ服装で体重を計測することにしている。大きな流れでみると、春夏秋冬の季節変動や体調による変動がみられる。また、前夜の宴会で暴飲暴食した翌朝は、増体重だろうと予測して体重計に乗ると、驚くことに体重が減っておりビールの利尿作用による脱水症状を自覚したりするのである。一般的な年に一度の健康診断の数値に加えて、自分で工夫・選択したセルフチェックの値を PC の表計算ソフトなどに記録して、暦年変化や季節変化などをみてみることも、運動継続の動機になる。ぜひ、自分自身の「マイチェック表」の作成に挑戦してみてほしい。

第 2 章

さあ実践へふみだそう
―― 健康・体力づくりへの挑戦

2.1 移動手段は健康ジム──ウォーキング・ジョギング

はじめに

　加齢にともない、昔ならこんなことは普通にできたのにと感じることが時々ある。とくに力強さや素早さといった能力の低下はてきめんである。高齢者に起こりやすい筋力や身体機能の低下、そして筋量の減少を「サルコペニア」と呼んでいる。このサルコペニアは、その状態にある高齢者の生活の質（QOL）を低下させる可能性がある。それだけではない。サルコペニアは、医療費の増加にも結びつきやすいという問題を含んでいる。

　世界保健機関（WHO）によると、世界中の60歳以上の人口は2000年の約6億人から2025年には約12億人に増加し、2050年には20億人に近づくと予想されている。調査に参加した高齢者の国や地域によって差はみられるが、60歳から70歳の高齢者ではサルコペニアの発症率が5-13%であるのに対し、80歳を超えるとその割合は11-50%に増加する（Morley 2008）。

　不活動な生活は筋力や身体機能を低下させ、筋量の減少も導きやすいことを考えれば、生涯にわたって身体活動を維持することが重要であることに間違いはない。少なくとも1日の平均歩数が7000-8000歩の高齢者では、筋量を減少させることなく維持できる可能性がある。しかしながら、高齢者の歩行活動は加齢とともに短くなる一方で、逆に座りがちな生活時間がそれに比例して増加する。ある調査によると、運動やスポーツ活動を「楽しんでいる」と答えた人は全体の約30%に過ぎず、その一方で全体の約15%は「運動することが嫌い」と答えている。運動を勧められても実践しない理由（時間がない、お金がない、運動が好きではない、など）を考慮すれば、もっとも身近で誰でも実践可能な身体活動はウォーキングやジョギングである。しかし問題は、実施するウォーキングやジョギングそのものがどの程度の運動効果を有しているかである。本節ではウォーキングおよびジョギングによって

導かれる運動効果について、これまでの研究成果を基に紹介する。

ウォーキングと全身持久力

ウォーキングによって期待される身体的効果の1つに全身持久力、すなわち体内に酸素を取り込む能力（最大値を最大酸素摂取量と呼ぶ。1.1節参照）の向上がある。一般にこの能力の向上は運動の強度、つまりウォーキングであれば速度の影響を強く受けることが知られている（Duncan *et al.* 1991）。たとえば、病気による長期入院で全身持久力が著しく低下した高齢者では、通常の歩行速度でも十分な運動強度に達する可能性がある。一方、毎朝のジョギングを日課にしている高齢者では、速歩でも効果的な運動強度に達しないことすら考えられる。アメリカスポーツ医学会による標準的な高齢者を対象にした運動ガイドラインでは、全身持久力の向上のための運動条件として、運動強度は最大酸素摂取量の 40-50％以上、運動時間は1回 20-60 分間、そして、週に 3-5 日の運動頻度を推奨している。最大酸素摂取量の 40-50％強度とは、ウォーキング中に相手と会話する余裕はあるものの、主観的には「ややきつい」と感じるようなペースのウォーキングである。

　有酸素性能力が低下した高齢男女を対象に、最大酸素摂取量の 40％程度の運動強度で 20-30 分間のウォーキングを6カ月間実施した研究では、最大酸素摂取量に約 11％の増加が確認されている（Seals *et al.* 1984）。もし有酸素性能力が衰え気味の中高齢者が全身持久力を改善したいと思ったら、"ややきつい"と感じられる速度でのウォーキングを 20 分程度、週に3日ほど実施することが1つの目安である。

ウォーキングとサルコペニア

　万歩計で測定される日常の身体活動量とからだの各部位における筋サイズとの関係を検討すると、下半身の筋群でのみ密接な関連性が認められる。全身に分布する筋肉の約 60％が腰から下の下半身にあり、ウォーキングを基本とする身体活動はそれらの筋群の活動によってもたらされている。普段から十分な身体活動をおこなっている若者であれば、通常よりも少々余分にウォーキングをおこなっても下半身の筋群に大きな変化は起こらない。しかし、

長期入院や運動不足で足腰が衰えている高齢者の場合にはウォーキングといえども、それなりの効果が表れそうである。したがって、習慣的なウォーキングがサルコペニアに与える影響は、日常の身体活動量や下肢筋群の衰え度、実施するウォーキングの内容などに左右されるものと考えられる。たとえば、1日の平均歩数が3000-4000歩程度の高齢者が徐々に運動時間を増やしながら平均歩数を7000-8000歩/日へと大幅にアップできたら、下肢筋群に明らかな筋サイズの増加が観察される可能性が高い。また、実施するウォーキングの速度にも関連するが、高い強度でのウォーキング時間が多く含まれていれば下肢筋群の筋力増加も期待される（Ozaki *et al.* 2013）。

　ある研究では2種類のウォーキングの効果が比較された。1つは一定のペースで実施するウォーキング、もう1つはインターバル方式で実施するウォーキングである。インターバル方式とは、頑張って歩く高強度と普通のペースを交互に繰り返す方法である（Nemoto *et al.* 2007）。5カ月間のトレーニングの結果、インターバル群でのみ膝関節の筋力増加が観察されている。このように、ウォーキングといえども高齢者の下肢筋群に好影響を与えそうである。しかし、考慮すべきことがある。ウォーキングの効果は下半身の筋群に限られ、実施するウォーキングの時間や強度、実施者の体力レベルにも左右されることである。

ウォーキングとバランス能力

　高齢者（65歳以上）のおおよそ3人に1人が少なくとも年に一度の、そのうちの半数は複数回の転倒を経験している。転倒の多くは歩行中に起こり、その原因として「つまずいた」あるいは「すべった」などの状況が関連している（1.7節を参照）。一見、平らにみえる床に若干のウエーブがあったりすると、歩行のリズムによっては、そのウエーブに「つまずく」ことだってある。これまでの研究では、直立姿勢を保つ基本的な能力である立位状態でのバランス能力に対するウォーキングの効果が検討されてきた。たとえば、普段よりも速いペースで歩く「早歩き」を継続的に実施した高齢者では、立位でのバランス能力が改善し、転倒の危険性を低下させる可能性が報告されている。早歩きによって立位のバランス能力が改善する機序としては、下肢筋

群における筋力や固有受容器、神経筋応答の改善などが指摘されている。

ウォーキングは死亡率を低下させる

　米国バージニア大学を中心とする研究チームは、ウォーキングが健康に及ぼす影響を調べるため、ハワイのオアフ島に住む島民の調査を実施した。この調査に参加したのは全員が定年を迎えた61歳から81歳まで（平均年齢69歳）の男性707人であった。喫煙は各種疾患の危険因子であるため、この調査に喫煙者は含まれていない。調査期間は12年間で、彼らは思い思いのライフスタイルで生活をおくっていた（Hakim *et al.* 1998）。身体活動レベルは質問紙により評価され、平均の歩行距離が推定された。この調査では、1日あたりの平均歩行距離を基準に0.0-0.9マイル（0-1.5 km）、1.0-2.0マイル（1.6-3.2 km）、2.1-8.0マイル（3.3-12.8 km）の3つの群に分けられた。歩行距離1マイルは、標準的な歩幅で推定すれば約2500歩にあたる。つまり、1日の歩数が2500歩以下の群、2500-5000歩の群、5000-20000歩の群と表すこともできる。調査期間の12年間に心疾患や脳卒中、がんで死亡した208人を歩行距離別に比較すると、歩行距離が2500歩以下の群では5000-20000歩の群に比べ死亡率が約2倍高かった（図2.1.1）。ちなみに、上記の3群には年齢構成や食習慣、アルコール摂取量、高血圧や糖尿病の罹患率などに明確な差はみられない。

　最近の大規模調査（約14万人の男女）でも1週間に150分以上の中等度（普通歩行よりも頑張って速く歩く）でのウォーキングが死亡率の低下に効果的であるという同様の結果が報告されている（Patel *et al.* 2018）。週150分を1日あたりにならせば約20分になる、これは歩数にして毎日計画的に2500歩以上を歩く計算になる。

　日本では、群馬県中之条町の65歳以上の全住民を対象にした調査研究が継続的に進められている。東京都健康長寿医療センターの調査（青柳 2015）によると、1日あたりの歩数が8000歩以上で、その中に中強度の活動（時速約5 km相当）が20分以上含まれると、日本の医療費全体の3分の2を占める11の病気・病態（要支援・要介護、うつ病、虚血性心疾患、認知症、がんなど）に対する予防（改善）効果が期待できる可能性が示されている。

2.1　移動手段は健康ジム　93

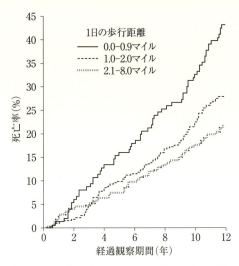

図 2.1.1 日常生活における歩行距離が異なる3群の死亡率の推移（Hakim *et al.* 1998）。

ウォーキングとメンタルヘルス

　ウォーキングは高齢者の筋力やスタミナなど体力面での維持・向上、疾病発症リスクの軽減、死亡率の低下など、身体的要素に対する多くの効果が期待される。同時にウォーキングは、メンタルヘルスの面でも優れた効果を発揮する可能性が指摘されている。とはいっても、日常の移動手段としてごく当たり前の活動であるためか、メンタルヘルスに対するウォーキングの効果が注目されだしたのはごく最近のことである（Kelly *et al.* 2018）。メンタルヘルスの中でも「うつ病」に対するウォーキングの影響は比較的研究が進んでいる。これまでの研究では、習慣的なウォーキングが「うつ病」の予防に有効であることを認めている。また、うつ病の状態からの改善効果も期待できることが示されている。さらに、「不安や悩み」に対するウォーキングの効果も比較的研究が進んでいる。横断的な研究では、ウォーキングを実施している人ほど「不安や悩み」が少ないこと、継続的にウォーキングを実施することで「不安や悩み」が改善される可能性も指摘されている。一方、自尊心（自分に対する自信、自分は価値のある存在であると思う気持ち）に対するウォーキングの影響については必ずしも一致した結果が得られていない。ウォーキングの実施によって自尊心が改善される可能性を示唆する研究もあるが、観察期間や実施するウォーキングの条件（強度、時間、頻度）など検討すべき内容も多い。一般に低強度の運動はストレスに対する効果が小さいと考えられている。気分転換には効果的なウォーキングも、ストレス解消への効果は薄いようである。

ジョギングとサルコペニア

　ジョギングの着地時にかかる下肢筋群への荷重は、ウォーキング時のそれと比べ明らかに高い。この下肢筋群に対する運動負荷が高ければ、ジョギングはウォーキング以上に下肢筋群に対する運動刺激が期待される。しかし、筋サイズに対するジョギングの効果を検討した研究では、明らかな効果は認められないとする報告が多い（Ozaki *et al.* 2013）。興味深いことに、同じジョギングでもサッカーゲームのように真っすぐに前進するだけでなく、左右への方向転換や、ウォーキングを交えながらまたジョギングへ移行するといった間欠的な運動形態の場合には筋サイズや筋力に対するトレーニング効果が表れる可能性がある。いくつかの研究では、サッカーゲームを定期的に実施した若年者と中年者の大腿部の筋サイズと膝伸展筋力に増加が観察されている（Ozaki *et al.* 2013）。並行して実施されたジョギングを一定スピードでおこなうトレーニング群には効果が認められていない。サッカーゲームでは左右への方向転換が必要で、この方向転換は大腿部の筋群への負担を高める。また、間欠的な運動形態が筋サイズの増加に貢献している可能性もある。

ジョギングと全身持久力

　ジョギングを含めたいわゆる持久性運動では、一般に運動強度が高まるにつれて最大酸素摂取量の改善効果は高まることが知られている。たとえば、高齢者が中等度の強度でトレーニングを実施した場合、ある一定期間で最大酸素摂取量の増加が認められる。しかし、この増加が限りなく続くわけではなく、同じトレーニングを継続しても変化がみられない時期が出現する。そのような場合、運動強度を中等度から高強度に変更することでさらなる最大酸素摂取量の改善が期待できる。これまでの研究では、最大酸素摂取量の90-100% 強度においてトレーニング効果が最大化すると考えられている（Wenger *et al.* 1986）。

　最大酸素摂取量に対する改善効果をウォーキングとジョギングで比較した研究を紹介する（Suter *et al.* 1994）。この研究では最大酸素摂取量を基準に運動強度が決定され、ジョギングは75% 強度、ウォーキングは50% 強度で6カ

月間のトレーニングが実施された。その結果、最大酸素摂取量の改善効果は両群でほぼ同程度であり、必ずしも運動強度に依存した改善効果は示されなかった。しかし、この研究のトレーニング頻度は、ジョギング群が週4日（1回に30分）であったのに対し、ウォーキングは週6日（1回に30分）と、ウォーキングのほうがトレーニングの回数が多い。先にも述べたように、運動強度は考慮すべき重要な因子に間違いはない。しかし、すべてが1つの因子で決定されるわけではなく、運動時間や頻度を工夫することも重要である。とはいっても、長期間にわたる有酸素性能力の段階的な改善には運動強度の貢献は大きいように思われる。

ジョギングと減量の効果

　体重の増加が気になりだすと運動による改善効果を期待して、家の周りや近くの公園をジョギングしたい気持ちになる。しかし私たちのからだは、運動によって消費カロリーが増えると、摂取するカロリーも自然に増え、結果的に体重が大きく変化しない場合が多い。一方、普段の摂取カロリーを変えないように努力しながらジョギングを継続すると効果が表れだす（図2.1.2）。このような食事のコントロール条件下で、1週間に30 km程度の距離を何回かに分けて、少々苦しいと感じるようなペース（65％強度‐）で走ると8カ月後には体重が約3 kg（体脂肪量 ‐4.8 kg、除脂肪量 ＋1.9 kg）減少する。同じ強度でも、1週間の距離が20 km程度だと体重は大きく変化しないが（－1 kg弱）、からだの中では体脂肪量の減少（‐2.5 kg）と除脂肪量の増加（＋1.9 kg）が認められている。食事コントロール下で週に20 km程度早歩き（40-55％強度）しても、体脂肪量の減少（‐1.9 kg）と除脂肪量の増加（＋1.0 kg）が確認されている（Slentz *et al.* 2004）。もし食事を少々制限することができれば、体脂肪量の減少に対する運動の効果はさらに高まるはずである。さらに、ジョギングの習慣化は中年期の体重増加を抑え、体重を一定に維持する面でもその効果が期待できる。

ジョギングと動脈硬化の危険因子

　近所の道路が工事中で狭くなったり、時には閉鎖されたりすれば日常生活

に支障をきたす。私たちのからだも、血液をからだのすみずみまで運ぶ動脈に異常が起これば重大な問題になる。本来なら十分に太く、そして柔軟な血管が何らかの原因で狭くなったり硬くなったりする病気を動脈硬化と呼んでいる。加齢は動脈硬化の最大の原因だが、そのほかにも血中脂質の

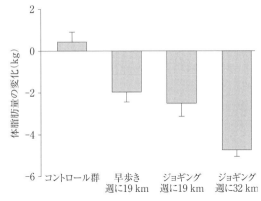

図 2.1.2 食事コントロール条件下での運動が体脂肪量に及ぼす効果。

異常症や糖尿病、高血圧などが危険因子として知られている。継続的なジョギングは、これら危険因子の改善に有効である。これまでの研究成果を総括した論文によると、自分が好むペースで1週間に25-30 km（5-6 kmを週5回）のジョギングを継続した場合、血中の中性脂肪（TG）値が5-38 mg/dl 低下し、良いコレステロールである高比重リポタンパク（High Density Lipoprotein; HDL）コレステロール値は 2-8 mg/dl 増加する（Durstine et al. 2002）。一方、悪玉コレステロールで知られる低比重リポタンパク（Low Density Lipoprotein; LDL）コレステロールに対する運動効果は認められていない。

血糖値を下げる働きのあるインスリンが正しく作用しない病態をインスリン依存型（2型）の糖尿病と呼んでいる。ジョギングなどの有酸素性運動はこの2型糖尿病の改善に有効であり、苦しさを感じない中強度のジョギングでもインスリン感受性に改善効果が認められる可能性が高い（3.5節を参照）。

まとめ

ウォーキングとはいっても、気晴らしの"のんびり散歩"からからだを鍛えるパワフルな速歩までさまざまであり、それぞれにはそれに付随した身体的あるいはメンタル面での運動効果が期待される。最近の大規模研究では、これまで効果的とは思われていなかった低強度のウォーキングでも健康に対

する有効な効果が期待できることが明らかになってきた。不活動な生活による多面的な弊害を考慮すれば、日常的なウォーキングがもたらす恩恵はおおいに期待できる。まずは屋外に出て、新鮮な風を感じてみてはいかがだろうか。

引用文献

青柳幸利，活発を測る：活動計を用いた日常生活の身体活動計測（中之条研究），*Jap. J. Rehab. Med.*, **52**: 47-50, 2015.

Duncan, J. J. *et al.*, Women walking for health and fitness. How much is enough?, *JAMA*, **266**: 3295-3299, 1991.

Durstine, J. L. *et al.*, Lipids, lipoproteins, and exercise, *J. Cardiopulm. Rehab.*, **22**: 385-398, 2002.

Hakim, A. A. *et al.*, Effects of walking on mortality among nonsmoking retired men, *N. Engl. J. Med.*, **338**: 94-99, 1998.

Kelly, P. *et al.*, Walking on sunshine: scoping review of the evidence for walking and mental health., *Br. J. Sports Med.*, **52**: 800-806, 2018.

Morley, J. E., Sarcopenia: diagnosis and treatment, *J. Nutr. Health Aging*, **12**: 452-456, 2008.

Nemoto, K. *et al.*, Effects of high-intensity interval walking training on physical fitness and blood pressure in middle-aged and older people, *Mayo Clin. Proc.*, **82**: 803-811, 2007.

Ozaki, H. *et al.*, Possibility of leg muscle hypertrophy by ambulation in older adults: a brief review, *Clin. Interv. Aging*, **8**: 369-375, 2013.

Patel, A. V. *et al.*, Walking in relation to mortality in a large prospective cohort of older U.S. adults, *Am. J. Prev. Med.*, **54**: 10-19, 2018.

Seals, D. R. *et al.*, Endurance training in older men and women I. Cardiovascular responses to exercise, *J. Appl. Physiol.*, **57**: 1024-1029, 1984.

Slentz, C. A. *et al.*, Effect of the amount of exercise on body weight, body composition, and measures of central obesity, *Arch. Intern. Med.*, **164**: 31-39, 2004

Suter, E. *et al.*, Jogging or walking-comparison of health effects, *Ann. Epidemiol.*, **4**: 375-381, 1994.

Wenger, H. A. *et al.*, The interactions of intensity, frequency and duration of exercise training in altering cardiorespiratory fitness, *Sports Med.*, **3**: 346-356, 1986.

2.2	ペダルを回した数だけ健康になる？ ——サイクリング・自転車エルゴメータ

はじめに

　ひとたび外に出れば、通勤のため、健康のため、そして、楽しみのために自転車に乗る人をみかけない日はないであろう。スポーツ施設に行けば自転車型のトレーニング装置（自転車エルゴメータ）に乗っている人を必ずといっていいほどみかけるし、熱心な愛好家は自宅でもローラーに自転車を乗せてこいでいる。『スポーツライフ・データ2016』によると、サイクリングを年に1回以上おこなった日本における18歳以上の推計実施人口は約700万人にも上る。しかし、この調査では通勤や買い物など、日常生活において自転車に乗った場合の扱いが不明であり（おそらくすべてが含まれてはいない）、こうした場面を考慮すれば、もっと多くの人が自転車に乗るという行為をおこなっていると考えるのが妥当であろう。自転車はその経済性、利便性、効率性などから、近距離の交通手段として非常に身近な乗り物であるとともに、排気ガスを出さない環境にやさしい乗り物として注目されている。また、ウォーキングやジョギングと異なり、足で自分の体重を支える必要がなく、かつ着地動作がないために、下肢の関節への負担も少ない。さらに、自転車エルゴメータによる運動の場合、上半身の動きが少ないために、姿勢の制御がしやすい、血圧や脈拍、呼吸状態などのバイタルサインをモニターしやすいなどの理由から、低体力者に対しても安全性を確保しやすい（Bouaziz *et al.* 2015）。

　一般に若年者と比較すると、高齢者では各種身体機能に明らかに低下が認められる。とくに、筋力や全身持久力は健康との関連が強いが、これらも例外ではない。全身持久力の低下は心血管系疾患や糖尿病の発症リスクを増加させる。筋力や筋サイズの低下は関節炎、肥満の発症リスクを高めるととも

に、日常生活における移動機能の低下を引き起こすことが大きな問題である。したがって、これらの低下を予防し、機能改善を図ることは、健康で豊かな生活を送る上で非常に重要である。サイクリングや自転車エルゴメータを用いたトレーニングは、競技会に参加するようなサイクリストを除けば、全身持久力の向上や減量を目的に実施されることが多いが、意外にも、高齢者の下肢の筋力や筋サイズを改善することも報告されており、健康で豊かな生活の実現に貢献できる可能性がある。その可能性を探るために、以下に、全身持久力や筋力、筋サイズに対するサイクリングや自転車エルゴメータを用いた運動の効果について解説し、最後に、その他の効果について簡潔にまとめた。これらの効果について示した研究の対象者は男性である場合が多く、本節の内容の多くは男性のデータに基づいていることを断っておく。しかしながら、その内容の多くは、女性にも適用可能なものであろう。

トップサイクリスト・サイクリング愛好家の身体的特徴

　サイクリングによるトレーニング効果を述べる前に、そもそもトップサイクリストやサイクリング愛好家がどのような身体的特徴を有しているかについて説明したい。日本人のデータが公表されているものは、それを優先して示す。自転車競技にはさまざまな種目が存在するが、屋外の道路上で走力を競うロードレースと、屋内の専用走路で勝負が繰り広げられるトラックレースが有名であろう。それぞれ、さらにさまざまな種目に細分化されるが、その多くで、高い全身持久力と下肢の筋力がパフォーマンスに好影響を及ぼすと報告されている。

　まず全身持久力について、その指標となる最大酸素摂取量の値に注目してみたい。最大酸素摂取量とは、単位時間あたりに摂取できる酸素の最大量で、酸素を介して利用できるエネルギー量を意味している。したがって、一般的に、最大酸素摂取量が高いことは全身持久力の優越に大きく貢献する。たとえば、日本人トップレベルの男子ロード選手の最大酸素摂取量は、20代前半の一般男性の値の1.4倍以上である（青木他 1989, 山地 2001）。男子高校生においても、全国大会に出場するサイクリストの多くでは、ほぼ同程度の値を示す（中村他 2018）。

100　　第2章　さあ実践へふみだそう

さらに筆者らは、日本人中高齢者のトップサイクリストやサイクリング愛好家のデータを取得する機会に恵まれた。48-62歳のサイクリング愛好家の男性の最大酸素摂取量の平均値は20代の一般男性に匹敵する値であり、この値は1週間あたりの走行距離や練習の頻度と正の相関関係にあった。つまり、多くの練習をおこなっている選手ほど、良い値を示した。加えて、全身数カ所の皮脂の厚さも、一般若年男性と同程度、もしくは若干薄い傾向にあった。さらに、マスターズ全国大会で優勝経験のある65歳以上の男性2名の最大酸素摂取量は、トップレベルのロード選手に匹敵する値であった。同年代の男性と比較すると、実に2倍近い値を有していることになる（山地2001）。皮脂の厚さも48-62歳のサイクリング愛好家よりもさらに薄かった。

　このように日本のトップサイクリストは高齢者においても、非常に高い全身持久力と絞れたからだを有している。一方で、乗りすぎによる弊害を心配する読者もいるかもしれない。研究結果が少ない、または、結果が一致していないため、結論を出すには時期尚早ではあるが、長時間の自転車運動をおこなうサイクリストでは腰痛や勃起障害、前立腺肥大などの発症リスクが高まることが懸念されている。いずれにしても、これらの問題の多くは、ハンドルとサドルの位置関係やサドルの角度を変化させる、切り抜きのないサドルを利用するなどの方法で、軽減もしくは解消できる可能性が示されており、正しい知識をもってサイクリングを楽しむことが重要である。

　一方で、サイクリストは下肢の筋肉も発達しているようだ。ここではまず、海外でおこなわれた研究を紹介したい。Hugら（2006）は、プロの男子ロード選手と、レクリエーション程度に運動を実施している体育系大学生において、大腿部の筋サイズを比較し、ロード選手で外側広筋および大腿二頭筋がより大きいことを報告している。外側広筋は膝関節を伸展する筋肉であり、大腿二頭筋は膝関節を屈曲し股関節を伸展する筋肉である。スプリントを専門とする選手と運動習慣のない者を比較した研究においては、膝を伸展する筋力がサイクリストでより高いことも示されている（Mackova *et al.* 1986）。また、日本人男子高校生を対象として、競技レベル別に大腿部の筋サイズや筋力を比較した筆者らの研究では、全国大会で優勝経験のある選手の大腿部・下腿部の前面・後面の筋サイズや膝を伸展・屈曲する筋力の数値は、県

大会出場レベル、さらに全国大会出場レベルの選手と比較しても明らかに優れていた（中村 2018）。さらに、筆者らが取得した 48-62 歳のサイクリング愛好家の男性におけるデータにおいて、大腿部の前面の筋サイズは運動習慣のない 20 代男性と同程度であること、そして、この部位の筋サイズは、1 週間あたりの走行距離や練習の頻度と正の相関関係にあることがわかった。

　このように、プロのサイクリストやサイクリング愛好家は、運動習慣がない、またはレクリエーション程度に運動を実施している同年代の者と比較して、全身持久力が高いことに加えて、下肢の筋肉が大きく、発揮できる力が大きい。さらに、これらの大小は競技レベルや練習量にも比例するようである。こうした高い能力は厳しい練習の賜物であることは容易に想像ができる。しかしながら、これまでに紹介した研究はすべて横断的なものであり、この高い能力が生まれもった素質、つまり遺伝的要因や自転車以外のトレーニング（たとえば筋力トレーニングなど）にどれだけ影響されているかは判断が難しい。そこで、次に、非鍛錬者を対象に、サイクリングや自転車エルゴメータを用いたトレーニングを実施した場合の全身持久力や筋サイズと筋力に与える影響について解説する。

サイクリングが全身持久力に及ぼす効果

アメリカスポーツ医学会　　（Chodzko-Zajko *et al.* 2009）が発表した高齢者における運動と身体活動のガイドラインに、運動習慣のない中高齢者に対するサイクリングやウォーキングなどのいわゆる持久性運動の実施条件とその効果が記載されている。最大酸素摂取量の 60% 以上の強度に相当する運動を、週に 3 日以上の頻度で、16 週間以上継続することによって、最大酸素摂取量は統計的に有意に増加すること、16-20 週間のトレーニングにより、最大酸素摂取量が平均で 16% 程度増加することが示されている。このガイドラインでは運動時間に関する明確な記述はないものの、20-60 分程度実施することが一般的である。最大酸素摂取量の 60% の強度とは、最大心拍数に対する割合で示すと 70-73% 程度である（Lounana *et al.* 2007）。たとえば、60 歳の男女であれば、最大心拍数はおよそ 160 拍/分（220 − 年齢）と推定されることから、最大心拍数の 70-73% の強度とは、運動中に心拍数がおよそ 110-120

102　　第 2 章　さあ実践へふみだそう

拍/分に達する強度である。60 代から 70 代前半までの男女では、トレーニングによる最大酸素摂取量の改善率は、若年男女と同程度であるが、75 歳以上の高齢者では、その改善の程度が低下する可能性があることも報告されている。

　60 歳以上の中高齢者を対象とした自転車エルゴメータによる運動の効果をまとめた研究では、週 2-3 日の頻度で 16-18 週間運動が継続された場合、最大酸素摂取量が 15-23%改善したことが示されている（Ozaki *et al.* 2015a）。これは前述のガイドラインで示されている効果と同程度であり、ウォーキングやジョギングなど、その他の持久性運動と同等の効果が期待できる。また、Bouaziz ら（2015）は、70 歳以上の高齢者を対象に自転車エルゴメータを用いた運動の効果をまとめたところ、最大酸素摂取量の改善のための最低限の条件として、最大酸素摂取量の 50% 程度以上の強度で 1 日に 30 分程度の運動を、週 2 日の頻度で 9 週間継続することを推奨している。一方で、平均年齢 71 歳の女性たちが、12 週間のトレーニングによって最大酸素摂取量が 30％も向上した例や、平均年齢 63 歳の男性たちでは、たった 6 週間のトレーニングで最大酸素摂取量が改善した例もある（Ozaki *et al.* 2015a）。このように、最大酸素摂取量の改善の程度は、対象者の性別や年齢、トレーニング前の体力レベル、そして、トレーニングの強度や時間、頻度、期間によって大きく変化することも心に留めておく必要がある。

　運動習慣のない高齢者を対象に、ロードバイクなどを使用して、屋外でトレーニングを実施した研究はみあたらないが、筆者らの研究グループで実施した、成人男性を対象とした研究を 2 つ紹介したい（形本 2011）。まず、運動習慣のない男性たち（平均年齢 41 歳）に、ロードバイクによるサイクリングを 1 日 60 分、週に 2-3 回の頻度で 6 週間実施してもらった。サイクリング実施時の運動強度を調べたところ、大きく 3 つの群に分けることができた。その結果、トレーニング中の平均運動強度が最大酸素摂取量の 50%未満の群と 50%以上 60%未満の群では、最大酸素摂取量に変化はみられなかった。一方、運動強度が 60%以上の群では、最大酸素摂取量が 8%増加した。さらに、続く筆者らの研究で、運動中の強度を主観的に「やや強く」と設定すると、個人差はあるものの、平均の運動強度は最大酸素摂取量の 60%程度に

なること、また、1日の運動時間を 30 分に減らしても、同程度の効果が得られることが明らかになった。

　総合的に判断すると、サイクリングや自転車エルゴメータを用いた運動を、おおよそ最大酸素摂取量の 60% 以上の強度（主観的にやや強く感じる程度）で、1日 20-30 分以上、週 2-3 日以上の頻度で実施すれば、早ければ 1 カ月半ほど経過した頃から、全身持久力の改善が感じられるであろう。

サイクリングが筋サイズや筋力に及ぼす効果

　サイクリングや自転車エルゴメータを用いたトレーニングは、全身持久力の向上や減量を目的に実施されることが多いが、下肢の筋サイズや筋力に与える影響を調査した研究も少なくない（Ozaki *et al.* 2015a,b）。まずは、海外で実施された研究を例示しながら、下肢の筋サイズを向上させる自転車エルゴメータを用いたトレーニングの条件について示したい。

　たとえば、平均年齢 30 歳の男性たちを対象に、予備心拍能[1]の 60-80% の強度で 30-60 分間の運動を週に 4 回、20 週間継続した研究では、最大酸素摂取量に加えて、外側広筋の筋サイズが平均で 13% 程度増加したという。また、最大心拍数の 60-80% の強度で 20-45 分間の運動を週に 3-4 回、12 週間継続した研究では、大腿四頭筋（膝関節の伸展に関与する筋肉）の筋サイズが、平均年齢 20 歳の男性たちでは 5%、平均年齢 74 歳の男性たちでは 6% 増加したことが報告されている。

　このように、自転車エルゴメータを用いた運動により、若年者と高齢者の両方において、下肢の筋サイズが増加することが確認された研究がある一方で、そのような効果が認められなかった研究もある。たとえば、若年者を対象に、最大酸素摂取量の 90% まで徐々に強度を上げながら、21-42 分の運動を週に 3 日、12 週間実施した研究では、外側広筋の筋サイズが増加傾向には

1）最大心拍数と安静時心拍数の差分のことである。60 歳の場合を例に、予備心拍能の 60% の強度に相当する心拍数の算出方法を説明したい。最大心拍数が 160 拍/分（220 − 年齢）、安静時心拍数が 60 拍/分であった場合、予備心拍能は 160 拍/分から 60 拍/分を減じて、100 拍/分である。これは、運動時に心拍数が安静時から 100 拍/分まで上昇できることを意味する。予備心拍能の 60% の強度に相当する心拍数は、安静時心拍数（60 拍/分）に 60 拍/分（100 拍/分 ×0.6）を加えた 120 拍/分となる。

104　　第 2 章　さあ実践へふみだそう

あったものの、統計的に有意な差が生じるまでには至らなかったという。

これまで紹介した研究において、トレーニングの強度や時間、頻度はほとんど変わらない。大きく異なるのは、実施されたトレーニングの回数である。1つめの研究から、各々実施されたトレーニングの回数は、80回（4日/週×20週間）、42回（3-4日/週×12週間）、36回（3日/週×12週間）である。自転車エルゴメータを用いた運動の下肢の筋サイズの増強効果を検証したその他の研究も含めて検討した結果、トレーニングの回数がおよそ40回を超えると統計的に有意な増加が認められるようになることがわかっている（Ozaki *et al.* 2015a）。いわゆる筋力トレーニングを実施した場合には、この半分以下のトレーニング回数であっても、筋サイズに増加が認められるケースが多い。したがって、自転車エルゴメータを用いた運動では、筋サイズの増加は引き起こされるものの、筋力トレーニングと比べると、効果を実感できるまでにもう少し時間がかかるようである。

一般に、トレーニングによる筋サイズの増加は筋力の向上に貢献する可能性があるが、筋力の大きさは筋肉に対する神経制御などに大きく左右され、筋サイズだけでは決まらない。前述したように、自転車エルゴメータを用いた運動によっても、比較的多くのトレーニングを重ねることにより下肢で筋サイズの増加が引き起こされるが、筋力の増加の程度は、対象者の年齢や運動の方法、そして運動強度によって異なる（Ozaki *et al.* 2015a）。まず、若年者を対象とした場合、これまで紹介したような一定の強度（たとえば最大酸素摂取量の60％）で持続的に運動をする方法を採用した研究の多くで、筋力の増加は認められていない。休息を挟みながら、間欠的に運動をする方法では、より高い強度で運動が実施できるために、筋力が増加した例も報告されているが、増加の程度はそれほど大きくない。一方で、高齢者を対象とした研究では、一定強度で持続的に運動する方法を採用した研究であっても、そのほとんどで統計的に有意な筋力の増加が確認されている。さらに、高齢者における効果の大きさは、若年者の3倍近くに達する。したがって、高齢者では、一般的に全身持久力の改善のために処方される中等度以上の強度で自転車運動を実施すれば、下肢の筋力の増加が十分に期待できる。さらに筋力の増加は筋サイズの増加よりも少ないトレーニング回数（つまり40回未満）

2.2　ペダルを回した数だけ健康になる？　　105

で観察されるようである。

前述したように、アメリカスポーツ医学会（Chodzko-Zajko *et al.* 2009）では、高齢者が全身持久力を改善するためには、最大酸素摂取量の60%以上の強度を用いて、週に3日以上の頻度で、16週間以上継続する必要があると述べている。週3日の頻度で16週間継続した場合、トレーニング回数は48回に達する。これは自転車エルゴメータを用いた運動によって、筋サイズの増加が観察されるトレーニング回数（40回）を超えている。筋力の増加は、それより少ないトレーニング回数でも観察されうることを考慮すれば、自転車エルゴメータを用いた運動で筋サイズや筋力を向上させようとする場合にも、このガイドラインは適用できるであろう。

その他の効果

最後に、全身持久力や筋サイズ・筋力以外に対する効果について、海外でおこなわれている研究をもとに簡潔に紹介したい。たとえば、70歳以上の高齢者を対象とした先行研究の結果をまとめたBouazizら（2015）の報告では、自転車エルゴメータを用いた運動は、体組成の維持・改善に効果的であり、中等度以上の強度での運動を12-16週間継続することで、体重や体脂肪量が各々、平均で6.3%と3.7%減少することが報告されている。その他、血圧や糖代謝、認知機能にも良い影響を与える可能性があると言及されているが、これらの効果については、研究例が少ない、または、研究結果が一致していないため、さらなる研究が期待される。さらに、2000年以降、自転車での通勤が健康に与える効果を検討した研究が増え始めた。これらの研究によれば、中高齢者において、自転車での通勤が心血管系疾患やがんの罹患率を低下させ、死亡リスクを減少させるようである（Oja *et al.* 2011）。

このように、サイクリングや自転車エルゴメータを用いた運動は、全身持久力や下肢の筋サイズ・筋力を向上させるのみならず、健康で豊かな生活を送ることに貢献すると考えられる。屋外でロードバイクに乗るもよし、屋内でエルゴメータに乗るもよし。まずは1回20-30分程度の運動を週に2回程度実施することから始めてみてはどうだろうか。

引用文献

青木純一郎他『平成元年度日本体育協会スポーツ医・科学調査研究事業報告 No. II 競技種目別競技力向上に関する研究，No. 23 自転車競技』，日本体育協会，1989.

Bouaziz, W. *et al*., Health benefits of cycle ergometer training for older adults over 70 : a review, *Eur. Rev. Aging Phys. Act*., **12**: eCollection, 2015.

Chodzko-Zajko, W. J. *et al*., American College of Sports Medicine position stand. Exercise and physical activity for older adults, *Med. Sci. Sports Exerc*., **41**: 1510-30, 2009.

Hug, F. *et al*., Selective training-induced thigh muscles hypertrophy in professional road cyclists, *Eur. J. Appl. Physiol*., **97**: 591-597, 2006.

形本静夫『平成 23 年度「自転車による健康増進のための自然科学的研究」報告書』，財団法人 日本自転車普及協会，2011.

Lounana, J. *et al*., Relationship between %HRmax, %HR reserve, %VO2max, and %VO2 reserve in elite cyclists, *Med. Sci. Sports. Exerc*., **39**: 350-357, 2007.

Mackova, E. *et al*., Skeletal muscle characteristics of sprint cyclists and nonathletes, *Int. J. Sports Med*., **7**: 295-297, 1986.

中村智洋他，高校生男子自転車競技選手における全国大会 1 km タイムトライアル優勝者の体力特性，*Journal of Training Science for Exercise and Sport*, **30**(2): 97-105, 2018.

Oja, P. *et al*., Health benefits of cycling: a systematic review, *Scand. J. Med. Sci. Sports*., **21**: 496-509, 2011.

Ozaki, H. *et al*., Cycle training induces muscle hypertrophy and strength gain: strategies and mechanisms, *Acta. Physiol. Hung*., **102**: 1-22, 2015a.

Ozaki, H. *et al*., Physiological stimuli necessary for muscle hypertrophy, *J. Phys. Fitness. Sports Med*., **4**: 43-51, 2015b.

山地啓司『最大酸素摂取量の科学』，杏林書院，2001.

2.3 **水の驚くべき効果——水泳・水中ウォーキング**

はじめに

　水泳を年に1回以上おこなっている人は、約1020万人と予測される（公益財団法人日本生産性本部余暇創研 2017）。そのうち60代男性の割合が9％、70代男性が8％、60代女性が13％、70代女性が12％を占め、女性高齢者の水泳への参加割合が男性よりも高いことを示す。平成29年度「スポーツの実施状況等に関する世論調査」（スポーツ庁 2018）によると、この1年間の実施状況として、週に1回以上スポーツ等の身体活動をおこなっている人は、60代が54.3％、70代が65.7％、週に3回以上スポーツ等の身体活動をおこなっている人は、60代が27.7％、70代が41.2％であると公表（報道発表）された。スポーツ種目別にみると高齢者でもっとも多いのは、ウォーキング（男性：39.4％、女性：38.1％）であり、水泳は男性：6.8％、女性：6.5％、アクアエクササイズ・水中ウォーキングは、男性：1.5％、女性：3.1％であった。高齢者の水泳や水中ウォーキングへの参加者は、女性のほうが男性よりも多く、女性の水中運動による健康志向が高い傾向がうかがえる。

　水泳や水中ウォーキングなどの水中でおこなう身体活動においては、水圧、浮力、水温、粘性などの水の物理的特性による一過性の身体適応が生じる（小野寺 2000; 2008, 小野寺他 1998; 2003; 2010）。これらの生理的応答の習慣化が水中での高齢者の身体活動のアドバンテージ（利点・余力）となり、継続におおいに貢献している。これまでに実践等で得られた科学的根拠（エビデンス）を解説する。

高齢者の水中立位時の心拍数と血圧変化

　高齢者の水中立位時の心拍数は、陸上立位時よりも有意に低下する（小野寺 2008）。この傾向は男性でも女性でも同じである。若年者も同様の傾向と

108　　第2章　さあ実践へふみだそう

なる。若年者（20歳前後）の収縮期血圧・拡張期血圧は、陸上立位時より水中立位時に低くなる。しかしながら、高齢者では収縮期血圧が若年者とは逆に高くなり、陸上立位時より水中立位時のほうが高い数値になる（小野寺2008）。血管弾性の加齢変化などと関連するものと考えられるが、明確ではない。

水中ウォーキングと運動強度

水中ウォーキング時の酸素摂取量は、歩行速度が上がるにつれて指数関数的に増加し、歩行速度が同等の水中トレッドミル歩行時よりも有意に大きい値となる（図2.3.1）。

水中ウォーキング時には、水の粘性抵抗が負荷となり、進行方向に対する前方体表面積（からだを前からみたときの面積）に比例して大きくなる。水の粘性抵抗は、歩行速度が2倍に上がれば、2の2乗の4倍に増す性質をもっているため、酸素摂取量は指数関数的に急激に増加する。水中トレッドミル歩行時では、前方に移動しないので（同じ場所にとどまっての歩行）、水の粘性抵抗は、下肢の動作にかかる負荷に限定される。同時に、浮力が働いてからだを浮かせるので酸素摂取量の増加は、ほぼ直線的な比例関係を示す（Onodera *et al.* 2013）。

このような歩行速度と水の粘性抵抗の関連から水中ウォーキング時の運動強度を算出すれば（体重50 kgとして計算する）、歩行速度が2 km/時のとき4.7メッツ程度、歩行速度が1.5 km/時のとき3.4メッツ程度、歩行速度が1 km/時のとき2.8メッツ程度となる。時速4 kmの陸上歩行の運動強度は、おおむね3メッツであることを勘案すると水中ウォーキング時の歩行速度は、1 km/時であれば陸上歩行と同程度の運動負荷になる（メッツについては、3.4節参照）。25 mの温水プールであれば1往復（50 m）の時間が約3分となる。高齢者の水中ウォーキングは、1往復（50 m）約3分を基本にして、当日のコンディションやトレーニング状況に応じて運動プログラムを立案することが望ましい。

水中ウォーキングにあっては、前方に歩くだけではなく、後ろ向きで歩いたり、横を向いて歩いたりする。さらにビート板をもっての水中ウォーキン

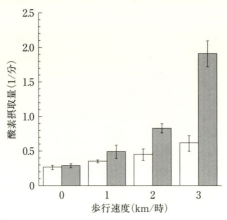

図 2.3.1　水中トレッドミル歩行とプール歩行時の酸素摂取量の比較。(小野寺 2008) を改変。

表 2.3.1　各種水中ウォーキングと運動強度の関連。(小野寺他 2016) を改変。

各種水中ウォーキング	運動強度（メッツ）
前歩き＋ビート板あり	1.0
後歩き＋ビート板あり	1.4
爪先歩き＋ビート板あり	1.3
爪先後歩き＋ビート板あり	1.3
かかと歩き＋ビート板あり	1.2
かかと後歩き＋ビート板あり	1.2
横歩き（手足一緒）	1.9
横歩き（手足逆）	1.9
後歩き（膝抱え）	3.4
前歩き（手のみ平泳ぎ）	2.0

グなど多様な楽しみかたがある。このような各種水中ウォーキング（歩行速度1km/時）と運動強度（メッツ）の関連を表2.3.1に示す。

　水中ウォーキングの運動強度（メッツ）からエネルギー消費量を算出できる。

$$エネルギー消費量(kcal) = メッツ \times 運動時間(時) \times 体重(kg)$$

たとえば、体重 50 kg の人が 30 分間、3.4 メッツの水中ウォーキングをしたとき、

$$3.4 \text{ メッツ} \times 0.5 \text{ 運動時間（時）} \times 50 \text{ 体重（kg）} = 85 \text{ kcal}$$

消費したことになる。

糖尿病と水中ウォーキング

2016（平成 28）年実施の厚生労働省「国民の健康・栄養調査」によると日本人で糖尿病に罹患している可能性の高い人の割合は、12.1％であり、その人数は約 1000 万人になるという。男性の 16.3％、女性の 9.3％が該当し、男性は、女性の 1.75 倍であった。年々増加傾向にある。

糖尿病治療は、食事療法、薬物療法、運動療法から構成される。糖尿病患者は、肥満をともなうことが多くかつ腎症の合併症予防の観点から水中ウォーキングが運動療法として適切であると考えられる。食事療法で用いられる食品交換表は、80 kcal を 1 単位として表し、食品とエネルギーの関連性が簡単にわかるようになっている。この関連性を運動療法にあてはめ 1 単位 80 kcal を消費する水中ウォーキングの運動時間を割り出したのが、「1 単位運動早見表：組シート」（小野ほか 2006）である。プール歩行時速 1 km のとき約 32 分、時速 2 km のとき約 19 分、時速 3 km のとき約 8 分 30 秒で 1 単位（80 kcal）を消費することを示している。

食品交換表と同様の指標である早見表：組シートを用いれば摂取カロリーに対応した運動量を設定できる。この早見表は、高齢者だけでなく若年者にも適応できることから、対象者の前方体表面積に配慮した歩行速度（洋ナシ型であれば前方への負担（抵抗）が大きくなるので、歩行速度を下げるなど）を設定し、活用することが望ましい。

脳卒中と水中ウォーキング

脳卒中維持期[1]において水中ウォーキングを用いた社会復帰のための事例

1）回復期リハビリが終わった後に、それまでに可能となった機能を用いて家庭生活など日常生活（社会的にも）を継続していくためのリハビリ。

（鷺羽スイミングスクールの実践例）を2つ紹介する（小野寺 2008）。

事例1：対象者は、75歳の女性で、右半身麻痺、右側下腿三頭筋群拘縮[2]、自立歩行困難であった。右側下肢の拘縮に留意し、低下した筋力の回復・歩行機能の回復を目的に週3回、温水プールにてライフジャケットを着用し、指導者1人、補助者3人がついて実施した。実施した運動プログラム（60分）は、水中座位姿勢の保持、水中起立、水中歩行、背泳ぎキック（すべて介助あり）とした。温水プールの水温は30℃、室温は28℃に維持、12カ月継続した。

開始2カ月後に手のひらを支えるだけの補助で水中歩行が可能になった。開始3カ月後に水中座位姿勢の維持が可能になった。開始9カ月後に立位姿勢の維持が可能になり、浅い水位での水中歩行が可能になった。同時に、陸上での介助歩行も可能になった。開始12カ月後に水中・陸上での自立歩行が可能になった。開始12カ月後、右側大腿部周囲径が4.5 cm増加した。右側握力は、開始時：0.5 kg、5カ月後：1.8 kg、12カ月後：4.0 kg、左側握力は、開始時：4.5 kg、5カ月後：8.0 kg、12カ月後：7.5 kgに変化（増加）した。体脂肪率は、ほとんど変化しなかった。

事例2：対象者は、65歳の男性で、左半身麻痺、左上肢の拘縮、左肘関節の屈曲、左下肢関節の拘縮、軽度の左側膝関節・股関節の拘縮、自立歩行困難であった。左側下肢の拘縮に留意し、低下した筋力の回復・歩行機能の回復、関節可動域の拡大を目的に週5回、温水プールにてライフジャケットを着用し、指導者1人、補助者3人がついて実施した。実施した運動プログラム（60分）は、左右への体重移動、前後への体重移動、右手でプールサイドにつかまっての水中歩行、背泳ぎキック（すべて介助あり）とした。温水プールの水温は30℃、室温は28℃に維持した。24カ月継続し、社会（会社勤務）復帰した。

開始3カ月後につえを使っての水中歩行が可能になった。開始12カ月後に水中での1000 m自立歩行が可能になった。開始24カ月後、左側大腿部周囲径は4.3 cm増加した。左側下腿部（腓腹筋中央）周囲径は、3.1 cm増加し、

2）長期間からだを動かしていない状態が続くことで関節が硬くなり、動きが悪くなること。

112　第2章　さあ実践へふみだそう

左側上腕周囲径も 3.1 cm 増加した。体脂肪率は、ほとんど変化しなかった。

脳卒中維持期にある対象者数が国内で増加しつつあることを踏まえ、これらの対象者の自立歩行など社会復帰を支援、自立歩行を支援するための水中歩行補助具（リハビリフロート・アルケッツォ（特許取得））を立案・開発し（図2.3.2）、事例1と事例2において実際に水中歩行補助具として使用した。

図 2.3.2 リハビリフロート使用例（小野寺他 2016）。

中高年者のための水中運動教室（実践）

平成 8 (1996) 年から、川崎医療福祉大学（以下、本学）健康体育学科では、学内温水スイミングプールにおいて地域住民の健康づくりと社会参加の促進を目的にした公開講座（アクアエクササイズ教室）を開催している。年間 8 回開催（5月に4回、10月に4回）し、現在（令和元年）も継続している。2018 年までの 22 年間に延べ 5007 人（年平均 228 人）が本講座を受講している。ほとんどの参加者は、女性（年齢：40歳から75歳、平均年齢64歳、体脂肪率約40％）であり、女性の健康づくりへの興味・関心の高さがうかがえる。温水プールの水温は30℃、室温は28℃で管理している。健康運動指導士（教員と大学院生）が中心になって運動プログラムを立案し、健康運動実践指導者（学部学生）が中心になって実施している。公開講座（アクアエクササイズ教室）の主要な流れは、運動前の健康チェック（体調の聞き取りと体重・心拍数・血圧測定）、水中立位での心拍数と血圧測定、ウォーミングアップとしてのアクアエクササイズ（13分間）、主運動としてのアクアエクササイズ（40分間）、ゲームを取り入れたアクアエクササイズ（10分間）、クーリングダウンと心拍数・血圧測定（10分間）としている（小野寺他 2016）。

表 2.3.2 に主運動時の具体的な運動プログラムの動作と心拍数を示した。運動プログラムの動作と運動強度の関連性は、前後左右の動作・回旋系・ジ

表 2.3.2 アクアエクササイズにおける主な運動と心拍数の関連性。（小野寺 2000）を改変。

エクササイズプログラム	心拍数（拍/分）
水中ストレッチ	87
ハーフ・ムーン	92
サイドステップ	96
水中ポートボール	103
ジョガー・ナウト	105
サイドステップ・ケービルホイール	105
ワン・レッグ・ホップ	108
サイドステップ・スイング・アップ	120
ボール遊び運動	120

（水位：剣状突起（みぞおち）、水温：30℃）

ャンプ系・水中ジョギング・これらの動作の組み合せの順に運動強度が高くなった。上下の動作、ストレッチ系の動作では、運動強度は低めの数値になる。

公開講座終了時にアンケート（無記名）を実施し、次年度の講座開講に活用している。運動プログラムの内容、体重、体脂肪率、心拍数、血圧の個人データは公開講座終了時に個々人にフィードバックしている。

高齢者と水泳

加齢により心拍出量が減少する（シー 1989）が、これは組織への酸素供給能が若年者より減少することを意味する。高齢者の水泳を安全に実施し、習慣化に導くためには、適切な呼吸法（息継ぎ）の習得が望ましい。高齢者（とくに初心者）は、水泳中に息を止める傾向にあるのでストロークごとの息継ぎ練習をおこなうべきである。しかしながら、加齢にともない努力性肺活量が低下する（20歳を100％としたとき70歳で約50％）ので瞬間的な換気が不得手である。そのためシー（1989）は、高齢者の指導教程として、「初歩の背泳ぎ（エレメンタリー・バックストローク）→横泳ぎ→平泳ぎ→背泳ぎ→クロール」の順序で指導することを推奨している。

宮下と小野寺（1978）は、RPE（Rating of Perceived Exertion：主観的運動強度）を用いた水泳中の運動強度について、同一泳法においては個人内で

114　第2章　さあ実践へふみだそう

RPEと遊泳速度との間に直線的関係が成立すること、泳法が異なる場合には直線的関係が成立しない場合が多いこと、RPEと心拍数の関係は泳法の種目にかかわらず有意な相関があることを報告した。対象者のほとんどが水泳指導者であったことから、これらの傾向は水泳熟練者あるいは水泳習慣のある者に成立する関係性であると考えられる。未熟練者に関しては、必ずしもこれらの関係性が明確に示されていない。そのためRPE以外の主観的な運動強度調節の方法として最大努力に対する割合（最大努力の50％等）で自ら運動強度を調節する考え方もありうる。未熟練者にあっては、運動強度を調節する方法としてRPEと最大努力に対する割合の2つあることを認識し、対象者にあった方法を選択させることが望ましい。水泳時の運動強度に対する心拍数は、陸上での運動と比較し、10拍/分程度低値を示すことが明らかになっている（Wilmore and Costill 1984, Matsui *et al.* 1999）。そのため、心拍数を指標とした運動強度の評価は慎重におこなうべきである。

宮下（1993）は、最大酸素摂取量の60％の運動強度で、週2回以上運動すれば、約3カ月後には最大酸素摂取量が10％向上することを報告した。高齢者の健康体力づくりの水泳の習慣化は、泳速度を増加させるよりも中等度までの運動強度で泳距離を延ばす方向のトレーニングが望ましい。

水の比重を変化させる方法を用いて水泳のエネルギー効率が求められた（小野寺他 1998）。Na_2SO_4（硫酸ナトリウム：粘性を変えることなく比重を変化させることができる）を用いて水の比重を 0.99-1.05 kg/L に調整し、最大酸素摂取量の70％の泳速度でクロール泳をおこなったところ、水の比重の増加とともに心拍数と酸素摂取量は減少した。しかしながら、ある比重を超えると心拍数と酸素摂取量は増加に転じた（Critical Point：エネルギー効率が最大になるポイント（図2.3.3））。水の比重を体脂肪率に変換して考えれば、泳者の体組成とエネルギー効率に関連性があり、泳者の体組成の比重と水の比重が一致すればもっとも効率的に（少ないエネルギー消費で）泳ぐことができる。

同じ方法を用いて水の比重を上昇させ、高体脂肪率群（体脂肪率24.7％）と低体脂肪率群（体脂肪率13.5％）の Critical Point を比較したところ、高体脂肪率群では Critical Point が早期に出現した。このことは、高齢者のエネルギー効率からみた泳速度と体脂肪率が関連することを示し、高体脂肪率者

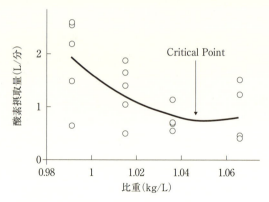

図 2.3.3　回流水槽におけるクロール泳時の水の比重の違いが酸素摂取量に及ぼす影響。水温：28℃、泳速：最高酸素摂取量の 70%。(Onodera *et al*. 1994) を改変。

の健康づくりにおいてもゆっくりした泳速度のトレーニング（ロー・パワートレーニング）により最大酸素摂取量の増加が期待できると考えられる。

障がい者のための水泳教室の実践

　岡山県障害者スポーツ協会と岡山県水泳連盟、および本学が連携し、2002年度から学内温水プールにおいて障がい者水泳教室を年5回を目標に開催している。岡山県障害者スポーツ協会のホームページに開催日時・開催場所等の情報を公開し、ホームページから参加の申し込みを受け付けている（電話による申し込みも可）。岡山県水泳連盟の指導者、学内の日本身体障害者水泳連盟公認障害者水泳指導員・知的障害者水泳研修会受講者（日本スイミングクラブ協会）・公認初級障がい者スポーツ指導員（日本障害者スポーツ協会）の水泳指導熟練者が指導にあたっている。これまでに 76 回開催し、延べ人数 1936 人が参加した。参加者の年齢分布は、知的障がい者が 10-20 代、身体障がい者が 40-60 代であった。

　第 60 回国民体育大会（岡山大会）、第 5 回全国障害者スポーツ大会（岡山大会）を契機に三者による本学での教室の開催が始まった。教室の開催により障がい者の社会参加が促進されるよう三者が連携協力し、参加者個々のニーズに応じた段階的・系統的な指導をおこなっている。

高齢者の水泳と水中ウォーキングの指導における留意点

　加齢（エイジング）により臓器や組織は萎縮し、身体機能や体力が低下する。臓器の形態の萎縮や機能の低下を、一般的には老化と表現する。運動の習慣化は、形態・機能を向上させる。これをトレーニング効果という。トレーニング効果による身体適応は、ロコモティブシンドローム（運動器症候群、1.1 節参照）やフレイル（虚弱な状態）を予防し、健康寿命の延伸に大きく寄与すると考えられる。

(1) 水温と水泳・水中ウォーキング

　日本国内のスイミングプールにおいて、水温はおおむね 29-30℃ に管理されている。この水温は、体温よりも低いため水泳や水中ウォーキングの開始時に一過性に体温（直腸温）が低下する（図 2.3.4）。体温低下にともない心拍数はわずかに上昇し、浸水直後に収縮期血圧も上昇する。若年者であれば水温変化に対して体温調節機能の作用が適切に作用する。しかしながら、高齢者の自律神経系の働きは、体温低下の影響を受けやすく、体温調節機能が遅延する傾向にある（小野寺 2008）。高齢者の水泳や水中ウォーキングにあっては、とくにプログラム開始直後の様子の変化を陸上から注意深く観察することが勧められる。冬期であれば保温水着の着用も対応策の 1 つである。

　水泳の運動習慣をもつ若年者（実験群：水泳部）と運動習慣のない若年者（対照群）の水中 仰臥位（あおむけ）30 分間（同じ温度：30℃）の主観的温度スケールを比較したところ実験群の主観的温度スケールは、対照群よりも有意に低い数値（寒さを感じにくい）であった（小宮山ほか 2006）。環境温度の変化に対する感覚温度には順応性が存在することから、水泳の運動習慣をもつ若年者は、習慣的な水泳によって皮膚からの温度感覚が水温に対して適応し、寒さ感覚が抑制されたと考えられる。

(2) 心拍数を指標とした水泳・水中ウォーキングの指導

　先行研究により、水中環境での運動時の心拍数が陸上運動時よりもおおむね 10 拍/分ほど少ないことが指摘され、心拍数からでは運動強度が過少評価

2.3　水の驚くべき効果　　117

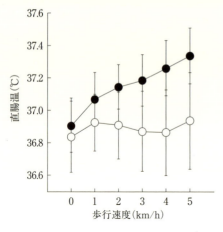

●：陸上条件、○：水中条件、
＊：$p<0.05$、陸上条件 vs. 水中条件

図 2.3.4 水中と陸上で比較したトレッドミル歩行における歩行速度と直腸温の関係。(小野寺 2008) を改変。

されるので注意を呼びかけている。水中と陸上の酸素摂取量が同じになるように運動強度を設定したとき（ハンドエルゴメータを用いて陸上と水中で比較する）、心拍数は水中運動において有意に少ない (Onodera *et al.* 2013)。つまり陸上の運動と同様の方法で水泳・水中ウォーキングの運動強度を算出すると高めになる。

水中座禅のような頭部まで浸水するプログラムでは、自律神経系との関連も視野に入れる配慮が望ましい。

(3) 水中歩行用フットウエアと水中ウォーキングの指導

水泳用の温水プールの底面は、本来水中ウォーキングを目的に設計されていない。そのため滑り止めの機能をもたせた水中ウォーキング用のシューズやソックスが開発されている。日本で開発されたアクアソックスを使用して生理的指標との関連性（歩行速度、歩行距離、サイドステップ、歩きやすさ）を検討したところ、実験群（アクアソックス着用）では、素足の対照群と比べてVAS（ビジュアルアナログスケール：主観的な歩きやすさを評価する方法）を用いて評価した歩きやすさに有意な差が認められた。しかしながら生理的指標との間に、関連性は認められなかった（小野寺他 2013）。参加者の立場から生理的指標との関連性に乏しいことよりも主観的な歩きやすさを強く感じる滑り止めの機能を実感できる水中ウォーキング用のシューズやソックスの着用により水中ウォーキングへの取り組みが促進され、動機づけが強まると考える。

(4) 曲のテンポと水中ウォーキングの指導

水中ウォーキングやアクアビクスなどは、音楽のテンポ（拍子）に合わせてからだを動かす。図 2.3.5 は、前後移動時の曲の拍子と酸素摂取量の変化を示している（星島 2000）。曲の拍子が速くなるに従って酸素摂取量が有意に増加する。陸上の同じ拍子で移動したときの酸素摂取量は、水中と比較すると有意に高い数値になる。しかしながら、拍子が速くなってもほぼ同程度の酸素摂取量の数値で推移した。この比較の違いは、水中環境の特徴（水の粘性が抵抗になっている）を表し、一方で、水中ウォーキングを指導するとき、運動強度の指標として曲のテンポ（ラルゴ 40-60 bpm、ラルゲット 60-66 bpm、アダージョ 66-76 bpm、アンダンテ 76-108 bpm、モデラート 108-120 bpm）を活用することが可能であることを示唆する。

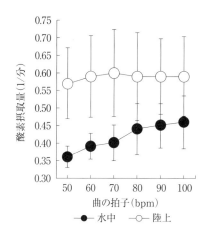

図 2.3.5 前後移動時の曲の拍子と酸素摂取量の変化（星島他 2000）。

テンポが速くなると歩幅は狭くなる傾向にある。高齢者の水中ウォーキング指導にあっては、歩くテンポを速めれば有酸素性運動、歩幅を広げての水中ウォーキングであれば筋力トレーニング、あるいは関節可動域のトレーニングと位置づけするとよいであろう。

(5) 高齢者の血圧と気圧の関連性

民間のスイミングスクールで水泳と水中ウォーキングをおこなっている 40 歳から 80 歳までの対象者 62 人（BMI: 23.9±3.4）の 12 年間の血圧変化と気象条件の関係が調べられた。この間に測定した血圧の標本数は 19196 件であった。血圧変化と気象条件（気圧、気温、湿度、降水量）の関連性を分析したが（小野寺他 2009）、気象条件のうち血圧との関連が認められたのは、気圧の変化だけであった．

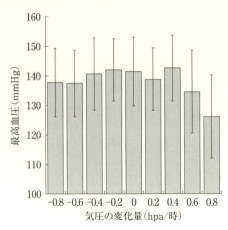

図 2.3.6 気圧の変化量と最高血圧の変化（山型の変化）。(小野寺他 2009) を改変。

運動前の収縮期血圧は、高気圧、低気圧の通過にともない、気圧の変化量に依存して上昇する型（谷型）、低下する型（山型）（図 2.3.6）、ほとんど変化がない型（平坦型）の３タイプに分かれた。低気圧、高気圧の通過で収縮期血圧が上昇する群（谷型）は、前日の気圧が１時間あたり 0.8 hPa 低いと、平均して 5-10 mmHg 収縮期血圧が上昇した。逆に、低・高気圧で収縮期血圧が低下する群（山型）は、同様の気圧変化で、約 5 mmHg 低下した。谷型、山型および平坦型の割合は、それぞれ 51.7％、31.7％および 16.6％であった。高齢者は、気圧に左右されやすく、血圧を調整する自律神経の衰えや血管の硬化等が高齢者の血圧変化の要因であると考えられた。前日の気圧の上昇・下降が当日の血圧変化に影響を及ぼす可能性があり、運動前の血圧のチェックが推奨される。

まとめ

　水の物理的特性が高齢者の水泳や水中ウォーキングなどの健康づくりに生理的アドバンテージをもたらす科学的根拠を紹介した。健康づくりについて「２つの足し算」という考え方がある。からだの余力（プラスアルファ）を提供する「足し算」の考え方（トレーニング効果）と生活環境・運動環境におけるアドバンテージを提供する「相対的な足し算」（バリアフリーや浮力などのアドバンテージ）の考え方である。２つの考え方を巧みに組み合わせて運動プログラムを提供し、実践・継続につなげることが高齢者の安全な健康づくりに大きく寄与するものと確信する。

引用文献

星島葉子他，水中運動における曲の拍子が心拍数と酸素摂取量に及ぼす影響，『水泳水中運動科学』，**3**：22-28，2000．

小宮山真世他，水中運動習慣の有無が仰臥位フローティング時の心拍数，酸素摂取量，直腸温，主観的温度感覚スケールに及ぼす影響，『水泳水中運動科学』，**9**：16-21，2006．

公益財団法人日本生産性本部余暇創研，レジャー白書2017，38-43，2017．

Matsui, T. *et al.*, Cardiovascular responses during moderate water exercise and following recovery, *Biomechanics and Medicine in Swimming*, VIII: 345-350, 1999.

宮下充正『トレーニングの科学的基礎』，ブックハウス HD，1993．

宮下充正・小野寺孝一，水泳における Rating of Perceived Exertion，『体育科学』，**6**：96-99，1978．

小野くみ子他，水中歩行時の酸素摂取量から予測した1単位：80 kcal に相当する運動時間，『宇宙航空環境医学』，**43**(1)：1-9，2006．

Onodera, S. *et al.*, Effect of differences in buoyancy of water on oxygen uptake and heart rate during swimming, *Medicine and Science in Aquatic Sports*: 391126-391130, 1994.

小野寺昇他，水の物理的特性と水中運動，『バイオメカニクス研究』，**2**(1)：33-38，1998．

小野寺昇，水中運動と健康増進，『体育の科学』，**50**(7)：510-516，2000．

小野寺昇他，水中運動の臨床応用：フィットネス，健康の維持・増進，『臨床スポーツ医学』，**20**(3)：289-295，2003．

小野寺昇，医療福祉分野における運動生理学の役割，『川崎医療福祉学会誌』，増刊(2)：55-63，2008．

小野寺昇他，身体活動・運動と生活習慣病——運動生理学と最新の予防・治療I．身体活動の基礎，身体活動と環境——水中，高温，高所環境など，『日本臨床』，**67**：103-107，2009．

小野寺昇他，水中運動の基礎：水中運動時の循環動態，『臨床スポーツ医学』，**27**：815-822，2010．

Onodera, S. *et al.*, Water exercise and health promotion, *J. Phys. Fitness Sports Med.*, **2**(4)：393-399, 2013.

小野寺昇他，水中運動時のアクアソックス着用が心拍数，酸素摂取量および VAS に及ぼす影響，『川崎医療福祉学会誌』，**23**：69-74，2013．

小野寺昇他，水中運動と健康づくり，『体育の科学』，**66**(2)：117-124，2016．

シー，エドワード・J．野村武男監訳『シニアのための水泳トレーニング』，ベースボール・マガジン社，1989．

スポーツ庁，平成29年度「スポーツの実施状況等に関する世論調査」，2018．http://www.mext.go.jp/sports/b_menu/houdou/30/02/__icsFiles/afieldfile/2018/05/02/1401750_01.pdf（2019年7月30日アクセス）

Wilmore, J. H. and Costill, D. L., *Physiology of Sports and Exercise*, Human Kinetics, 1984.

| 2.4 | 自分の重さは何でも使え──自体重エクササイズ |

高齢者における筋力トレーニングの重要性

　加齢にともなうさまざまな臓器の機能変化や予備能力低下によって、外的なストレスに対する脆弱性が亢進した状態を老年医学の分野では "フレイル (frail、虚弱)" と呼んで、健康な状態と要介護状態の中間に位置づけている (荒井 2017)。多くの高齢者は健康な状態からフレイルの時期を経て要介護状態に至る。フレイルの主な原因は、"サルコペニア"（筋量と筋力の進行性かつ全身性の減少に特徴づけられる症候群）(Cruz-Jentoft *et al.* 2010) であることが指摘されている。とくに下肢の筋肉は歩行、階段の上り下り、椅子の座り立ちのような日常生活動作の遂行に関わるため、その機能低下は身体活動量の減少をもたらすことになる。たとえば、歩行能力の指標とされる歩行速度は歩幅と歩調（時間あたりの歩数）をかけ合わせたものであるが、加齢にともなって歩行速度が低下していく原因は歩調の減少ではなく歩幅の減少によるものであり、歩幅の減少は股関節屈曲筋力と膝関節伸展筋力の低下が関連している（福永 2006）。また、高齢者の転倒に深く関係する立位バランス能力も 60 歳以降に低下がみられる。立位バランスの主働筋は下腿後部（ふくらはぎ）の筋群であるため、ふくらはぎの筋機能を高めておくことはバランス能力を維持・向上させるうえで有効であると考えられる。

　つまり、高齢期における筋量および筋力の著しい低下は要介護につながる可能性があることから、高齢者が筋力トレーニングをおこなうことは非常に重要である。

高齢者に適したトレーニング方法としての自体重エクササイズ

　筋力トレーニングとは、筋肉に負荷抵抗をかけることによってそれに抗するだけの筋力を発揮させ、筋力アップを図る運動のことであるが、何を利用

122　第 2 章　さあ実践へふみだそう

して筋肉に負荷抵抗を与えるかによって、いくつかの代表的な方法に分類される。重量物（ウエイト）を重力に抗して持ち上げる方法（ウエイトトレーニング）、他者の力を負荷抵抗とする方法（マニュアルトレーニング）、ゴムの張力を抵抗とする方法（チューブあるいはラバーバンドトレーニング）、水の抵抗を利用する方法（水中エクササイズ）などである。そしてウエイトトレーニングには、マシンを使う方法、フリーウエイト（バーベルやダンベル）を使う方法、自分の体重を利用する方法などがある（沢井 2014）。自分の体重を利用する方法を自重負荷法または自体重エクササイズと呼ぶ。

　マシンやフリーウエイト、チューブのような専用の器具を用いたトレーニング方法は負荷の調節がしやすく筋力アップ効果も高いが、そもそも施設や用具がなければできないという制約がある。また、マシントレーニングの場合、小柄な体格の人（高齢者や女性に多い）ではからだがマシンのサイズに合わなかったり、非力な人は初期負荷さえも挙上できなかったりするという問題がある。水中エクササイズは、低体力者や膝痛・腰痛を抱える者でも安全に実施できるので高齢者に勧められるが、やはりプールという設備がなければ実施できない。経済的に余裕のない高齢者にとっては、施設や用具の使用にかかるコストは軽視できない点であろう。

　したがって、高齢者に対しては、時間や場所を選ばず、コストもかからない、手軽に取り組めて継続しやすいトレーニング方法を提案することが望ましい。しかも高齢者の中には、要支援、フレイル、ハイリスクに属する人も少なくないことを考えると、以下の条件を満たす筋力トレーニングの方法が求められる（福永 2006）。

　①筋力が弱くてもできること。

　②けがや事故の危険性が少ないこと。

　③特別な施設や用具を必要とせず自宅でも手軽にできること。

　これら3条件を満たす方法としては、自体重エクササイズがもっとも適しているといえよう。加えて、自分の体重にみあった筋力を備えていることは、適正な姿勢を保持し、目的に合った動作をおこなう上で必要不可欠なことでもある。

2.4　自分の重さは何でも使え　　123

自体重エクササイズのトレーニング効果

　一般に、筋肥大や筋力アップを目指すとき、十分な効果を得るには65％1RM（1RM; 最大挙上負荷重量）以上の負荷強度を用いないと十分な効果は得られないとされており、高齢者を対象とした筋力トレーニングの効果を検証した研究の大部分はマシンやフリーウエイトを用いた70% 1RM以上の高強度条件でトレーニングを実施している。したがって、体重を超える負荷をかけることが不可能な自体重エクササイズを用いたトレーニング研究はあまり多くはないものの、近年は高齢者の介護予防を目指した運動プログラムとしての自体重エクササイズの有効性を検討した事例報告がみられるようになった。

　たとえば、一般高齢者27人を対象にした自体重エクササイズによるトレーニング教室（下肢のエクササイズ8種目を15-30回/セット、1-3セット、週2回）を10カ月間実施したところ、下肢の筋力が平均15％増大したという（Yamauchi *et al.* 2009）。また、40-70歳の中高年男性25人が自体重エクササイズ（スクワット、腕立て伏せ、シットアップ）を活動筋の自覚的疲労感を指標とした負荷強度で週3回、12週間実施した結果、30秒椅子立ち上がりテストや垂直跳びの成績が有意に向上したこと（寺田他 2012）、虚弱高齢者37人がデイサービス施設または自宅において自体重およびラバーバンドを使った下肢の筋力トレーニング6種目を10回2セット、週2-3回、8週間実施したところ、脚筋力や柔軟性の向上が認められたこと（坂戸他 2007）、虚弱後期高齢者8人が在宅で自重もしくは自己抵抗によるエクササイズを1日1-2回、週3回以上、3カ月間実施したところ、脚の伸展筋力と Time Up & Go Test（1.4節参照）の測定値が有意に向上したこと（横塚他 2008）などが報告されている。

自体重エクササイズの実際

　自体重を利用するエクササイズの具体例（沢井 2014）を、以下に部位別（上肢・体幹・下肢）に示す。

〈上肢筋のエクササイズ〉
①三角筋（肩関節の外転、屈曲をおこなう筋肉）の強化：ラテラルレイズ
　●立位姿勢で、両腕を自然に下ろす（a）。
　●肘を伸ばしたまま、両腕を横方向に肩の高さまで挙上する（b）。

(a)　　　　　　　　(b)

実施上の注意点
・肘を少しゆるめておこなう。
・肩が上がらないようにする。
・腰が反らないようにする。

②上腕三頭筋（肘関節の伸展をおこなう筋肉）の強化：リバースプッシュアップ
　●両膝を立てて座り、指先を足のほうに向けて床に手をつく（a）。
　●伸ばした肘を屈曲する（b）。

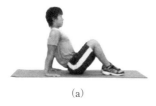

(a)　　　　　　　　(b)

実施上の注意点
・脇を締め、両肘の幅を広げない。
・肩を上げない。

・肘を過伸展させない。

〈体幹筋のエクササイズ〉
①大胸筋（肩関節の水平内転をおこなう筋肉）の強化：プッシュアップ
　●膝から頭までまっすぐになるように両手と両膝をついて体重を支える（a）。
　●伸ばした肘を屈曲する（b）。

(a)　　　　　　　　　　(b)

実施上の注意点
　・手は肩幅より広めにつく。
　・腹筋を引き締めて腰が反らないようにおこなう。

②脊柱起立筋（体幹の伸展をおこなう筋肉）の強化：バードドッグ
　●四つ這いで、片方の手と反対側の膝で体重を支える（a）。
　●非荷重の上肢と下肢（右腕と左脚、左腕と右脚）を挙上する（b）。

(a)　　　　　　　　　　(b)

実施上の注意点
　・腹筋を引き締めて腰が反らないようにおこなう。

③腹直筋（体幹の屈曲をおこなう筋肉）の強化：カールアップ（クランチ）
　●仰向けで膝を立て、胸の前で腕を交差する（a）。
　●腕を組んだまま、肩甲骨が床から離れるまで上体を起こす（b）。

(a) (b)

実施上の注意点

・あごを上げたり、強く引きすぎないように注意する。

・起きるとき、反動を使わない。

・あごを引き、へそを覗き込むようにする。

・上体を戻したときに後頭部を床につけない。

〈下肢筋のエクササイズ〉

①大臀筋（股関節の伸展をおこなう筋肉）の強化：ヒップリフト

　●仰向けで立て膝になる（a）。

　●股関節を伸展させ、臀部を床から持ち上げる（b）。

(a) (b)

実施上の注意点

・腰を反らない。

②腸腰筋（股関節の屈曲をおこなう筋肉）の強化：レッグレイズ

　●片脚立ちで、非支持脚のつま先を後ろに引いて股関節をやや伸展する（a）。

　●非支持脚を前方に挙上する（膝は自然に曲げる）（b）。

(a)　　　　　(b)

実施上の注意点
・腹筋を引き締めておこなう。
・膝を上げたときに腰を丸めたり上体を後傾させない。

③大腿四頭筋（股関節の屈曲と膝関節の伸展をおこなう筋肉）の強化：スクワット
●やや脚を開いて立ち、両腕を前方に伸ばす（a）。
●股関節と膝関節を屈曲する（b）。

(a)　　　　　(b)

実施上の注意点
・腹筋を引き締めておこなう。
・膝を90度以上深く曲げない。
・膝とつま先の向きを揃える。
・膝を曲げたときに、膝がつま先よりも前に出ないように注意する。

④下腿三頭筋（足関節の足底屈をおこなう筋肉）の強化：カーフレイズ
●立位で腰幅に脚を開き、両手を腰に当てる（a）。
●かかとを上げてつま先立ちになる（b）。

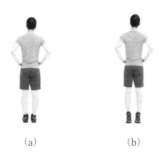

(a) 　　　(b)

実施上の注意点
・体重を足の指全体にかけるようにする。
・かかとを上げるとき、膝を過伸展させない。

自体重エクササイズの強度調節と回数の目安

　自体重を負荷とする場合は、鍛えたい部位の筋力と自体重とのバランスによって反復できる回数が異なる。カールアップを例にとると、床から上半身を起こすことがほとんどできない人もいれば、楽々起こすことができる人もいる。どちらの場合もスタート姿勢や上肢の位置を変えるなど、筋力に応じた姿勢や動作の調節が必要になる（次頁図）が、あくまでも自体重が負荷なので、ウエイトを持ち上げるときのような細かい調整はできない。したがって、自体重エクササイズの場合は、同じ動作を疲労するまで繰り返しおこなうことが原則となる。できれば10-15回くらい反復したら疲れるトレーニング動作で実施することが望ましい。

〔筋力に応じたカールアップの方法〕

(a) 筋力の低い人向け

(b) 平均的な筋力の人向け

(c) 筋力の高い人向け

自体重エクササイズの実施における留意事項 (沢井 2014)

　自体重エクササイズを実施する際には、適正な姿勢で、動きを正確におこない、無理をしないことが大原則である。加えて、安全性とトレーニング効果の観点から、以下に示す事項に留意しておこなうことが大切である。

①重力方向を考慮する
　自体重エクササイズは、自分の体重の一部を負荷として筋肉に重力抵抗をかけるウエイトトレーニングである。したがって、対象とする筋肉が重力に逆らって力を発揮するようなトレーニング姿勢と動作でなくてはならない。

②筋肉の3活動様式を使って効果的におこなう。
　ウエイトトレーニングでは、負荷を挙上する局面（A）、負荷を保持する局面（B）、負荷を下降させる局面（C）があり、Aはコンセントリック、Bはアイソメトリック、Cはエキセントリックな筋活動様式で力を発揮することになるが、動作スピードが速すぎたり、Cで脱力してしまうと、3つの筋活動様式が十分に使われず、トレーニング効果が低減してしまう。コントロ

ールされた動作で、負荷をゆっくり挙げてゆっくり降ろすこと、とくに降ろすときに徐々に力を抜いていくようにすることが大切である。

③はずみや反動をつけない

　はずみや反動をつけると、急に大きな外力がかかり、筋肉や腱、関節を痛める危険性がある。また、勢いをつけて負荷を持ち上げてしまうと、効果的に筋肉を活動させるエクササイズにならない。

④関節の可動域全域を十分に使う

　狭い可動域でしか筋力を発揮させないと、限られた関節角度でしかトレーニング効果が得られない上、柔軟性を損ない、不良姿勢を招くので注意する。

⑤息こらえをしない

　息こらえをともなう強い筋収縮（バルサルバ手技）は、収縮期・拡張期血圧の急激な上昇を引き起こすため、高齢者においてはとくに留意が必要である。力を発揮するとき（とくに負荷を挙上する際）に息をこらえないように注意し、動作と呼吸を連動させながらおこなうようにする。負荷を持ち上げていくときに息を吐き、降ろしていくときに息を吸う、または負荷を持ち上げていくときに息を吐き、持ち上げた時点で息を吸い、それから息を吐きながらゆっくり負荷を降ろしていくといったような呼吸法が勧められる。

⑥トレーニングしたい部位の筋肉に意識を集中させる

　トレーニングの原則の１つである意識性の原則（運動部位に意識を集中すると、トレーニング効果が高まる）にしたがって、対象とする筋群に意識を集中させて力発揮をおこなう。

⑦特定の部位に過度の負担がかからないようにする

　筋力トレーニングでは、鍛えたい部位にばかり意識が集中してしまいがちであるが、他の部位に過度の負担がかかるような姿勢や動作になっていないかについても注意を払うことが必要である。

2.4　自分の重さは何でも使え　131

頸の過伸展や過屈曲は頸部の靭帯や筋肉を傷める原因となる。頸部の靭帯と筋肉は平衡感覚を司る中枢神経とつながっているため、傷めると首が痛いだけに止まらず、めまいが生じたり、姿勢を乱したりしてしまうことがあるので注意しなければならない。

　静止時、動作時において腹筋を引き締めていないと、腰が反った姿勢（腰椎の過度な前彎）のままで運動をおこなうことになる。また、腹筋や背筋を使わずに骨盤が後傾して腰背部が丸くなった姿勢でいると、腰部の靭帯、筋肉、椎間板などに大きな負担がかかり、腰痛の要因となるので注意しなければならない。

　立位での運動はとくに膝関節に大きな負荷がかかり、周辺の靭帯、腱、筋肉、半月板などがダメージを受けやすい。体重がかかった状態で膝を屈曲させるときは、膝を深く（90度以上）曲げすぎないようにする。膝を曲げる角度ばかりでなく、膝を曲げたときには膝とつま先の向きを同じにして、膝に無理な捻りが生じないようにする。

⑧エクササイズ前後のコンディショニング

　エクササイズの前後には、使用筋群の緊張をほぐす運動やストレッチングをおこなう。とくに寒い季節はウォーミングアップを十分におこない、からだを温めてからエクササイズを始める。

高齢者向け自体重エクササイズのプログラム（福永 2006）

　加齢にともなう筋量および筋力の低下には部位差があり、上肢の筋群においては低下の度合いが小さいが、体幹部および下肢の筋群では60歳以降に大きく低下が進む。とくに、腹部と大腿四頭筋の萎縮が顕著である。大腿四頭筋は、歩行、階段の上り下り、椅子の座り立ちのような日常生活動作の遂行に関わるため、その筋萎縮は身体活動量の減少をもたらす主要因と考えられている。また、バランス能力や足関節の運動に関わる下腿筋群の機能が低下すると転倒のリスクを高めると考えられる。したがって、高齢者の生活の質を保証する上では、これらの筋群を高い優先順位に位置づけた運動プログラムが望ましい。

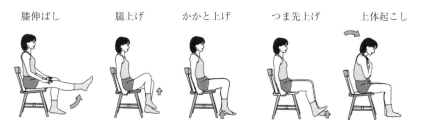

図 2.4.1 座位プログラム。

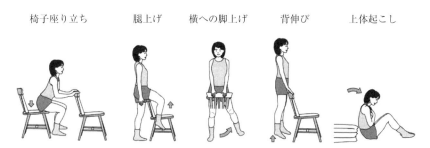

図 2.4.2 立位プログラム。

　そこで、高齢者が無理なく安全に、特別な器具を使わず手軽に取り組める自体重エクササイズプログラムとして開発された「貯筋運動プログラム」を以下に紹介する。

　「貯筋」とは、運動をおこなうことによって筋肉を鍛え、貯金のように筋肉を貯めようという考え方に基づいてつくられた言葉で、椅子に座っておこなう「座位プログラム」と立位で椅子につかまっておこなう「立位プログラム」が用意されており、体力に応じて選ぶことができる。「手の支えなしで椅子から立ち上がれない」人には座位プログラム、立ち上がれる人には立位プログラムが適している。各プログラムとも、加齢にともなう萎縮を来しやすい下肢筋群と腹筋を鍛える5種目から構成されている（図2.4.1、2.4.2）。歌（110拍/分の曲）に合わせてエクササイズをおこなうことで、息こらえを防ぎ、一定回数反復する（歌の1番を歌い終わると16回（スローペースだと8回）＝1セット）ようにつくられている。2番まで歌えば2セット、3番まで続ければ3セットというように、トレーニング量を漸増させていく。各種目

1日2セット実施することが初期の目標となる。

2010-2014年までの5年間に、全国30カ所以上の総合型地域スポーツクラブで12週間の貯筋運動教室が開催され、合計1100人を超える参加者があった。すべての教室の前後で体力測定を実施した結果、明らかな身体組成の改善（皮下脂肪の減少と筋量の増加）と体力の向上（最大筋力、歩行速度、椅子の座り立ち時間、上体起こしの回数等）が認められた（健康・体力づくり事業財団 2013）。また、2016年に開催された10週間の貯筋運動教室に参加した東京都世田谷区地域在住の62-87歳の女性8人の体力測定のデータを分析したところ、椅子座り立ち時間と5m歩行時間（1.4節参照）との間に有意な正の相関関係が認められ、脚力を高めることで歩行速度も向上する効果があることが示唆された（沢井・大庭 2017）。

引用文献

荒井秀典，フレイルの概念と診断，『臨床スポーツ医学』，**34**(1)：12-15，2017.

Cruz-Jentoft, A. J. *et al.*, Sarcopenia: European consensus on definition and diagnosis: Report of the European Working Group for Sarcopenia in Older People, *Age Ageing*, **39**: 412-423, 2010.

福永哲夫監修『高齢者筋力トレーニング　貯筋運動指導者マニュアル』，保健同人社，pp. 90-94，2006.

（公財）健康・体力づくり事業財団，貯筋運動プロジェクトⅢ，2013.

坂戸洋子他，虚弱高齢者における自重負荷およびラバーバンドを用いた筋力トレーニング効果に関する研究，『体力科学』，**56**: 365-376，2007.

沢井史穂編著，神崎素樹著，REBI・REIのためのレジスタンスエクササイズ指導理論，70-81，（公財）日本フィットネス協会，2014.

沢井史穂・大庭尚子，産学連携による地元住民向け健康づくり教室の取り組みと評価―第2報―，『日本女子体育大学附属基礎体力研究所紀要』，**27**: 38-46，2017.

寺田和史他，活動筋の自覚的疲労感を強度の指標とした自重負荷トレーニングの有効性：中高年者を対象とした無作為化比較対象試験による検討，『体育学研究』，**57**: 191-199，2012.

Yamauchi, J. *et al.*, Effects of bodyweight-based exercise training on muscle functions of leg multi-joint movement in elderly individuals, *Geriatr. Gerontol. Int.*, **9**: 262-269, 2009.

横塚美恵子他，訪問型介護予防事業における虚弱後期高齢者に対する運動介入，『理学療法学』，**35**(3): 110-115，2008.

| 2.5 | クロトナのミロの教え──レジスタンス運動 |

はじめに

　レジスタンス運動とは、上半身や下半身、体幹部の筋群に重量物などで抵抗を与え、運動負荷を高めることで筋肉の形態（筋量）と機能（筋力、筋パワー）を向上させる目的で実施するトレーニング手段である。よく利用されるダンベルやバーベルのほかに、専用のトレーニング機器やゴムバンドによる抵抗負荷を用いることもある。トレーニングの基本は、筋群に対して過負荷の運動刺激を与えることである。筋肉は適応能力が高く、既存の運動負荷が刺激として十分でなくなれば、さらに高い運動刺激を与える必要がある。運動プログラム作成で考慮すべき変数として、(1) 運動の負荷強度、(2) 運動の反復回数、(3) 週あたりの運動頻度がある。運動間の休息時間については研究知見が乏しく経験に頼るところが大きい。過負荷の原理は筋肉に対する継続的な適応を与える上で重要であるが、筋量が増え、筋力が高まる生理的な適応能力には限界があることを理解する必要がある。トレーニングを開始した初期にみられる筋肉の目覚ましい適応が長期にわたって継続することはない（Bickel *et al.* 2011）。

筋肉の形態と機能

　骨格筋は機能的な課題を実行するために相互に関連しあって働く小さなユニットからできている。脳内で始まった指令（電気的信号）は脊髄を介して筋線維と直接的に接触する α 運動ニューロン（神経細胞）に送られる。筋線維に到着した電気的信号はカルシウムの放出を引き起こし、最終的に個々の筋フィラメントが力を生み出すことを可能にする。筋線維には大きく2つの異なるタイプの線維（タイプ1とタイプ2、あるいは遅筋線維と速筋線維と呼ばれる）があり、それぞれ力の発揮能力や持久性、代謝特性が異なっている。

厳密には 2 つのタイプの中間的な筋線維も多く存在する。筋線維は可塑性に優れ、レジスタンス運動によって量的にも機能的にも変化する。また、筋線維タイプにも変化が起こり、中間型の線維が多数みられるようになる。筋線維の肥大は遅筋でも速筋でも起こる。筋肥大の生物学的な役割は不明であるが、筋量の増加は収縮性たんぱく質（筋フィラメント）の変化をもたらすため、この変化が筋力の増加に重要な役割を果たすと考えられてきた。生理学的観点からはもっともらしいが、不思議なことにレジスタンス運動による筋サイズの変化が付随的に筋力の変化をもたらすという厳密な証拠がない（Dankel *et al.* 2018）。これは加齢や不活動による筋量（収縮性たんぱく質）の減少が筋力に悪影響を及ぼさないという意味ではない。加齢変化の場合、生体は所定量の筋量が失われるまで、筋力を維持できる閾値が存在する可能性が考えられる。

サルコペニアとは

　加齢による筋量と筋機能の低下をサルコペニアと呼んでいる。このような症状では筋線維サイズが減少するだけでなく、筋線維数の減少も観察される。筋線維数の減少は速筋線維でも遅筋線維でも認められるが、同じ割合で進行するわけではない。初期現象として速筋線維は損失するが遅筋線維は維持され、この過程の一部に「軸索発芽」という現象が関与している。軸索発芽は、遅筋線維の運動ニューロンが分岐して速筋線維の神経細胞を支配してしまう生理現象である。しかし最終的には遅筋線維も損失してしまう可能性もある。筋線維サイズの減少が始まるのも速筋線維のほうが早い。しかし、高齢者では若年者に比べ遅筋線維のサイズも若干小さいことが知られている。

　興味深いことに加齢による筋サイズの変化は上半身よりも下半身の筋肉で顕著である。とくにその特異的な低下は大腿部の前面（大腿四頭筋）で著しい（Abe *et al.* 2014）。その原因は十分に解明されていないが、身体活動パターンの変化が関与している可能性がある。加齢による筋機能（筋サイズや筋力を含む）の低下はゆっくりと緩やかに進行するものと考えられていた。それに対して「異化促進局面モデル（catabolic crisis model）」（English and Paddon-Jones 2010）は、老化の現実とうまく一致しているようにみえる。図

136　　第 2 章　さあ実践へふみだそう

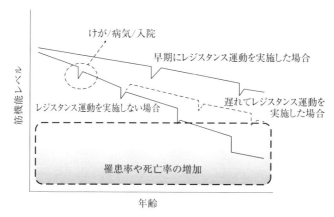

図 2.5.1 異化促進局面モデル。加齢による筋機能の低下はゆっくりと穏やかに進行するが、その過程でけがや病気、あるいは入院などで一時的に極端な不活動におちいる可能性がある。その不活動期間に筋機能は急激に低下する。レジスタンス運動は不活動期間からの回復を助け、さらには元の高いレベルに復活することを可能にする。

2.5.1 は、このモデルを図式化したものである。たとえば、日常的に活動的であった人が一時的に活動を制限したり、あるいは病気やけがで不活動になったりすると、その不活動期間に筋機能は低下する可能性がある。加齢の過程でそれらを何回か繰り返すことでその都度、段階的に筋肉は痩せ衰えていくことになる。病気やけがが治って日常生活に戻っても、日常的な生活活動だけでは筋肉を元の状態に戻すことは難しい。

サルコペニアに対するレジスタンス運動の効果

　筋サイズと筋機能の低下が加齢の過程でつねに進行していることを考えれば、生涯にわたって身体活動を維持させることが奨励される。筋肉に対する運動効果は高齢者でも当然認められ、レジスタンス運動は筋肥大、筋力増加、身体機能の向上を導くことが知られている。また、レジスタンス運動はけがの発生を予防する可能性がある。これは、先ほどの「異化促進局面」が発生するリスクを低下させる働きがあるからである。筋サイズを増加させる効果は、低負荷（最大筋力の 30％）であっても高負荷（最大筋力の 80％）であっ

| 血糖値コントロールの改善 | 血圧の正常化 | 筋力の改善 | 筋量の改善 | 骨強度の改善 |

| 積極的休養 | 有酸素性運動 | レジスタンス運動 | 積極的休養 | 有酸素性運動 | レジスタンス運動 | 有酸素性運動 |

1週間の運動プログラム

図 2.5.2 運動プログラムの実践例。筋力や筋量の維持・増進には少なくとも週2回のレジスタンス運動が必要である。また、血糖値コントロールや肥満の改善には有酸素性運動との組み合わせが望ましい。負荷強度や反復回数など本格的なレジスタンス運動の実施を基本とするが、初期段階として各自の体重を利用したレジスタンス運動から開始することも可能である。このような場合、有酸素性運動としてはウォーキングが手軽である。

ても運動中に強い疲労を感じて挙上運動ができない状態（最大限の努力）、あるいはその直前まで繰り返すことで同程度に得られる。つまり、強い疲労感が感じられるまで反復すれば運動の負荷強度に関係なく、低負荷でも高負荷でも筋肥大に対するトレーニング刺激はほぼ同じである。一方、筋力増加に対するレジスタンス運動の効果は、トレーニングに用いる負荷強度に強く依存する。つまり、軽い負荷でのトレーニングでも筋肥大に対する効果は有効だが、筋力増加の面では重い負荷でのトレーニングにかなわない。注目すべきことは、日常の生活動作と密接に関連する身体機能（日常動作のパフォーマンス）は筋力増加の程度にかかわらず改善することである（Manini *et al.* 2007）。したがって、各自の好みの負荷強度で最大努力の反復回数を1-3セット繰り返すことは、加齢による筋量と筋機能の低下現象に対する有効な改善策である（図 2.5.2）。

高血圧とは

血圧とは、体内で血液が循環するときの血管内の圧力と定義されている。血圧は心拍数の変化や心臓の拍動によって送り出される血液量、あるいは総末梢血管抵抗によって変化する。血圧の測定は、「収縮期」と「拡張期」に分けて測定される。収縮期血圧は心室の収縮中に達成される最大血圧を意味し、拡張期血圧は心室の弛緩中に動脈内で達成される最小血圧を意味する。高血圧は心血管系疾患の危険因子である。正常血圧は、収縮期血圧が 120 mmHg 未満、拡張期血圧が 80 mmHg 未満の範囲である。収縮期血圧 120-129 mmHg、拡張期血圧 80 mmHg 未満を正常高値血圧と区別し、これ以上を高血圧と定義している（くわしくは、3.3 節参照）。

高血圧に対するレジスタンス運動の効果

レジスタンス運動中は血圧の上昇をもたらすが、これはおそらく筋収縮自体に関連している。筋肉の収縮は血管を圧迫し、それによって総末梢血管抵抗が増加し、その末梢血管抵抗の変化が収縮期血圧と拡張期血圧の両方を上昇させることにつながる。レジスタンス運動中に観察される血圧の変化のため、レジスタンス運動が高血圧の増加に関与するのではないかという懸念がもたれている。しかし、レジスタンス運動を繰り返しても安静時の血圧は変化しないか、研究によっては低下するという報告もある（Rossow *et al.* 2014）。観察される安静時血圧の低下は、有酸素性運動を繰り返すことによって起こる血圧の変化よりも少ないようである。レジスタンス運動を繰り返すことによって観察される血圧の低下は、トレーニングで用いる運動様式（静的と動的）に依存し、意外にも静的運動（アイソメトリック）がもっとも大きな変化を導くと報告されている。

肥満とは

肥満とは、からだに体脂肪が過剰に蓄積した状態で、体脂肪率を基準に評価する。肥満はエネルギーの摂取量と消費量のバランスが崩れ、結果的に摂取エネルギーの過剰状態が長期にわたって続くことで起こる。摂取と消費の

エネルギーバランスという概念は一見単純そうにみえるが、実際にはエネルギーバランスを変えることによって体脂肪を継続的に減らしていくことは簡単ではない。肥満を評価する簡易な方法として、身長と体重から算出される体格指数（BMI）が利用されることがある。現在、BMI 値が 30 以上を肥満と定義しているが、この値は各自の体脂肪率を評価したものではないことに留意する必要がある。身体組成の評価にはさまざまな方法（MRI, CT, DXA, 密度法など）が提案されているが、いずれの方法も大きな測定誤差を含み、真の値を決定することは困難である。比較的簡易な推定法としてキャリパー法（皮下脂肪厚測定器を用い、皮下脂肪の厚みを直接測定する方法）やBモード超音波法（超音波を対象物に当ててその反響を映像化する画像検査法）がある。

肥満に対するレジスタンス運動の効果

　消費エネルギー量の観点からみれば、レジスタンス運動は長時間の有酸素性運動にはとうていかなわない。したがって、レジスタンス運動を繰り返すことで筋量は増加しても、食事からの摂取カロリーが過剰な状態であれば、体脂肪を減らすことは困難である。しかし、肥満改善におけるレジスタンス運動の重要な意義はダイエットとの組み合わせによって体脂肪の減少にチャレンジするときに表れる。体重の減少を目安に体脂肪を減らそうとした場合、食事によるカロリー制限がしばしば用いられる。低カロリー食を開始すると炭水化物の摂取量が抑えられるため、主に肝臓と筋肉に貯蔵されているグリコーゲンが利用され、同時にグリコーゲンと結合していた水分も余分となって排泄され、見かけ上の体重減少が起こる。低カロリー食をさらに持続すれば体重は徐々に減少する。このときの体重減少は体脂肪だけでなく筋肉などの除脂肪組織の減少をともなう（Villareal *et al.* 2017）。このような状態では安静時エネルギー代謝量も低下し、低カロリー食であっても徐々にやせにくいからだになっていく。レジスタンス運動を低カロリー食と組み合わせると、筋肉などの除脂肪組織量を減らすことなく体脂肪だけを減少させることができる可能性が高い（図 2.5.3）。また、安静時代謝量を維持させることで継続的な体組成の改善が期待できる。

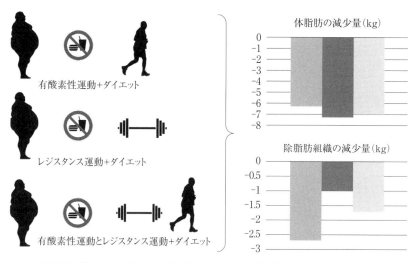

図 2.5.3　低カロリー食による体重減少に対する運動の効果。右側の棒グラフは、左から「有酸素性＋ダイエット」、「レジスタンス＋ダイエット」、「有酸素性＋レジスタンス＋ダイエット」を示す。レジスタンス運動あるいは有酸素性運動を単独で実施した場合でも、両者を同時に実施した場合でも体脂肪の減少量に差はなかったが、除脂肪組織の変化量には差が認められ、レジスタンス運動とダイエットを組み合わせた場合の変化がもっとも少なかった（Villareal *et al.* 2017）。体脂肪は脂肪細胞内に貯蔵されているが、脂肪細胞は脂肪だけでなく除脂肪組織も有する。体脂肪の減少によって自動的に脂肪細胞内の除脂肪量も減少する。その減少量を考慮すると「レジスタンス運動とダイエット」の組み合わせによる骨格筋量の変化はない。ダイエットのみの場合、体脂肪の減少量に匹敵する除脂肪組織量の減少が起こる。

インスリン抵抗性とは

　膵臓にあるランゲルハンス島と呼ばれる組織のβ細胞から分泌されるインスリンは、血糖値を下げる働きを担う唯一のホルモンである。たとえば、食後に血中の糖濃度が高まるとインスリンが分泌され、その働きによって各臓器は糖を取り込んでエネルギーとして利用したり余分なものは貯蔵されたり、さらにはたんぱく質の合成や細胞の増殖が促される。インスリン抵抗性とは、分泌されたインスリンがこれら一連の代謝過程に対して正常に作用しない状態を示す。インスリン抵抗性は、メタボリックシンドロームや糖尿病といっ

た病態の主因で、過剰な体重増加や肥満と関連している。筋肉は糖利用の中心的組織であるが、インスリンに対する反応の良さ（感受性）は筋内脂肪蓄積の影響を受けるらしい。筋肉への脂肪蓄積がインスリンの感受性にどのように影響しているかの機序は不明である。しかし、ミトコンドリアにおける脂肪酸の酸化能力低下が関連している可能性がある（Wolfe 2006）。インスリン抵抗性を正確に測る方法には、高インスリン正常血糖クランプ（人工的な高インスリン状態下で血中に注入するグルコース量を増やしながら正常血糖が維持できた量を測る）がある。他の簡便な指標として、HOMA-IR（空腹時のインスリン値と血糖値から算出）、経口グルコース負荷試験（インスリン分泌能の指標）、ヘモグロビンの糖化産物である HbA1c の測定などがある。

血糖値コントロールに対するレジスタンス運動の効果

筋肉は、安静状態ではあまりエネルギーを消費することはないが、いったん活動を開始すると、膨大なエネルギーを消費する。したがって、身体活動は血糖値コントロールの観点から有益であると考えられている。最近の研究では、血糖値コントロールの不良を改善し、血糖値を基準値に近づけるだけでもリスクを減らすことができると報告されている（Davies *et al.* 2018）。糖尿病に対する身体活動の主な生理学的効果は、エネルギー消費量の増加、インスリン感受性の改善、あるいは体重管理に役立つことである。

レジスタンス運動は、血糖値コントロールを改善するための戦略の1つとして有益である。ここでいうレジスタンス運動は、上半身と下半身の筋群に対して1セットあたり 8-12 回の運動を繰り返し、それを 1-3 セット実施するようなプログラムが基準となる。有酸素性運動と組み合わせたレジスタンス運動はさらに効果的な改善策である（図 2.5.2）。運動による血糖値コントロール効果を最大限にするために、この同時トレーニングを考慮する必要がある。同時トレーニングで懸念されることは、有酸素性運動がレジスタンス運動で得られる適応の妨げになる可能性である。しかし、通常の運動プログラムにしたがって実施されるレジスタンス運動の範囲内では、懸念する必要がない。2 型糖尿病（3.5 節参照）では、薬が最良の治療法を提供するであろうが、その治療と同時に有酸素性運動とレジスタンス運動を実施することは、血糖値

142　　第 2 章　さあ実践へふみだそう

コントロールにおいてさらなる効果を与えることにつながる。さらに、運動は2型糖尿病が発症する危険性を低下させる可能性があり、それによって投薬の必要性をなくすことができる。

骨粗しょう症とは

骨格は体内にあって、からだを支え、脳や内臓を保護し、関節を介して筋肉の活動を身体動作として表出する。さらに、骨は生体に欠かせないカルシウムの貯蔵庫であり、赤血球を産生する場所でもある。多くの場合、骨量の減少は加齢とともに起こる。これを骨減少症、さらに進行した状態を骨粗しょう症と呼んでいる（くわしくは3.7節参照）。骨量の減少は男女を問わず認められ、骨折の危険性の増加と関連する。骨量減少は骨形成と骨吸収の不均衡から生じ、加齢にともなうホルモンの変化と部分的に関連している。女性では閉経によるエストロゲンの減少のため、とくに影響を受けやすい。予防には食事療法と運動療法の両方が試みられている。カルシウムとビタミンDは骨の健康を維持する上でとくに重要な栄養素である。もし食事が不十分な場合は、補給を検討する必要がある。閉経後の女性では、エストロゲンの補充もまた長期的な骨の健康を維持するために考慮すべきことである。

骨粗しょう症に対するレジスタンス運動の効果

骨は他の多くの組織と同様に、運動に対する適応反応を示す（Bemben and Bemben 2011）。運動によって骨に加わる一時的なストレスは、骨の構造と強度に対して有益な変化をもたらす。筋肉と同様に、骨細胞は同じレベルの運動では有効な刺激とはならない。運動負荷を段階的に高めることで強い骨ができることを考慮すれば、レジスタンス運動は高い負荷強度でおこなうことが望まれる。運動による骨の変化は穏やかであるため（年間〜2%）、筋肥大や筋力増加に必要な期間（〜6カ月）よりも長期の計画が必要になる。運動プログラムは、特定の重要な部位（脊椎や股関節など）に重点を絞ることが望まれる。高齢者の場合にはすでに骨粗しょう症を患っている可能性があるので慎重に進める必要がある。しかし、そのような場合でもレジスタンス運動の実施は可能であり有益であろう。

まとめ

　レジスタンス運動は、筋肉の形態（筋肥大）と機能を向上させる最適な運動である。このトレーニングは長期的には骨の強化にも役立つ。筋力を維持することは大変重要で日常生活における活動の遂行能力を維持・向上させることに関連する。また、一定の筋量を維持することも重要である。レジスタンス運動は、有酸素性運動と同時に実施することで血糖値コントロールに対しても好影響を与える。レジスタンス運動中には血圧が上昇しやすいことから血圧に対する懸念がもたれているが、長期的な観察結果ではレジスタンス運動を繰り返しても高血圧になるようなリスクはまったくない。むしろ血圧が改善される可能性がある。これらの効果を得るために特別な運動プログラムを必要とするわけではない。必要なのは現在よりもさらなる適応を獲得するために、段階的に運動内容を高めていくことである。トレーニング効果を持続するためには少なくとも週 2 回の実施が必要である（図 2.5.2）。

引用文献

Abe, T. *et al.*, Age-related site-specific muscle wasting of upper and lower extremities and trunk in Japanese men and women, *Age (Dordr)*, **36**: 813-821, 2014.

Bemben, D. A. and Bemben, M. G., Dose-response effect of 40 weeks of resistance training on bone mineral density in older adults, *Osteoporos. Int.*, **22**: 179-186, 2011.

Bickel, C. S. *et al.*, Exercise dosing to retain resistance training adaptations in young and older adults, *Med. Sci. Sports Exerc.*, **43**: 1177-1187, 2011.

Dankel, S. J. *et al.*, Correlations Do not show cause and effect: not even for changes in muscle size and strength, *Sports Med.*, **48**: 1-6, 2018.

Davies, M. J. *et al.*, Management of Hyperglycemia in Type 2 Diabetes, 2018. A Consensus Report by the American Diabetes Association (ADA) and the European Association for the Study of Diabetes (EASD), *Diabetes Care*, **41**: 2669-2701, 2018.

English, K. L. and Paddon-Jones, D., Protecting muscle mass and function in older adults during bed rest, *Curr. Opin. Clin. Nutr. Metab. Care*, **13**: 34-39, 2010.

Manini, T. *et al.*, Efficacy of resistance and task-specific exercise in older adults who modify tasks of everyday life, *J. Gerontol. A Biol. Sci. Med. Sci.*, **62**: 616-623, 2007.

Rossow, L. M. *et al.*, Arterial stiffness and blood flow adaptations following eight weeks of resistance exercise training in young and older women, *Exp. Gerontol.*, **53**: 48-56, 2014.

Villareal, D. T. *et al.*, Aerobic or resistance exercise, or both, in dieting obese older adults, *N. Engl. J. Med.*, **376**: 1943-1955, 2017.

Wolfe, R. R., The underappreciated role of muscle in health and disease, *Am. J. Clin. Nutr.*, **84**: 475–482, 2006.

コラム　バリアフリーの功罪

　近年、健常者の競技会の最高峰であるオリンピックと同じように、障がい者の競技会：パラリンピックが日本においても多くの人びとに深く認知されるようになってきた。このような健常者と障がい者の競技会だけではなく、一般の障がい者に対しても「障がい者差別解消法」が、日本では先進諸国から遅れること10年、2016年に制定された。筆者は、東京大学バリアフリー支援室前室長として、この制度の導入に関わった。この法律は「合理的配慮」と「過度の負担」という2側面から成り立っており、障がい者の希望をすべて受け入れようとする合理的配慮と、経済的・物理的要因による過度の負担のせめぎ合いともいえる。合理的配慮の中の1つに、身体障がい者に対して建物や屋外の移動の動線を「バリアフリー」にするというものがある。最近では、新築の建物は、そのほとんどすべてがバリアフリー化され、そして既存の建物や道路でもそのように改修が進んでいる。これはとてもよいことだと思っている。

　しかしながら、健常者がバリアフリー化された建物（つまり段差がない状態）で暮らすと、脚筋力やバランス能力など体力面への負の影響が考えられる。日本は都会に人口が集中する傾向にあるが、都会は地面が狭く余裕がないために、建物は上に伸び、高層マンションなどに住むことが多くなる。ある研究では階段上りを繰り返すことによって中高齢者の脚筋力が改善されたという報告がある（Wong *et al.* 2018）。同時に血圧の低下も観察されている。しかし、このような効果は自宅の階段をトレーニング施設だと思って積極的に利用しなければ表れにくい。健康なうちは、駅でも歩道でも階段を積極的に使うべきであり、意図的にそうすることで体力が維持される。このような観点から、高齢者が2階に住み、食事や風呂、トイレなどを1階に設定して、知らず知らずのうちに階段を使う動線を入れたモデルハウス（LIXIL住宅研究所、深代千之監修）も提案されている。

引用文献

LIXIL住宅研究所による「人生100歳時代の未来住宅：五世代」．https://www.lixil-jk.co.jp/5sedai/index.html（2019年9月24日アクセス）

Wong, A. *et al.*, The effects of stair climbing on arterial stiffness, blood pressure and leg strength in postmenopausal women with stage 2 hypertension, *Menopause*, **25**: 731-737, 2018.

コラム　爽快ジョギング

　ギリシャの哲学者ソクラテスは、初学者には午前中椅子に座らせて講義をし、高学者とは午後に散歩道を歩きながら議論した。歩きながらのほうが脳の血液循環がよくなり、頭の中で物事が整理でき、より深い議論ができることを知っていたからである。このソクラテスを中心としたグループは、散歩道の名称からペリパトス学派という。歩きはつまり身体運動である。近年は、現代病である運動不足による生活習慣病やメタボリックシンドロームの予防のために、運動を日常生活に組み入れようとしている。この教養としての運動のもっとも身近な手段は、ウォーキングやジョギングつまり移動運動：ロコモーションである。このロコモーションで、たとえばピッチの異なる2人が並んでジョギングしていると、徐々にピッチが一致してくるという「引き込み現象（entrainment）」がある。この引き込み現象を利用して、たとえば音楽によって運動をリードする、つまり音楽の

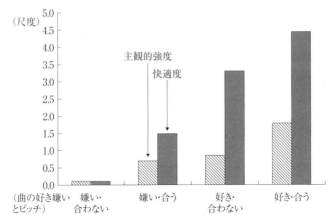

図1　曲の好き嫌いとピッチの関係。大学生男女10人ずつ計20人を対象に、「好きな曲と嫌いな曲、ピッチが合う曲と合わない曲」を聴きながら、同じスピードで10分間走るという実験をおこなった。その結果、嫌いな曲と合わないピッチの曲をベースにすると、好きでピッチが合う曲だと、主観的強度で約10%・快適度で約20%向上することが実証できた。すなわち、同じスピードで走っているので、生理学的強度（エネルギー消費量）と力学的強度（仕事量）が一緒なのに、心理的には10%楽になり、20%快適になるのである（深代・川本　私信）。

テンポに自分のピッチを合わせて運動すると、同じ距離や時間をジョギングして
も、主観的運動強度（Rate of Perceived Exertion；RPE）が10％程度減少する
という研究報告（図1）がある。簡単にいうと、ピッチの合う好きな音楽を聴き
ながら運動するとかなり「楽に」なるのである。ただし、自分のロコモーション
のピッチと音楽のテンポが一致しないと、逆に音楽を聴くことが不快になるとい
うネガティブな要素もあることに注意したい。この音楽による引き込み現象を有
効活用したり、または自然の香りを嗅いだり、綺麗な景色を観たりといった五感
を活性化させると、キツイ運動もそれほど苦にならないといえる。

　世界の中の日本を「四季」という観点から見直すと、日本は季節の移り変わり
が明確にみえ、そして感じられる素敵な国であると思う。筆者が留学したことが
ある北欧のフィンランドは、冬はほとんど陽が昇らず、逆に夏は陽がほとんど沈
まない白夜という極端な四季で、とても印象的であった。その一方、ハワイなど
は典型的な常夏：トロピカルアイランドで、もちろん雪が降るような冬はない。
四季折々の風景を満喫できる日本に住むことに感謝して、まずはウォーキングで
ピクニック、少しからだが慣れてきたらスロージョギングで非日常の郊外に出か
けるのは、実に贅沢なことなのである。

第 3 章

教養として知りたい運動の効果
―― 生活習慣病・運動器疾患・認知能力

3.1 肥満の予防と改善

肥満症の特徴と病因

　肥満症とは、「肥満に起因ないし関連する健康障害を合併するか、その合併が予測される場合で、医学的に減量を必要とする病態をいい、疾患単位として取り扱う」とされている（日本肥満学会 2016）。肥満症はその病因から、内分泌異常や薬剤、遺伝など原因が明白で、2次的に発症する2次性肥満、過食や運動不足など原因の特定が不明な原発性肥満に分類される。一般に肥満症とは原発性肥満を指すことが多い。肥満症の診断基準は、BMI（1.1 節参照）が 25 以上で、(1) 肥満に起因ないし関連し、減量が必要な健康障害（耐糖能障害、脂質異常症、高血圧、高尿酸血症、脂肪肝、整形外科的疾患等）を有する、(2) 健康障害をともないやすい高リスク肥満（腹囲が男性 85 cm、女性 90 cm 以上で、CT 検査による内臓脂肪面積が 100 cm^2 以上の内臓脂肪型肥満）、とされている。また、『肥満症治療ガイドライン 2016』は、BMI が 35 以上を高度肥満とし、睡眠時呼吸障害の発生や皮膚疾患、運動器疾患、心理的・精神的問題がみられることが多いと注意を促している（日本肥満学会 2016）。日本肥満学会は、2018 年に神戸宣言を発表し、高齢者の肥満に対してサルコペニアやフレイル、ロコモティブシンドロームの予防にも留意するよう呼びかけている。

肥満症改善のための目標体重

　図 3.1.1 は、肥満症 3480 人を対象とした特定保健指導 1 年後の体重変化率と検査値変化量との関係について示している（津下他 2012, 日本肥満学会 2016）。この図をみると、3-5%の体重減少によって血圧や血中脂質、血糖、肝機能、尿酸といった主要な検査値の有意な改善効果が認められる。すなわち、肥満症治療の目標体重としては、現体重の 3%減から始めるのがよいと

150　　第 3 章　教養として知りたい運動の効果

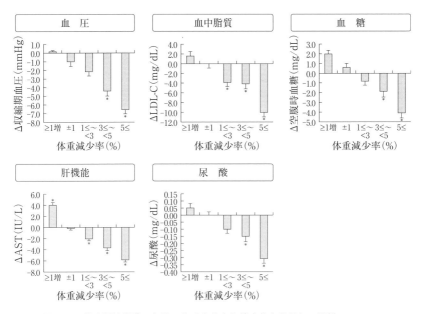

図 3.1.1 特定保健指導 1 年後の体重変化率と検査値変化量との関係。$^*p<0.05$。（津下他 2012）をもとに作成。

考えられる。たとえば体重が 80 kg の場合では、現体重の 3%は 2.4 kg なのでこれを 3 カ月間程度で減量することが理想的である。体重 1 kg の減少は腹囲 1 cm の減少に相当するので、3%の減少は腹囲 2.4 cm に相当する。つまり、「3 カ月で 3 kg、3 cm」の減量を目指すとよい。『肥満症治療ガイドライン 2016』によると、肥満症の場合は体重の 3%、高度肥満症の場合は合併する健康障害に応じて体重の 5-10%を減量目標とし、肥満症治療食は 25 kcal/kg×標準体重／日に設定するとともに、運動療法を併用することを勧めている。また、3-6 カ月を目安に減量効果を再確認することが望ましい。

高齢者が減量する前に注意すること

肥満症の運動療法では、エネルギーの出納バランスをマイナスにすることが基本とされている。つまり、身体活動量を増やすか食べる量を減らすか、あるいはその両方によって基礎代謝量を含めて 1 日のうち必ず消費するエネ

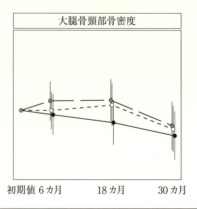

図 3.1.2 減量教室と大腿骨頸部骨密度の変化 (Beavers *et al.* 2018)。

ルギー量よりも摂取するエネルギー量を少なくするということになる。しかし高齢者の場合は、減量することによってむしろ健康状態を悪化させてしまう可能性も考えられるため、安易な減量には注意が必要である。とくに、高齢者の場合は「筋量が保たれているか」、あるいは「骨密度は正常か」の2点の確認が必要となる。減量は体脂肪を減らすことが目的であるが、食事のみによる減量は栄養状態を悪化させるだけではなく、筋量も減少させる。

　また、骨密度が低い場合も注意が必要である。肥満およびメタボリックシンドロームに該当する187人の高齢男女を対象に、18カ月の減量教室および減量＋有酸素性運動教室、減量＋レジスタンス運動教室の参加中と終了1年後の骨密度の変化を調査した研究では、いずれの運動教室とも大腿骨頸部の骨密度は低下したと報告されている（Beavers *et al.* 2018）（図 3.1.2）。しかし、その低下の程度は、有酸素性運動やレジスタンス運動をおこなったグループのほうが少なかったとしている。したがって、骨密度が低いといわれている人が減量する場合は、必ず主治医に相談し減量の必要性の有無を確認する必要がある。

肥満と低身体活動量の合併は歩行障害を招く

　WesterterpとPlasqui（2009）は、平均年齢27歳の男女を10年間追跡調

査し、身体活動量と肥満の関係について検討した（Westerterp and Plasqui 2009）。その結果、10年間の身体活動量の変化と体脂肪の増加は逆相関したと報告している（図3.1.3）。とくに、身体活動量が減少した者は体脂肪量の増加が大きく、長期間身体活動量が変化しなかった者は、その後も体脂肪量が維持されていた。このことは、長期的にみた体脂肪量の増減は身体活動量の変化と密接な関係にあり、身体活動の習慣をやめてしまうことが肥満を引き起こす重要な要因となると考えられる。

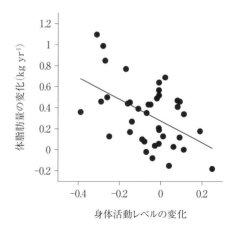

図3.1.3 平均年齢27歳の男女の身体活動量と肥満の関係。10年間の追跡調査（Westerterp and Plasqui 2009）。

　また、低身体活動量の人が肥満を合併すると身体障害の発生率が増加することが報告されている。DiPietroらは、平均年齢60歳で10万人以上の対象者を10年間追跡し、身体障害発症率と肥満の関係について検討した（DiPietro et al. 2018）。その結果、10年間で男性は21%、女性は37%が歩行障害などの身体的障害が発生した。また、低身体活動量にあてはまる人で太り気味（BMIが25-30未満）の人の身体障害発症率は、標準体重で高身体活動量の人よりも2-3倍高く、低身体活動量にあてはまる人で高度肥満（BMIが30以上）の人では4-5倍高かったと報告している（図3.1.4）。この研究では低身体活動量は、中等度以上の身体活動を1週間に3時間以下と定義した。中等度の身体活動とは3-6メッツ（メッツについては、3.4節参照）の活動量であり、軽いウォーキングから速歩程度の強度を示す。したがって、1週間に3時間以下しか身体活動をおこなっていない肥満の高齢者の場合は、まず身体活動量を高めることから始めることが勧められる。

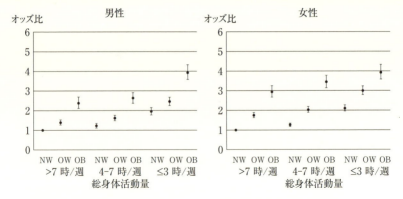

図 3.1.4　平均年齢 60 歳、10 万人以上の身体障害発症率と肥満の関係。10 年間の追跡調査。NW：BMI 値が 18-25 未満、OW：BMI 値が 25-30 未満、OB：BMI 値が 30 以上 (Straight *et al.* 2018)。

身体活動量の乱高下は糖代謝異常を招く

　低身体活動量は糖尿病発症リスクを高めることが知られているが、青年期から成人期の長期間にわたって身体活動量と糖代謝の変化を調査した研究では、断続的に身体活動量が減少することや身体活動量の大きな変動が糖代謝異常に関連することが報告されている (Kallio *et al.* 2018)。図 3.1.5 は、青年期から成人期の長期間の身体活動量と糖代謝の変化を示しており、健常者では長期間にわたって身体活動量があまり変化することはなかったが、糖代謝異常者では、青年期から成人期にわたって身体活動量の増減を繰り返し、結果的に身体活動量の低下が認められた。活動的な仕事から急にデスクワークへの転換など仕事上の事情で避けられないケースも考えられるため、仕事と余暇を総合的にみた高い身体活動量の維持が望まれる。

高齢者の減量と運動の種類・頻度

　Beavers らによると、249 人の高齢者を減量のみ、減量＋有酸素性運動、減量＋レジスタンス運動の 3 グループに分け、18 カ月間の体組成の変化について検討した (Beavers *et al.* 2017)。その結果、減量のみのグループよりも減量＋有酸素性運動、減量＋レジスタンス運動のグループのほうがより多く

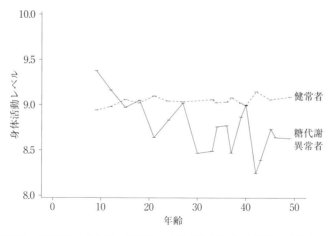

図 3.1.5 青年期から成人期の長期間における身体活動量と糖代謝の変化（Kallio *et al.* 2018）。

の体脂肪量の減少に成功したと報告している（図 3.1.6）。しかし、どのグループとも、除脂肪量の減少を食い止めることはできなかった。筋量の維持に重点をおくのであれば、有酸素性運動よりもレジスタンス運動をおこなうほうが、筋量の低下は少ないと考えられる。また、高齢の肥満女性 57 人を対象にレジスタンス運動の頻度と減量効果について検討した報告では、全身の体脂肪量は、コントロール群では 2.1％増加したが、週 2 回のレジスタンス運動群では 1.7％の減少、週 3 回のレジスタンス運動群では 2.7％の減少が認められたと報告されている。この場合のレジスタンス運動は、専門知識を有する指導員の立ち合いのもとに 12 週間、1 回の総運動時間は 30 分で、ウエイトマシーンを使用して、全身 8 種目を 15 反復回数が限界の重さ（15RM）で 10-15 回実施するというものであった。高齢者を対象としたレジスタンス運動は、心血管系や関節への負担から高強度での運動は一般的に困難である場合も多いので、基礎疾患を有する高齢者がレジスタンス運動を実施する場合には、低強度の負荷から徐々に慣れていく必要がある。また、高強度のレジスタンス運動を実施する場合には、心血管系や筋肉・腱・関節に大きな負担がかかる可能性があり、運動指導の専門家や主治医と相談の上、実施することが望ましい。

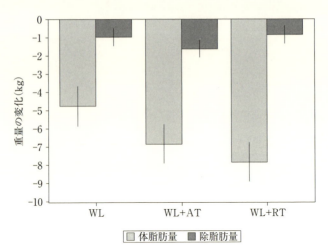

図 3.1.6　249人の高齢者を減量のみ（WL）、減量＋有酸素性運動（WL＋AT）、減量＋レジスタンス運動（WL＋RT）の3グループに分けたときの、18カ月間の体組成の変化（Beavers et al. 2017）。

引用文献

Beavers, K. M. et al., Effect of exercise type during intentional weight loss on body composition in older adults with obesity, *Obesity* (Silver Spring), **25**: 1823-1829, 2017.

Beavers, K. M. et al., Effect of exercise modality during weight loss on bone health in older adults with obesity and cardiovascular disease or metabolic syndrome: a randomized controlled trial, *J. Bone Miner Res.*, **33**: 2140-2149, 2018.

DiPietro, L. et al., The joint associations of weight status and physical activity with mobility disability: The NIH-AARP diet and health study, *Int. J. Obes.* (Lond), **43**: 1830-1838, 2019.

Kallio, P. et al., Physical inactivity from youth to adulthood and risk of impaired glucose metabolism, *Med. Sci. Sports Exerc.*, **50**: 1192-1198, 2018.

日本肥満学会『肥満症診断ガイドライン2016』、ライフサイエンス出版株式会社、2016.

Straight, C.R. et al., Reduced body weight or increased muscle quality: Which is more important for improving physical function following exercise and weight loss in overweight and obese older women?, *Exp. Gerontol.*, **108**: 159-165, 2018.

津下一代他、生活習慣病予防活動・疾病管理による健康指標に及ぼす効果と医療費適正化効果に関する研究、厚生労働科学研究費補助金 疾病・障害対策研究分野 循環器疾患・糖尿病等生活習慣病対策総合研究、2012.

Westerterp, K. R. and Plasqui, G., Physically active lifestyle does not decrease the risk of fattening, *PLoS One*, **4**: e4745, 2009.

3.2 痩身の問題と課題

痩身の問題点

　痩身とはからだがやせ細っていることを示す言葉である。健康との関連性でいえば過去には肥満ほど重要視されてこなかったこともあるが、日本における若年女性の痩身願望による低 BMI や高齢者の筋機能低下など、現代では大きな社会問題として取り上げられるようになった。

　図 3.2.1 は、40 歳以上の日本人男女 18 万人を対象に BMI と総死亡リスクとの関係について年代別にみたものである（Hozawa *et al.* 2018）。年代は 40-64 歳、65-74 歳、75 歳以上の 3 群に分類されている。この図からどの年代の群においても、総死亡リスクと関連するのは BMI の値が 21 以下と 30 以上であり、痩身な人と高度な肥満の人のリスクが高いことがわかる。とくに高齢になるほど、痩身の総死亡リスクが高くなる傾向が認められる。男女混合のデータではあるが、男女別にみても同様の傾向を示すことがわかっている。

　また、30 歳以上の日本人女性看護師 17000 人を対象に、18 歳時の BMI とその後の糖尿病発症リスクとの関係を調査した研究では、18 歳時の BMI が低かった群で現在の BMI が大きい群、つまり若年期から中高齢期にかけて急に太った人は、18 歳時も現在も標準体重の群と比較すると、糖尿病の発症率が 8 倍高かったと報告されている（Katanoda 2018）（図 3.2.2）。これは 18 歳時ですでに BMI が高かった群の 5 倍よりもさらに高く、若年女性の低 BMI から肥満への変化は、糖尿病発症に対して大きなリスクをともなうと考えられる。

　また、19-25 歳の日本人女子大学生 254 人を対象とした研究では、腰椎骨密度の最大の決定要因は BMI であり、低 BMI は腰椎骨密度の低値と関連していると報告されている（Miyabara 2007）。骨密度は加齢によって減少するが、とくに女性では閉経の影響と加齢の影響の両方が関連するため、若年時

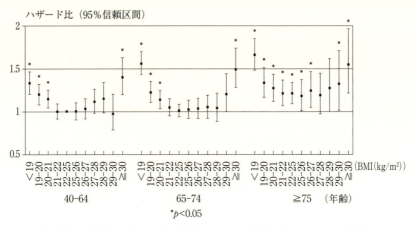

図 3.2.1 年代別にみた BMI と総死亡リスクとの関係（Hozawa *et al.* 2018）。

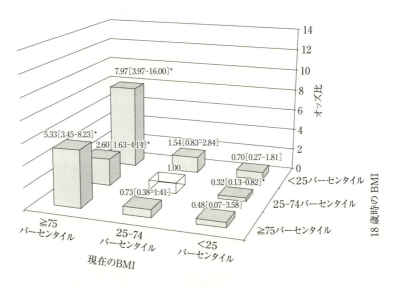

図 3.2.2 18 歳時の BMI とその後の糖尿病発症リスクとの関係（Katanoda 2018）。

の低 BMI は高齢になったときにさらに骨粗しょう症のリスクが深刻化する恐れがある。

痩身はサルコペニアになりやすい

　加齢にともなう筋量および筋力の低下はサルコペニアと定義され、日本人におけるその有病率は 60 歳以上の男性で 8.5%、女性で 8.0% にのぼり、加齢によってさらに増加する（Yoshimura *et al.* 2017）。サルコペニアは、身体的な障害や（Baumgartner *et al.* 1998）、転倒・骨折の危険性の増大（Walsh *et al.* 2006）、糖尿病の発症（Karakelides *et al.* 2005）、メタボリックシンドロームリスク因子への影響（Sanada *et al.* 2010）および総死亡リスクの増大（Sanada *et al.* 2018）などとの関連が認められていて、高齢者の介護予防の観点だけでなく、生活習慣病の予防や健康寿命の延伸の観点からも非常に重要である。Roubenoff と Hughes（2000）の総説によれば、サルコペニアの成因として筋たんぱく質合成の減少と筋たんぱく質分解の増加、つまり筋肉をつくる側の機能低下と壊す側の亢進の両者あるいは一方が関係する（Roubenoff and Hughes 2000）。筋たんぱく質合成刺激の減少としては、身体活動量の低下、加齢にともなう性ホルモン、成長ホルモンの減少、食事からのたんぱく質摂取量の減少などが、また筋たんぱく質分解刺激の増加としては、無症状性の炎症や内臓脂肪の増加、すなわちメタボリックシンドロームがあげられる。とくに内臓脂肪の蓄積や身体不活動の増加に触発されるインスリン抵抗性は、サルコペニアの進行に関連すると考えられている。

痩身の判別とその対策

　痩身を判別するためには、自身の身長と体重から体格指数（BMI）を求めるとよい。この BMI が 18.5 未満の場合が「痩身」の目安となる。
　痩身の原因は、遺伝的因子と環境因子の両方が考えられるが、対策が可能となるのは環境因子である。痩身に関わる環境因子としては、主に栄養失調と運動不足があげられる。表 3.2.1 は、世界の臨床栄養学会が率いる栄養失調基準（the Global Leadership Initiative on Malnutrition：GLIM）を示している（Cederholm *et al.* 2019）。GLIM では、表現型基準および病因基準をそれぞれ 1 つ以上保有する場合を栄養失調と判別している。表現型基準は、体重減少、低 BMI および筋量減少の 3 項目からなり、病因基準は食事摂取量また

3.2　痩身の問題と課題　　159

表 3.2.1　世界の臨床栄養学会が率いる栄養失調基準（GLIM）の判定。

表現型基準			病因基準	
体重減少	低 BMI	筋量減少	食事摂取量または 消化吸収の減少	炎症
・過去 6 カ月 以内で 5％を 超える ・過去 6 カ月 より以前から 10％を超える	・70 歳未満の場合 18.5 未満 ・70 歳以上の場合 20 未満 　（アジア人種の場合） ・70 歳未満の場合 20 未満 ・70 歳以上の場合 22 未満 　（それ以外の人種の場合）	妥当な体 組成測定 基準	・エネルギー必要量の 50％以下が 1 週間以上 継続 ・その他の栄養素の必 要量の減少が 2 週間以 上継続 ・食物の消化吸収に悪 影響を与える慢性的な 下痢	急性疾患 とけが、 慢性疾患 に関連す る炎症

栄養失調基準：表現型基準および病因基準をそれぞれ 1 つ以上保有する場合

は消化吸収の減少および炎症が含まれる。なお GLIM では、筋量減少の判別法としてサルコペニア診療基準が紹介されている。日本サルコペニア診療ガイドラインでは、アジア作業チーム（Asian Working Group for Sarcopenia：AWGS）による診断基準に従って判定することが推奨されており（Chen *et al.* 2014）、歩行速度、握力、筋量によって判別されている（図 3.2.3）。また運動不足による影響としては、健康な高齢者の場合では身体活動量の減少が問題となる。厚生労働省は、「健康づくりのための身体活動基準 2013」で定められた基準を達成するための実践の手立てとして、国民向けの身体活動ガイドラインである「アクティブガイド」を発表している。「アクティブガイド」では、今より 10 分多くからだを動かすだけで、健康寿命をのばすことができると宣言されており、高齢者には運動強度にこだわらず、1 日合計 40 分の身体活動を勧めている。10 分の身体活動は、およそ 1000 歩に相当する。

　高齢者が痩身対策のために運動をおこなう場合は、疾病に関連する場合も考えられるため、主治医とあらかじめ運動の可否や内容（強度や頻度、時間、種類）などについて相談するとともに、専門の知識を有する指導者の立ち合いのもとでおこなうことが望ましい。

160　　第 3 章　教養として知りたい運動の効果

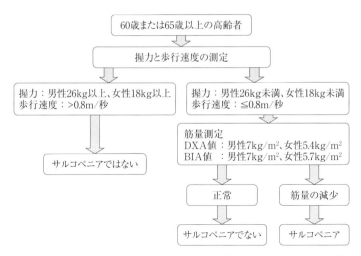

図 3.2.3 AWGS によるサルコペニアの診断基準（Chen *et al.* 2014）。DXA 値：二重エネルギー X 線吸収測定法による値、BIA 値：生体電気インピーダンス分析による値。

引用文献

Baumgartner, R. N. *et al.*, Epidemiology of sarcopenia among the elderly in New Mexico, *Am. J. Epidemiol.*, **147**: 755-63, 1998.

Cederholm, T. *et al.*, GLIM criteria for the diagnosis of malnutrition - A consensus report from the global clinical nutrition community, *Clin. Nutr.*, **38**: 1-9, 2019.

Chen, L. K. *et al.*, Sarcopenia in Asia: consensus report of the Asian Working Group for Sarcopenia, *J. Am. Med. Dir. Assoc.*, **15**: 95-101, 2014.

Hozawa, A. *et al.*, Association between body mass index and all-cause death in Japanese population: pooled individual participant data analysis of 13 cohort studies, *J. Epidemiol.*, 2018.

Karakelides, H. and Nair, K. S., Sarcopenia of aging and its metabolic impact, *Curr. Top. Dev. Biol.*, **68**: 123-148, 2005.

Katanoda, K., Being underweight in adolescence is independently associated with adult-onset diabetes among women: The Japan Nurses' Health Study, *J. Diabetes Investig.*, **10**: 827-836, 2019.

Miyabara, Y., Effect of physical activity and nutrition on bone mineral density in young Japanese women, *J. Bone Miner Metab.*, **25**: 414-418, 2007.

Roubenoff, R. and Hughes, V. A., Sarcopenia: current concepts, *J. Gerontol. A Biol. Sci. Med. Sci.*, **55**: M716-24, 2000.

Sanada, K., *et al.*, Association of sarcopenic obesity predicted by anthropometric measurements and 24-y all-cause mortality in elderly men: The Kuakini Honolulu Heart Program, *Nutrition*, **46**: 97-102, 2018.

Sanada, K., *et al.*, A cross-sectional study of sarcopenia in Japanese men and women: reference values and association with cardiovascular risk factors, *Eur. J. Appl. Physiol.*, **110**: 57-65, 2010.

Walsh, M. C., Hunter, G. R. and Livingstone, M. B., Sarcopenia in premenopausal and postmenopausal women with osteopenia, osteoporosis and normal bone mineral density, *Osteoporos. Int.*, **17**: 61-67, 2006.

Yoshimura, N., *et al.*, Is osteoporosis a predictor for future sarcopenia or vice versa? Four-year observations between the second and third ROAD study surveys, *Osteoporos. Int.*, **28**: 189-199, 2017.

3.3	血圧コントロール

高血圧とは

日本高血圧学会の『高血圧治療ガイドライン 2019』（日本高血圧学会 2019）
は、以下のように高血圧を分類している（以下すべて診察室血圧の数値で分類）。

高血圧症：収縮期血圧 140 mmHg 以上かつ／または拡張期血圧 90 mmHg
以上

高血圧症 I 度（軽症）：収縮期血圧 140-159 mmHg かつ／または拡張期血
圧 90-99 mmHg

高血圧症 II 度（中等症）：収縮期血圧 160-179 mmHg かつ／または拡張期
血圧 100-109 mmHg

高血圧症 III 度（重症）：収縮期血圧 180 mmHg 以上かつ／または拡張期血
圧 110 mmHg 以上

正常高値血圧：収縮期血圧 120-129 mmHg かつ／または拡張期血圧が
80 mmHg 未満

高値血圧：収縮期血圧が 130-139 mmHg かつ／または拡張期血圧が 80-
89 mmHg

なお、正常血圧は、収縮期血圧が 120 mmHg 未満かつ拡張期血圧が
80 mmHg 未満である。

上記以外にも、病院の診察室で測定した血圧が高血圧であっても、診察室
外で測定した血圧が正常血圧を示す「白衣高血圧」がある。また、病院の診
察室で測定した血圧が正常血圧であっても、診察室以外で測定した血圧が高
血圧を示す「仮面高血圧」もある。また、測定値の観点から早朝高血圧タイ
プ（早朝血圧：収縮期血圧 135 mmHg 以上／拡張期血圧 85 mmHg 以上）、昼間
高血圧タイプ（昼間血圧：収縮期血圧 135 mmHg 以上／拡張期血圧 85 mmHg
以上）、夜間高血圧タイプ（夜間血圧：収縮期血圧 120 mmHg 以上／拡張期血

圧 70 mmHg 以上）という分類もある。

高血圧症の罹患率

「平成 29 年国民健康・栄養調査」（厚生労働省 2018）によると、収縮期血圧 140 mmHg 以上の割合は、男性で 37.0％、女性で 27.8％であり、約 4086 万人が該当することが示されている。さらに、収縮期血圧 140 mmHg 以上または拡張期血圧 90 mmHg 以上の高血圧症有疾患者（血圧を下げる薬の使用者を含める場合）の割合は、60-69 歳男性で 50.5％、女性で 39.9％、70 歳以上の男性で 53.6％、女性で 47.6％と報告されており、高齢男性の 2 人に 1 人、高齢女性では 5 人のうち 2 人以上が高血圧であるといえる。このように、高血圧症は現在日本においてもっとも頻度の高い疾患の 1 つといえ、高血圧症の改善は、心血管・脳血管疾患の予防や、健康寿命の延伸のために今後も重要であると考えられる。また、日本の国民医療費は年々増大し、40 兆円以上となり、このうち、高血圧性疾患の医療費は約 1.9 兆円であることも報告されている。高血圧症の改善や予防に習慣的な運動や身体活動が有用であることは間違いなく、治療や予防に必要な運動などに関するガイドラインが確立されてきた。

高血圧症と心血管疾患リスク

高血圧症による心血管疾患リスクの増大は、国内外の大規模なコホート研究においても指摘されてきた。フラミンガム（Framingham）研究[1]における疫学調査 6859 人を 10 年間追跡した疫学調査から、Vasan ら（2001）は、血圧上昇にともない男女ともに心血管疾患リスクが増大すること、とくに 65-90 歳の高齢者では、心血管疾患の発生率（10 年間の累積）が男性 25％、女性 18％であると報告した。国内では、国民健康・栄養調査、あるいは福岡県久山町、岩手県大迫町、大阪府吹田の疫学調査から、日本人の血圧は、1965 年代中盤頃もっとも高かったがそれ以降漸減したことがわかっている。またこ

---

1) 循環器疾患の増加を抑制するための対策を検討するため、半世紀前に開始されたもの。地域住民を対象として循環器疾患に先行する因子とその自然歴の調査から開始するもので、現在も継続中の大規模な疫学的研究である。

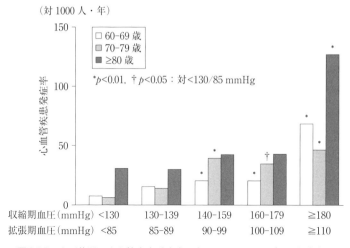

図 3.3.1 血圧値別の心血管疾患発症率。(Arima *et al.* 2003) より改変。

れとともに、脳卒中による死亡率が減少したことから、血圧水準の低下が寄与したものと考えられている。

また、福岡県久山町におけるコホート研究では、60歳以上の高齢者580人を32年間追跡調査した結果、収縮期血圧が120 mmHg未満、拡張期血圧が80 mmHg未満の者では心血管疾患による累積死亡率がもっとも低く、収縮期血圧が140 mmHg以上、拡張期血圧が90 mmHg以上の者では、心血管疾患発症リスクが増大することが報告されている（Arima *et al.* 2003）（図3.3.1）。さらに、20年間の前向き調査により、60歳以上の高齢者は正常血圧よりも高血圧である場合、脳卒中による死亡リスクが2.3倍、心疾患による死亡リスクは2.3倍増加するという報告もある（Ueda *et al.* 1988）。

また、北海道端野町・壮瞥町における18年間の疫学調査において、収縮期血圧が140 mmHg以上あるいは拡張期血圧が90 mmHg以上であることは心血管病による死亡および総死亡のリスクとなることが報告されている（島本 1999）。

さらに、第3次循環器疾患基礎調査であるNIPPON DATA 80における24年間の追跡調査の結果から、収縮期血圧が140 mmHg以上、拡張期血圧が90 mmHg以上の場合、循環器病死亡の相対危険度は男性で1.37倍、女性で

1.18 倍、心臓病死亡の相対危険度は男性で 1.29 倍、女性で 1.12 倍、脳卒中死亡による相対危険度が男性で 1.45 倍、女性で 1.27 倍増大することが認められている（Takashima *et al.* 2012）。

血圧の測定方法

　高血圧かどうかを判定するためには、正しい血圧測定が必要である。血圧の測定方法として、「水銀血圧計」あるいは「アネロイド血圧計」により、カフに空気を入れて上腕動脈圧迫後の解放時に聴こえる血液が流れ始める脈の音を聴診器を用いてとらえ、聴こえ始めたときの血圧を「収縮期血圧」、聴こえなくなったときの血圧を「拡張期血圧」とする方法と、「自動血圧計」により、カフに空気を入れて上腕動脈圧迫後の解放時に血液が流れ始めるときの脈の振動（脈波）を圧力センサーで感知して、大きな振動が始まったときの血圧を「収縮期血圧」、急激に小さくなったときの血圧を「拡張期血圧」とする方法がある。「水銀血圧計」および「アネロイド血圧計」による測定は正確に血圧を評価できる反面、聴診器を用いるなど測定スキルが求められる。一方、「自動血圧計」は測定スキルが不要で比較的容易に実施でき、かつ、聴診器を用いた方法と同程度の精度を有している。

　診療や健康診断では、「水銀血圧計」あるいは「アネロイド血圧計」を用いて血圧を測定するが、近年では、病院の待合室などに設置された「自動血圧計（自動巻き付け式血圧計）」により各自で測定できることも多くなっている。「自動血圧計（自動巻き付け式血圧計）」で正確に測定する場合、①カフが肘の関節にかからないこと、②カフを巻いた腕の位置が心臓の高さと一致すること、といった注意が必要である。

　診察以外での血圧測定として、家庭血圧測定と自由行動下血圧測定があり、これらの測定は高血圧症を評価する上でも重要である（Hozawa *et al.* 2000）。

　家庭血圧測定は、「自動血圧計」を用い、1 度の測定機会につき、原則 2 回の計測を実施し、その平均値を血圧値とすることが推奨されている。家庭用の「自動血圧計」は各自で自身の上腕にカフを巻き、測定するタイプのものが多く市販されている（図 3.3.2）。測定上の注意点として、日本高血圧学会の『高血圧治療ガイドライン 2019』（日本高血圧学会 2019）は次の項目をあ

166　　第 3 章　教養として知りたい運動の効果

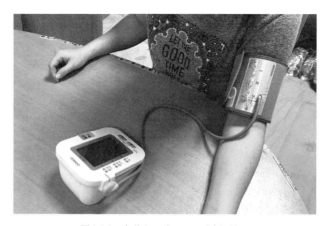

図 3.3.2 自動血圧計による測定風景。

げている。

(1) 測定する環境
   ① 室温は暑すぎず寒すぎない適温で静かな場所で測定すること。
   ② 背もたれが付いた椅子で脚を組まずに1-2分間の安静状態を保ってから測定すること。
   ③ 測定前に喫煙、飲酒、カフェインの摂取はおこなわず、測定時には会話はせずに測定すること。
   ④ カフは心臓の高さの位置で上腕に巻いて測定すること。

(2) 測定する時間、回数、期間
   ① 朝（起床後1時間以内で排尿後、服薬前、朝食前、座位で1-2分間安静にした後であること）および晩（就寝前、座位で1-2分間安静後であること）の2回測定すること。
   ② 1度の測定に2回の計測をすること（2回の平均値を用いる）。
   ③ 7日間（少なくとも5日間）測定をおこない、その平均値で評価すること。

自由行動下血圧測定は、「自動血圧計」により15-30分間隔で24時間日常

3.3 血圧コントロール　167

生活の中で計測するものであり、これにより朝、昼、夜間といったさまざまな状況下での血圧情報が得られる。

高血圧を予防・改善するために必要な運動・身体活動量

日本高血圧学会の『高血圧治療ガイドライン 2019』（日本高血圧学会高血圧治療ガイドライン作成委員会 2019）では、降圧治療として、生活習慣の修正、降圧薬治療があげられている。生活習慣の修正は、(1) 食塩摂取量の制限、(2) 野菜や果物の摂取の促進、(3) 飽和脂肪酸や総脂肪摂取量の制限、(4) 体重減少（肥満の場合）、(5) 運動・身体活動量の増加、(6) アルコール摂取量の制限、(7) 禁煙などである（表 3.3.1）。このような生活習慣の修正は複合的な取り組みによってより大きな効果が得られる可能性が考えられている。食塩摂取量を 4 週間以上、1 日 6 g にした場合、高血圧患者では収縮期血圧が約 7 mmHg、拡張期血圧が約 3.9 mmHg 低下、正常血圧者でも収縮期血圧が約 3.8 mmHg、拡張期血圧が約 1.7 mmHg 低下したことが報告されている（He et al. 2002）。30 日間の食事の改善（野菜・果物および低脂肪乳製品が豊富な食事）では、収縮期血圧が 2.2-5.9 mmHg 低下、拡張期血圧が 1.0-2.9 mmHg 低下したことが報告されている（Sacks et al. 2001）。体重減少（平均 4.0 kg 体重減少した場合）では、収縮期血圧が 4.5 mmHg 低下、拡張期血圧が 3.2 mmHg 低下したことが報告されている（Siebenhofer et al. 2011）。運動では、4 週間以上習慣的な有酸素性運動をすることで収縮期血圧が 3.5 mmHg 低下、拡張期血圧が 2.5 mmHg 低下し、高血圧患者においても収縮期血圧が 8.3 mmHg 低下、拡張期血圧が 5.2 mmHg 低下する効果があると考えられている（Cornelissen et al. 2013）。また、1 日の歩数を増やすことで、収縮期血圧が 3.1 mmHg 低下、拡張期血圧が 1.6 mmHg 低下することが報告されている（Igarashi et al. 2018）。

運動療法において一般的に推奨される運動種目、時間、強度、頻度は以下の通りである（日本高血圧学会高血圧治療ガイドライン作成委員会 2019）。

運動種目：ウォーキング（速歩）、軽いジョギング、ステップ運動、その他レクリエーションスポーツなどの有酸素性運動。

運動時間・頻度：定期的に（できれば毎日）、30 分以上の運動実施を目標

168　　第 3 章　教養として知りたい運動の効果

表 3.3.1 高血圧予防・改善のための生活習慣の修正項目。(日本高血圧学会高血圧治療ガイドライン 2019) より作成。

1. 食塩摂取量の制限	6 g/日未満
2. 野菜や果物の摂取の促進	野菜・果物の積極的摂取
3. 飽和脂肪酸や総脂肪摂取量の制限	多価不飽和脂肪酸、低脂肪乳製品の積極的摂取、コレステロールや飽和脂肪酸の摂取を控える
4. 体重減少(肥満の場合)	BMI(体重(kg)÷[身長(m)×身長(m)])が 25 未満
5. 運動・身体活動量の増加	軽強度の有酸素性運動(動的および静的筋肉負荷運動)を毎日 30 分、または 180 分/週以上おこなう
6. アルコール摂取量の制限	エタノールで男性は 20-30 mL/日以下、女性は 10-20 mL/以下
7. 禁煙	

とする。また、1 回 10 分以上の運動であれば合計して 1 日 40 分以上としてもよい。

運動強度:低・中強度の運動では収縮期血圧の上昇はわずかであるのに対して、高強度の運動では血圧上昇が著明であるため、中等度「ややきつい」と感じる程度の運動強度(最大酸素摂取量(1.1 節参照)の 40-60% 程度)とする。また、上記のような運動を急に実施するとからだにかかる負担が大きいため、掃除、洗車、子供と遊ぶ、自転車で買い物に行くなど生活活動のなかで身体活動量を増やすことからはじめてもよい。

高齢者の高血圧に対する運動効果のこれまでの研究報告では、降圧薬を服用している平均 75.4 歳の高齢者が低強度のランニング運動を 1 回 30 分、週 6 回、3 カ月間実施した結果、収縮期血圧が平均 15 mmHg 低下、拡張期血圧が平均 9 mmHg 低下したことが報告されている(Motoyama *et al.* 1998)(図 3.3.3)。一方、健常な中高齢者を対象に中等度の自転車運動を 1 回 45 分、週 3 日、2 カ月間実施した結果、収縮期血圧が平均 12 mmHg 低下、拡張期血圧が平均 5 mmHg 低下したことが報告されている(Hasegawa *et al.* 2016)。さらに、7 つの研究報告のメタ解析(1.4 節参照)によって、高齢者の運動(平均 27 週間、週 3 日、1 回 38 分間の中等度の有酸素性運動)による降圧効果は、収縮期血圧で 2 mmHg、拡張期血圧で 1 mmHg であったことが示されている(Kelley *et al.* 2001)。また、50-69 歳の中高齢女性が 5 kcal/kg/ 時間以上(約

3.3 血圧コントロール　169

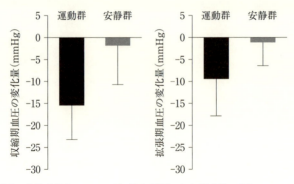

図 3.3.3 有酸素性トレーニング（3 カ月間）と血圧変動。(Motoyama *et al.* 1998) より改変。

5 メッツ：およそ速歩に相当する）の強度で月 2-12 回、週 0.5-2 時間の身体活動を実施して収縮期血圧が低下したという結果（Mensink *et al.* 1999）も示されている。

　さらに運動療法において、1 週間あたりの総運動時間あるいは総消費カロリーで設定することが適当であるといわれている。たとえば、1 回の運動時間を長く設定し、1 週間の運動回数を減らすか、運動強度を低く設定し、1 週間の運動回数を増やすなど、個人に合わせて内容を変更することができる。ただし、運動を実施する上での注意点としては、準備・整理運動を十分におこなうこと、メディカルチェックを受け、虚血性心疾患・心不全などの心血管合併症がないことを確認し、運動療法の可否を確認した後に、個人の基礎体力、年齢、体重、健康状態などを踏まえて運動量を設定する必要がある。また、高血圧症の改善には運動療法だけでなく、食塩摂取量やアルコール摂取量の制限、禁煙などと併用するとより効果的であることが報告されている。

体力と高血圧症

　身体活動の実践によって体力レベルが変化するが、体力レベルの高低による血圧への影響を疫学的に検討した研究もなされている。国内では、Sawada ら（1993）が、男性 3305 人の最大酸素摂取量（有酸素性能力：全身体力の指標）を測定し、5 年間血圧をモニターした結果、体力別に 5 分位に分けると、

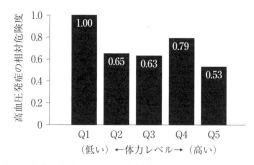

図 3.3.4　有酸素性能力と高血圧の発症危険度。(Sawada *et al.* 1993) より改変。

体力がもっともない人は、もっともある人と比較すると、約1.9倍高血圧症になりやすいことが示された（図3.3.4）。したがって、体力レベルも高血圧の発症予防の目安になると考えられる。

まとめ

　高血圧症は指定患者数が約4000万人と国内においてもっとも頻度の高い疾患の1つであり、脳卒中、心筋梗塞、動脈硬化などの心血管疾患リスクを増大させる。とくに高齢者において高血圧症の罹患率は高く、男性の2人のうち1人、女性では5人のうち2人が高血圧である。近年、高血圧症の改善・予防に必要な身体活動量についてのエビデンスが蓄積されてきており、高血圧症の改善・予防には、ウォーキングや軽いジョギングなどの有酸素性運動を「ややきつい」と感じる程度で定期的に（できれば毎日）、合計して1日30分以上を目標とし、継続して実施することが勧められる。

引用文献

Arima, H. *et al.*, Validity of the JNC VI recommendations for the management of hypertension in a general population of Japanese elderly: the Hisayama study, *Arch. Intern. Med.*, **163**: 361-366, 2003.

Cornelissen, V. A. *et al.*, Exercise training for blood pressure: a systematic review and meta-analysis, *J. Am. Heart Assoc.*, **2**: e004473, 2013.

Hasegawa, N. *et al.*, Effects of habitual aerobic exercise on the relationship between intramyocellular or extramyocellular lipid content and arterial stiffness, *J. Hum. Hypertens.*, **30**: 606-612, 2016.

He, F. J. *et al.*, Effect of modest salt reduction on blood pressure: a meta-analysis of randomized trials. Implications for public health, *J. Hum. Hypertens.*, **16**: 761-770, 2002.

Hozawa, A. *et al.*, Prognosis of isolated systolic and isolated diastolic hypertension as assessed by self-measurement of blood pressure at home: the Ohasama study, *Arch. Intern. Med.*, **160**: 3301-3306, 2000.

Igarashi, Y. *et al.*, The required step count for a reduction in blood pressure: a systematic review and meta-analysis, *J. Hum. Hypertens.*, **32**: 814-824, 2018.

Kelley, G. A. *et al.*, Aerobic exercise and resting blood pressure in older adults: a meta-analytic review of randomized controlled trials, *J. Gerontol. A. Biol. Sci. Med. Sci.*, **56**: M298-M303, 2001.

厚生労働省, 平成 29 年国民健康・栄養調査報告, 2018.

Mensink, G. B. *et al.*, Benefits of leisure-time physical activity on the cardiovascular risk profile at older age, *Int. J. Epidemiol.*, **28**: 659-666, 1999.

Motoyama, M. *et al.*, Blood pressure lowering effect of low intensity aerobic training in elderly hypertensive patients, *Med. Sci. Sports Exerc.*, **30**: 818-823, 1998.

日本高血圧学会高血圧治療ガイドライン作成委員会編『高血圧治療ガイドライン 2019』, 2019.

Sacks, F. M. *et al.*, Effects on blood pressure of reduced dietary sodium and the Dietary Approaches to Stop Hypertension (DASH) diet. DASH-Sodium Collaborative Research Group, *N. Engl. J. Med.*, **344**: 3-10, 2001.

Sawada, S. *et al.*, Five year prospective study on blood pressure and maximal oxygen uptake, *Clin. Exp. Pharmacol. Physiol.*, **20**: 483-487, 1993.

島本和明, 高血圧管理・治療の新しい動向 (JNC-VI と我が国の現状), 『日内会誌』**88**: 401-405, 1999.

Siebenhofer, A. *et al.*, Long-term effects of weight-reducing diets in hypertensive patients, *Cochrane Database Syst. Rev.*, **7**: CD008274, 2011.

Takashima, N. *et al.*, Long-term risk of BP values above normal for cardiovascular mortality: a 24-year observation of Japanese aged 30 to 92 years, *J. Hypertens.*, **30**: 2299-2306, 2012.

Ueda, K. *et al.*, Prognosis and outcome of elderly hypertensives in a Japanese community: results from a long-term prospective study, *J. Hypertens.*, **6**: 991-997, 1988.

Vasan, R. S. *et al.*, Impact of high-normal blood pressure on the risk of cardiovascular disease, *N. Engl. J. Med.*, **345**: 1291-1297, 2001.

| 3.4 | 高脂血症の予防と改善 |

高脂血症とは

　「高脂血症」と呼ばれていた病態は、2007 年に日本動脈硬化学会が、「脂質異常症」と呼ぶように提言している。日本動脈硬化学会の『動脈硬化性疾患予防ガイドライン 2017 年度版』（日本動脈硬化学会 2017）によると、空腹時の血液中の低比重リポタンパク（LDL）コレステロール（いわゆる悪玉コレステロール）値が 140 mg/dL 以上を「高 LDL コレステロール血症」（境界域：120-139 mg/dL）、空腹時の血液中の高比重リポタンパク（HDL）コレステロール（いわゆる善玉コレステロール）値が 40 mg/dL 未満を「低 HDL コレステロール血症」、空腹時の血液中のトリグリセライド（中性脂肪）値が 150 mg/dL 以上を「高トリグリセライド血症」、空腹時の血液中の non-HDL コレステロール値が 170 mg/dL 以上を「高 non-HDL コレステロール血症」（境界域：150-169 mg/dL）と定義されている（表 3.4.1）。

高脂血症の罹患率

　「平成 29 年国民健康・栄養調査」（厚生労働省 2018）において、空腹時の血液中の総コレステロール値が 240 mg/dL 以上の割合は、男性で 12.4%、女性で 19.8% であり、約 2051 万人が該当することが示されている。さらに、コレステロール値を下げる薬またはトリグリセライド値を下げる薬の使用者を含めると、空腹時の血液中の総コレステロール値 240 mg/dL 以上の割合は、60-69 歳男性で 14.2%、女性で 30.4%、70 歳以上の男性で 7.4%、女性で 16.3%、高 LDL コレステロール血症の割合は、60-69 歳男性で 24.3%、女性で 33.1%、70 歳以上の男性で 15.0%、女性で 20.8%、低 HDL コレステロール血症の割合は、60-69 歳男性で 12.1%、女性で 11.9%、70 歳以上の男性で 2.1%、女性で 4.5%、高トリグリセライド血症の割合は、60-69 歳男性で 43.9%、女性で

表 3.4.1 高脂血症の診断基準（空腹時採血）（日本動脈硬化学会 2017）。

測定項目	基準値	
LDL コレステロール	140 mg/dL 以上	高 LDL コレステロール血症
	120-139 mg/dL	境界域高 LDL コレステロール血症
HDL コレステロール	40 mg/dL 未満	低 HDL コレステロール血症
トリグリセライド(中性脂肪)	150 mg/dL 以上	高トリグリセライド血症
non-HDL コレステロール	170 mg/dL 以上	高 non-HDL コレステロール血症
	150-169 mg/dL	境界域高 non-HDL コレステロール血症

32.1％、70 歳以上の男性で 35.3％、女性で 33.7％、高 non-HDL コレステロール血症の割合は、60-69 歳男性で 24.6％、女性で 31.7％、70 歳以上の男性で 13.2％、女性で 19.9％と報告されている。そのため、高齢者の 5 人のうち 1 人以上が高脂血症に該当し、現在の日本において頻度の高い疾患の 1 つといえ、今後も高脂血症の発症予防・改善は、心血管・脳血管疾患の予防のために重要であると考えられる。高脂血症の改善や予防に対する習慣的な運動や身体活動の有用性に関して研究がおこなわれており、高脂血症の治療や予防に必要な運動などに関するガイドラインが確立されてきた。

高脂血症と心血管疾患リスク

高血圧症による心血管疾患リスクの増大は、国内外の大規模なコホート研究において報告がなされてきた。日本人を対象とする CIRCS 研究[1] では、LDL コレステロール値が 80 mg/dL 未満に比べて、80-99 mg/dL で 1.4 倍、100-119 mg/dL で 1.7 倍、120-139 mg/dL で 2.2 倍、140 mg/dL 以上で 2.8 倍、冠状動脈血管疾患の発症や死亡リスクが増加することが報告されている(Imano *et al.* 2011)。フラミンガム研究（3.3 節参照）による疫学調査において、Boden (2000) は、血液中の HDL コレステロール値の低下が 49 歳以上の男性と女性における冠動脈疾患リスクのもっとも強力な脂質予測因子であると報告し

1）大阪府立成人病センター集団検診第一部（現・大阪がん循環器病予防センター）が主体となって、秋田（井川・石沢）、茨城（協和）、大阪（八尾）、高知（野市）の 5 地域のコホートでおこなわれてきた疫学研究の総称。Circulatory Risk in Communities Study の略。

ている。とくに HDL コレステロールが 1% 増加するごとに心筋梗塞による死亡が 3% 減少することも示されている。日本人を対象とした第 4 次循環器疾患基礎調査である NIPPON DATA 90 における 10 年弱の観察結果から、HDLコレステロール値が脳卒中死亡や全死亡と負の相関関係が示されている（Oka-mura *et al.* 2006）。また、15-81 歳までの 46413 人の男性と 10864 人の女性を含む 17 の先行研究から、血液中のトリグリセライド値は 88 mg/dL 増加すると心血管疾患の発症リスクを男性で 1.32 倍、女性で 1.76 倍増加させることが報告されている（Hokanson *et al.* 1996）。さらに、HDL コレステロール値を加味したとしても血液中のトリグリセライド値は心血管疾患の発症リスクを男性で 1.14 倍、女性で 1.37 倍増加させることから、トリグリセライド値は心血管疾患の発症リスクの単独の危険因子であることが示されている。

　日本人を対象とした調査では、トリグリセライド値が 150 mg/dL 以上であると冠動脈疾患の発症が増大することが報告されている（Okamura *et al.* 2011）。他にも、30-63 歳のフィンランド中高齢男性を 7-30 年間追跡した 6 の先行研究から、血液中の総コレステロール値が高い場合（251 mg/dL 以上）には冠状動脈血管疾患リスクが 9-21% 増加することも報告されている（Haapanen-Niemi *et al.* 1999）。日本人を対象とした NIPPON DATA 80 の 24 年間追跡調査の結果から、総コレステロール値が 220 mg/dL 以上であると冠動脈疾患による死亡リスクが 1.55 倍に増加することが示されている（Sugiyama *et al.* 2015）。また、日本人を対象とした NIPPON DATA 90 において 8383 人を 1990 年以来、20 年間追跡調査した結果から、血液中の non-HDL コレステロール値が 150 mg/dL 未満に比べて、150-169 mg/dL で 1.27 倍、170-189 mg/dL で 1.81 倍、190 mg/dL 以上で 2.4 倍、冠状動脈血管疾患による死亡リスクが増加することが報告されている（Ito *et al.* 2016）。

測定上の注意点

　総コレステロール値、LDL コレステロール値、HDL コレステロール値、トリグリセライド値、non-HDL コレステロール値のいずれも静脈血管から採取した血液から測定することができる。LDL コレステロール値の測定は直接法と計算法（Friedewald 式）があり、計算法の場合、LDL コレステロール値 =

総コレステロール値 - HDL コレステロール値 - トリグリセライド値/5、といった計算式によって算出される。また、non-HDL コレステロール値に関しては、non-HDL コレステロール値 = 総コレステロール値 - HDL コレステロール値、といった計算式によって算出される。

血中脂質について正確に評価する際は以下の点について注意が必要である。

① 空腹時採血であること：10 時間以上絶食後「空腹時」とする。

食事から吸収される脂質の大部分がトリグリセライドであり、食後 4-6 時間後に血液中のトリグリセライド値はピークになる。また、血液中の LDL コレステロール値および HDL コレステロール値にはほとんど食事による影響がないとされている。そのため、10 時間以上絶食が必要となる。ただし、水やお茶などのカロリーのない水分の摂取は問題ない。

② 採血前日の暴飲暴食を避けること：高脂肪食の摂取やアルコール摂取は慎む。

アルコールは肝臓でアセトアルデヒドと水素に分解・解毒されるが、アセトアルデヒドは脂肪分解を抑制し、トリグリセライドの合成を促進させて、血液中のトリグリセライド値を高めることから、検査日前日はアルコール摂取を控えるのが望ましい。

高脂血症を予防・改善するために必要な運動・身体活動量

日本動脈硬化学会の『動脈硬化性疾患予防のための脂質異常症診療ガイド 2018』（日本動脈硬化学会 2018）および『動脈硬化性疾患予防ガイドライン 2017 年度版』（日本動脈硬化学会 2017）によると、高脂血症の治療の根幹は、生活習慣の改善であり、安易な薬物療法は慎み、薬物療法中も生活習慣の改善を実施すべきである。生活習慣の改善には、(1) 禁煙（受動喫煙の防止も含む）、(2) 食事管理（バランス良い食事、飽和脂肪酸・コレステロール摂取の制限、食物繊維の摂取、食塩の制限）、(3) 体重管理（BMI が 25 以上であれば体重減少）、(4) 運動・身体活動量（有酸素性運動を中心に実施）、(5) 飲酒（アルコール摂取量の制限）などが含まれる（表 3.4.2）。

運動療法は一般的に以下のような運動種目、時間、強度、頻度が推奨されている（日本動脈硬化学会 2018、日本動脈硬化学会 2017）（表 3.4.3）。

表 3.4.2　高脂血症予防・改善のための生活習慣の改善項目。(日本動脈硬化学会 2018)、(日本動脈硬化学会 2017) より作成。

1. 禁煙	禁煙必須、受動喫煙の防止
2. 食事管理	適切なエネルギー摂取、バランス良い食事 コレステロールや飽和脂肪酸の摂取を控える、n-3 系多価不飽和脂肪酸の摂取（脂質エネルギ比率：20-25%、飽和脂肪酸エネルギー比率：4.5%以上 7%未満、コレステロール摂取量 200 mg/ 日未満にすること） トランス脂肪酸の摂取を控える 食物繊維の摂取 食塩摂取量 6 g/日未満
3. 体重管理	BMI が 25 以上であれば体重減少、BMI が 25 未満であれば適正体重を維持する
4. 運動・身体活動量	中強度以上の有酸素性運動を 1 日合計 30 分以上毎日続けること（少なくとも週 3 日は実施すること） 座ったままの生活にならないように活動的な生活を送ること
5. 飲酒	エタノール換算で 1 日 25 g 以下

表 3.4.3　運動療法指針。(日本動脈硬化学会 2018)、(日本動脈硬化学会 2017) より作成。

種類	有酸素性運動を中心に実施 （ウォーキング、速歩、水泳、スロージョギング（歩くような速さのジョギング）、自転車、ベンチステップ運動など）
頻度・時間	毎日合計 30 分以上を目標に実施（少なくとも週 3 日は実施すること）
強度	中強度以上を目標とする （中強度以上の運動とは通常速度のウォーキングに相当する強度の運動）
その他	運動療法以外の時間もこまめに歩くなど、できるだけ座ったままの生活を避ける

　運動種目：有酸素性運動を中心とした種目として、ウォーキング、速歩、水泳、スロージョギング（歩くような速さのジョギング）、自転車、ベンチステップ運動などの大きな筋肉をダイナミックに動かす身体活動がある。とくにベンチステップ運動は自宅でも実施が可能であることや有酸素性運動だけでなく、レジスタンス運動でもあることから、高脂血症の改善だけでなく、下肢筋量の維持・増強の効果が期待できる。

　運動時間・頻度：1 日合計 30 分以上の運動を毎日続けることが望ましい

（少なくとも週3日は実施すること）。また、1日の中で10分程度短時間の運動を数回おこない、合計30分以上としてもよい。

運動強度：中等度以上の運動が推奨される。中等度以上の運動とは3メッツ（メッツとは座位安静状態時のエネルギー消費の何倍に相当するかを示す運動強度の単位）以上の強度であり、元気な中高齢者であれば通常速度のウォーキングは3メッツに相当する。そのため、通常の歩行あるいはそれ以上の強度での運動が推奨されるが、動脈硬化性心血管疾患や骨関節疾患がある場合、低体力者の場合には、急に運動を実施するとからだへの負担が大きいため、3メッツ以下の、掃除、洗車、子供と遊ぶ、自転車で買い物に行くなどの生活活動のなかで身体活動量を増やすことから始めたほうがよい。

身体活動の運動強度（メッツ）の一覧を表3.4.4に示した（厚生労働省 2013）。3カ月以上の有酸素性運動の継続は血液中の総コレステロール値を3-5 mg/dL低下、トリグリセライド値を10-20 mg/dL低下させ、LDLコレステロール値は変わらず、HDLコレステロール値を2-3 mg/dL増加させる効果があるといわれている（Kelley *et al.* 2005）。また、運動実施期間が11-52週、3.7日/週、平均40分、運動強度平均5.3メッツ（消費カロリー1019 kcal/週）の有酸素性運動を実施した場合、HDLコレステロール値が平均2.53 mg/dL増加する効果があったことが報告されている（Kodama *et al.* 2007）。また、HDLコレステロール値を増加させるには、1週間に900 kcalもしくは、1週間に120分以上の運動が必要であることが示されている（Kodama *et al.* 2007）。さらに、HDLコレステロール値の増加には、運動頻度、運動強度よりも運動継続時間が重要であり、運動継続時間が23-74分間の間であれば10分増すごとに1.4 mg/dL増加する効果があることが報告されている（Kodama *et al.* 2007）。さらに、18-89歳までを対象とした160研究報告から、4-52週間の中等度および高強度の有酸素性運動（ウォーキング、ジョギング、自転車エルゴメーター、水泳など）により、血液中のトリグリセライド値が平均5.31 mg/dL低下し、HDLコレステロール値が平均2.32 mg/dL増加したことが示されている（Lin *et al.* 2015）。加えて、日本人における身体活動量と血中脂質を検討した研究において、1日の歩数と血液中のHDLコレステロール値との間には正の相関関係があり、血液中のトリグリセライド値との間には負の相

表 3.4.4 身体活動（生活活動・運動）の強度（厚生労働省 2013）。

メッツ (Mets)	生活活動の例	運動の例
1.8	立位（会話、電話）、皿洗い	
2.0	料理（立位・座位）、洗濯、洗車	
2.3	ガーデニング、ピアノの演奏	ストレッチ
2.8	ゆっくりした歩行（平地、53 m/分のスピード）	
3.0	普通歩行（平地、67 m/分のスピード）大工仕事、電動アシスト自転車に乗る	ボウリング、太極拳、ピラティス社交ダンス（ワルツ、サンバ、タンゴ）
3.3	掃除（掃除機）、からだを動かすスポーツ観戦	
3.5	子供と遊ぶ（歩く／走る）、風呂掃除、床磨き 階段を降りる、軽い荷物運び、庭の草むしり	ゴルフ、自転車エルゴメーター（30-50 ワット）体操（家でおこなう）、自体重を使った軽い筋力トレーニング
4.0	自転車に乗る（16 m/時未満のスピード）高齢者などの介護（身支度、風呂、ベッドの上り下り）	卓球、ラジオ体操第1 パワーヨガ
4.3	やや速歩（平地、93 m/分のスピード）、農作業	ゴルフ（クラブを担いで運ぶ）
5.0	かなり速歩（平地、107 m/分のスピード）	野球、バレエ（モダン、ジャズ）
6.0	スコップで雪かきをする	スロージョギング、水泳（のんびり泳ぐ）
6.5		山を登る（4.1 kg 未満の荷物を持って登る）
7.0		ジョギング、サッカー、スキー、スケート
7.3		テニス（シングルス）の試合、山を登る（4.5-9.0 kg の荷物）
8.0	運搬（重い荷物）	サイクリング（約 20 km/時のスピード）
8.3	荷物を上の階へ運ぶ	ランニング（134 m/分のスピード）水泳（クロール、46 m/分未満のスピード）
11.0		ランニング（188 m/分のスピード）自転車エルゴメーター（161-200 ワット）

関関係があることが報告されている（Koba *et al.* 2011）。また、平均65歳の高齢者を対象にした研究では、1日の身体活動量が186 kcal 以上の高齢者の血液中のトリグリセライド値が186 kcal 未満の高齢者よりも約14%低値を示したことが報告されている（Iemitsu *et al.* 2006）。186 kcal は3メッツの通常速度の歩行（時速4 km）をおこなう場合、体重60 kg の人であれば、約60分間のウォーキングに相当する（歩幅が80 cm であれば、約5000歩）。

　また、高脂血症の改善には運動療法だけでなく、食塩摂取量やアルコール摂取量の制限、禁煙などを併用するとより効果的であることが報告されている。

　運動を実施する上では、以下の項目に注意する必要がある（日本動脈硬化学会 2018）。

① 体調不良、心拍数が平常時よりも20拍/分以上高い場合には運動は中止する。
② 運動は早朝や食事直後でなく、食前や食後2時間以降におこなう。
③ 座りがちな生活を送っている場合、いきなり長時間あるいは高強度の運動を開始せず、徐々に運動量を増やしていくこと。
④ 動脈硬化性心血管疾患や骨関節疾患など運動が禁忌になる場合もあるため、事前にメディカルチェックを受け、医師に相談して実施すること。
⑤ 気温に合った服装をし、脱水に注意すること。
⑥ 準備・整理運動は十分におこなうこと。

まとめ

　脳卒中、心筋梗塞、動脈硬化などの心血管疾患リスクを増大させる高脂血症（脂質異常症）は有症患者が約2000万人といわれる。とくに高齢者の高脂血症の罹患率は高く、5人のうち1人以上が該当する。近年、高脂血症の改善・予防に必要な身体活動量についてのエビデンスが蓄積され、高脂血症の改善・予防には、ウォーキングやスロージョギングなどの中等度以上の有酸素性運動を1日合計30分以上を毎日実施すること（少なくとも週3日は実施すること）を目標とし、継続して実施することが必要である。

引用文献

Boden, W. E., High-density lipoprotein cholesterol as an independent risk factor in cardiovascular disease: assessing the data from Framingham to the Veterans Affairs High--Density Lipoprotein Intervention Trial, *Am. J. Cardiol.*, **86**: 19L-22L, 2000.

Haapanen-Niemi, N. *et al.*, Public health burden of coronary heart disease risk factors among middle-aged and elderly men, *Prev. Med.*, **28**: 343-348, 1999.

Hokanson, J. E. *et al.*, Plasma triglyceride level is a risk factor for cardiovascular disease independent of high-density lipoprotein cholesterol level: a meta-analysis of population-based prospective studies, *J. Cardiovasc. Risk*, **3**: 213-219, 1996.

Iemitsu, M. *et al.*, Polymorphism in endothelin-related genes limits exercise-induced decreases in arterial stiffness in older subjects, *Hypertension*, **47**: 928-936, 2006.

Imano, H. *et al.*, Low-density lipoprotein cholesterol and risk of coronary heart disease among Japanese men and women: the Circulatory Risk in Communities Study (CIRCS), *Prev. Med.*, **52**: 381-386, 2011.

Ito, T. *et al.*, Relationship between non-high-density lipoprotein cholesterol and the long-term mortality of cardiovascular diseases: NIPPON DATA 90, *Int. J. Cardiol.*, **220**: 262-267, 2016.

Kelley, G. A. *et al.*, Aerobic exercise, lipids and lipoproteins in overweight and obese adults: a meta-analysis of randomized controlled trials, *Int. J. Obes.*, **29**: 881-893, 2005.

Koba, S. *et al.*, Physical activity in the Japan population: association with blood lipid levels and effects in reducing cardiovascular and all-cause mortality, *J. Atheroscler. Thromb.*, **18**: 833-845, 2011.

Kodama, S. *et al.*, Effect of aerobic exercise training on serum levels of high-density lipoprotein cholesterol: a meta-analysis, *Arch. Intern. Med.*, **167**: 999-1008, 2007.

厚生労働省，健康づくりのための身体活動基準 2013，2013.

厚生労働省，平成 29 年国民健康・栄養調査報告，2018.

Lin, X. *et al.*, Effects of Exercise Training on Cardiorespiratory Fitness and Biomarkers of Cardiometabolic Health: A Systematic Review and Meta-Analysis of Randomized Controlled Trials, *J. Am. Heart Assoc.*, **4** pii: e002014, 2015.

日本動脈硬化学会「動脈硬化性疾患予防ガイドライン 2017 年度版」，2017.

日本動脈硬化学会「動脈硬化性疾患予防のための脂質異常症診療ガイド 2018」，2018.

Okamura, T. *et al.*, The inverse relationship between serum high-density lipoprotein cholesterol level and all-cause mortality in a 9.6-year follow-up study in the Japanese general population, *Atherosclerosis*, **184**: 143-150, 2006.

Okamura, T. *et al.*, A revised definition of the metabolic syndrome predicts coronary artery disease and ischemic stroke after adjusting for low density lipoprotein cholesterol in a 13-year cohort study of Japanese: the Suita study, *Atherosclerosis*, **217**: 201-206, 2011.

Sugiyama, D. *et al.*, Risk of hypercholesterolemia for cardiovascular disease and the population attributable fraction in a 24-year Japanese cohort study, *J. Atheroscler. Thromb.*, **22**: 95-107, 2015.

3.5 糖尿病の予防と改善

糖尿病の分類と病因

　糖尿病は血液中のブドウ糖（血糖）の量が慢性的に高くなる病気であり、1型、2型、その他の特定の疾患によるもの、妊娠糖尿病に分類される。日本では2型糖尿病が95％を占める。表3.5.1に1型と2型糖尿病の特徴を示す。本節では生活習慣に起因することが多い2型糖尿病について述べる。

　糖尿病になる要因には、遺伝的要因（かかりやすい体質）と環境的要因（生活習慣）がある。遺伝的要因は、両親など血のつながった親族に糖尿病をもっている人がいれば、そうでない人と比べて糖尿病になる可能性が高いということである。環境的要因は、肥満、過食、運動不足、精神的ストレスなどである。これらの要因が組み合わさることにより糖尿病になると考えられており、とくに環境的要因が大きく関与することから生活習慣病の1つとして知られている。

増え続ける糖尿病患者

　厚生労働省が実施した2016年の国民・健康栄養調査によると、糖尿病が疑われる人は20歳以上の成人で12.1％となり過去最多の1000万人に上ることが明らかとなった。また、糖尿病の可能性を否定できない糖尿病予備軍は2007年以降減少しているとはいえ、推計1000万人いると報告されている。もはや誰がなってもおかしくはない糖尿病は、初期の段階では自覚症状がなく発見されにくいという特徴がある。一方、健康診断などで高血糖を指摘されても、からだはいたって元気なので受診せず放置してしまう人も多い。糖尿病を治療しなければならない最大の理由は、血糖値が高い状態が続くとさまざまな合併症を引き起こしてしまうことにある。

　血糖値が高い状態が続くとき、喉が渇き水分を多くとるようになって排尿

182　第3章　教養として知りたい運動の効果

表 3.5.1　1 型糖尿病と 2 型糖尿病の特徴。

	1 型糖尿病	2 型糖尿病
成因	インスリンが分泌される膵臓 β 細胞の障害	遺伝的要因、環境的要因によりインスリン分泌が不足あるいはインスリンの効きが悪くなる
発症年齢	小児期から思春期に多い。中高年でも発症する	40 歳以上に多い。若年者の発症も増加している
体型	肥満とは関係がない	肥満と関係がある。肥満でなくても発症する
治療	インスリン注射が必要	食事・運動療法に加え必要に応じて薬物療法がおこなわれる。インスリン注射が必要な場合もある

の回数も多くなる。そして、食事量が変わらないのに体重減少が起きる。若い人でも、清涼飲料水を多飲することが原因で高血糖による前述の症状や意識障害が出現することがある（ペットボトル症候群）。

　慢性的な高血糖による合併症（図 3.5.1）としては、細小血管症と呼ばれる細い血管が障害される糖尿病神経障害、糖尿病網膜症、糖尿病腎症がある。神経障害は手足の末梢部のしびれや感覚が鈍くなる、筋力が低下するなどの症状が、左右対称的に現れることが特徴である。また、神経障害のなかには自律神経障害といわれるものがあり、立ち上がると急激に血圧が下がる（起立性低血圧）、心臓の血管が詰まっても痛みを感じない（無痛性心筋虚血）など多くの症状があることが知られている。網膜症では、視界に影が出てきて失明に至る人もあり、初期の段階では視力に変化がない場合でも眼科受診が必要となる。腎症では、血液を濾過して老廃物を尿として排泄する機能が低下し、むくみやからだのだるさ、貧血などの症状が出てくる。そして、さらに進行すれば人工透析をしなければならない病態になる。近年の調査では、糖尿病で失明する人は年間約 3000 人、糖尿病が原因で透析導入する人は年間約 16000 人、糖尿病壊疽による足切断は外傷ではない切断原因の第 1 位となっていることから、糖尿病管理の重要性が強調されている。

　太い血管が障害される大血管症には、脳梗塞、冠動脈疾患（心筋梗塞、狭心症）、末梢動脈疾患がある。これらは糖尿病特有の病気ではないが、糖尿

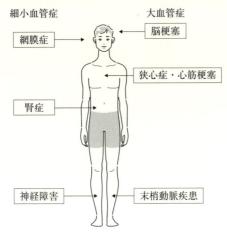

図 3.5.1　糖尿病の合併症。

病患者では非糖尿病患者と比べて脳梗塞の発症率が2-3倍、冠動脈疾患では3-5倍高いことが報告されている（曽根他 2005）。

血糖値の調節

　肝臓から糖を放出させて血糖値を上昇させるホルモンとしては、グルカゴン、アドレナリン、ノルアドレナリン、成長ホルモンなど多数存在するのに対し、血糖値を下げるホルモンは膵臓から分泌されるインスリンのみである。食物を摂取すると炭水化物は小腸でブドウ糖に分解・吸収され、糖はいったん肝臓に蓄えられて必要な量だけ全身に放出される。そして、糖は、脳、内臓、筋肉、脂肪など全身の細胞で絶えず消費されている。これらのなかでインスリンが作用し、血糖値に影響を与える糖の消費器官は筋肉である。つまり、糖は肝臓から放出されて筋肉で消費される直線的な流れがある。インスリンは肝臓に対して糖放出を抑え、筋肉に対しては糖の消費を促進させるということである（図 3.5.2）。このように作用することで適正な血糖値が維持されるのである。

血糖値が高くなる理由

　2型糖尿病の病態にはインスリン分泌不全とインスリン抵抗性（インスリンの効き）がある。インスリン分泌不全はインスリンの分泌が少ないために血糖上昇を抑えることができない。一方、インスリン抵抗性はインスリンが効きにくい状態を意味し、インスリン感受性の低下ともいわれる。肥満や運動不足の状況はインスリン抵抗性を引き起こし、インスリンの効きが悪いために過剰にインスリンを供給することによって血糖値を下げようとするため、インスリン値は高いことが多い。

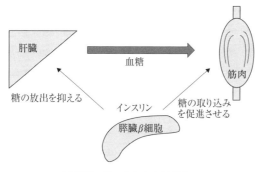

図 3.5.2　糖の流れと血糖調節。

血糖値は空腹時に低い値となり、食事により上昇し、食後約 1 時間でもっとも高くなる。その日の食事内容や運動の状況により血糖値は変動しやすい。正常型と判断される血糖値は、早朝空腹時血糖値 110 mg/dL 未満、75 g 経口ブドウ糖負荷試験 2 時間値 140 mg/dL 未満である。血糖コントロールの指標であるヘモグロビンエーワンシー（HbA1c）は、過去 1-2 カ月間程度の平均血糖値を表す。したがって検査日直前だけ食事・運動に気をつけたとしても HbA1c 値は影響を受けない。HbA1c 値の基準値は 4.6-6.2% であり、合併症予防のための目標値は 7.0% 未満とされる。

糖尿病に対する運動の目的

肥満や運動不足では、筋肉の細胞やその周りに脂肪が過剰に蓄積した筋肉の霜降り状態になりやすく、筋肉の毛細血管密度の減少や筋肉量の減少により筋肉の糖取り込み能力が低下するといわれている。運動療法の目的は、脂肪の過剰な蓄積を抑え、筋肉の量をしっかりと温存することである。そして、運動には急性的な血糖降下作用があることに加えて、インスリン抵抗性の改善が期待できる。

また、私たちはからだを自在に動かせる能力があってこそ運動ができる。からだを動かしやすい状態とは、筋力、柔軟性などが備わっていることである。筋力が衰えてからだが動かしにくい状況になると、ますます運動実施が困難になってよりいっそう筋力が衰えてしまうという悪循環に陥る。このよ

うな状況は、血糖コントロールに不利であるだけでなく、日常生活活動が困難になって生活の質までも低下することが危惧される。運動によってこの悪循環に陥らないように、あるいは断ち切ることができるようにしたいものである。高齢者の中には、もう歳をとっているからいまさら運動してもダメだという人もいるが、運動を始めるのに遅すぎるということはない。そして血糖値が安定しているからといって運動は不要であるということではない。運動療法はインスリン抵抗性の改善や、運動能力の維持・改善に寄与し、糖尿病をもつ人にとって身体・精神の両面において役立つものである。

糖尿病に対する運動の効果

(1) 減量効果

　体重・脂肪減少を目標とする場合、食事による摂取エネルギー量よりも身体活動による消費エネルギー量が増えなければならない。食事によるエネルギー量の調節においては、増やすことは簡単であり、減らすことも意志さえともなえば難しいことではない。一方で、運動による消費エネルギー量の増大は容易なことではない。30分間歩行をしても80 kcal程度を消費するにすぎない。とくに内臓脂肪の減少は、脂肪細胞からのアディポネクチン（善玉物質）の分泌が増加することによってインスリン抵抗性が改善するので、糖尿病の人にとって脂肪の減量は重要な要素である。糖尿病患者に対する運動の体重・脂肪減少への効果は多くの研究で検証されており、食事が自由摂取であれば内臓脂肪は減少するものの体重減少は得られないという報告が多い（Thomas *et al.* 2006）。これは、運動だけでエネルギーの出納バランスを調節することは難しいこと、運動によって筋肉量の増加がおこるためかもしれない。また、インスリン注射やスルホニル尿素薬（インスリン分泌を促す内服薬）の使用によって体重増加がおこりやすい。

　体重を1 kg減らすためには、摂取エネルギー量よりも消費エネルギー量を約7000 kcal増やさなければならないことが知られている。1カ月に2 kgの減量を達成するためには、摂取エネルギー量と消費エネルギー量との差が約14000 kcalになる必要があり、1日あたりでは約470 kcalとなる。運動によるエネルギー消費量の増大に加え、食事によるエネルギー摂取制限もおこなわ

186　　第3章　教養として知りたい運動の効果

なければ減量は難しい。しかし、現在の体重から 3-5% 減量するだけでも血糖コントロールが改善することが知られている（日本肥満学会 2016）。

(2) 血糖降下作用

運動には、急性効果としての血糖降下作用が期待できる。すなわち、運動の前後で血糖値を測定すると運動後には血糖値が下がっていることである。ただし、血糖コントロールの状況や運動の内容（強度、時間、タイミング）により、必ず急性の血糖降下作用が得られるとは限らない。近年、食後高血糖は血糖値スパイクと呼ばれ、動脈硬化の進展につながるため、食後の血糖上昇を抑えて血糖値の日内変動を少なくすることが重要であるとされている。食後高血糖を是正するための運動は、インスリンの代わりに運動するということであり、インスリンを分泌する膵臓を休ませることになる。従来は 20 分以上の運動をおこなうといわれていたが、2-3 分の運動を繰り返すやり方でも効果は期待できる。

(3) インスリン抵抗性の改善

運動の積み重ねによる慢性効果、すなわちインスリン抵抗性の改善はもっとも重要な目的である。インスリン抵抗性の改善は、糖尿病だけでなくメタボリックシンドローム、高血圧、脂質異常症、非アルコール性脂肪性肝疾患などの生活習慣病の予防と改善に関連する。インスリンの効きが良くなると、より少ないインスリンで血糖値が下がり、膵臓の負担の軽減につながる。

(4) 除脂肪体重の維持・増大

除脂肪体重とは体重から脂肪組織を除いたものであり、すなわち筋肉や内臓、骨などの合計である。食事制限による減量では、体脂肪だけでなく、筋肉などの除脂肪組織の減少もともなう。とくに筋肉量の減少をきたせば、筋肉に取り込まれる糖の量も減少することになるのでインスリン抵抗性は改善されない（図 3.5.3）。除脂肪体重を保持するためにも運動は必要であるといわれている。理想的な減量は、筋肉量を維持したうえで脂肪だけを減少させることである。

3.5 糖尿病の予防と改善　187

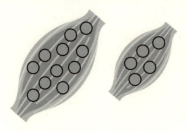

図 3.5.3 筋肉量が減ると糖を取り込む量も少なくなる。

(5) 基礎代謝量の維持・増大

　人間が生命を維持するために最低限必要なエネルギー量を基礎代謝量という。基礎代謝量は1日の総消費エネルギー量の約60%を占め、筋肉量と関係している。食事制限や運動不足などによる筋肉量の減少は基礎代謝量の減少を招く。基礎代謝量が減少すればエネルギー消費量の増大は図れず、減量に結びつかない。したがって運動は基礎代謝量の維持・増大のためにも重要である。

運動の方法と効果

(1) 運動の種類

　運動は有酸素性運動とレジスタンス運動(筋力トレーニング)に分けられる。有酸素性運動とレジスタンス運動の併用群のHbA1c値(%)は、有酸素性運動単独群と比較して0.46低く、レジスタンス運動単独群と比較して0.59低かった。すなわち有酸素性運動とレジスタンス運動の併用が、もっとも血糖コントロールが改善することを明らかにしている(Sigal *et al.* 2007)。

(2) 運動の強さ

　運動の強さというのはたとえばウォーキングの場合、ゆっくり歩くか、普通に歩くか、あるいは早歩きかという速さのことである。一般的には中等度の強度の運動が推奨されている(日本糖尿病学会 2016)。中等度の強度とは、自覚的運動強度の表(表3.5.2)で11-13点に該当する強さである。「きつい」と感じることはなく、運動中に楽に会話ができる程度である。強さが高すぎる運動は、血糖値を上げてしまう可能性があること、糖尿病網膜症や糖尿病腎症の合併症を進展させてしまう可能性があること、血圧が過度に上昇すること、運動器障害の発生リスク(関節痛など)が高まることから糖尿病をもつ人の運動処方の選択肢には入れてはならない。一方で、低強度運動であっても血糖降下作用が認められており、血糖コントロールの改善が期待できる。

したがって、無理に激しい運動をする必要はない。

(3) 運動の時間

　運動の時間は 20-60 分が推奨されている。近年、血糖値の観点では短時間の運動を数回繰り返す運動の効果が示されるようになった。必ずしも持続的な運動でなくても、1 日の総運動時間が同じであれば、短時間の運動を回数多くおこなえば十分な血糖降下作用が得られる。血糖値が高めの高齢者を、①1 日 3 回毎食 30 分後から 15 分間の歩行、②1 日 1 回午前 10 時 30 分から 45 分間の連続歩行、③1 日 1 回午後 4 時 30 分から 45 分間の連続歩行の 3 群に分け、血糖変動を調べた研究がある。その結果、夕食から 3 時間後の血糖値は、同じ 45 分間の運動でも①群が②③群より低かったことが報告されている（DiPietro *et al.* 2013）。以上のことから、運動は必ずしも持続的に実施する必要はないものと考えられる。

表 3.5.2　自覚的運動強度。

点数	強さの感じ方
6	
7	非常に楽である
8	
9	かなり楽である
10	
11	楽である
12	
13	ややきつい
14	
15	きつい
16	
17	非常にきつい
18	
19	最高にきつい

(4) 運動の頻度

　『糖尿病診療ガイドライン 2016』（日本糖尿病学会 2016）では、望ましい運動頻度は週に 3-5 回（できれば毎日）と記載されている。米国糖尿病学会のガイドラインである「Standards of Medical Care in Diabetes 2019」では、週に合計 150 分以上の運動をおこなうことを勧めており、現実的に 1 日に実施可能な運動時間を考えれば運動の頻度は週 3 回以上必要になる。

(5) 座位時間を短くすることが重要

　近年、座位時間が長いと 2 型糖尿病や心血管疾患の発症率が高くなることが報告されており（Grøntved *et al.* 2011）、座位時間を短くするようにと生活指導がおこなわれている。座位時間のなかで、20 分毎に 2 分間の歩行（Dunstan

3.5　糖尿病の予防と改善　　189

et al. 2012）や、30 分毎に 5 分間立つ（Henson *et al.* 2016）だけで血糖値が下がったとする研究も報告されている。このように長時間の運動でなくても、少し立ち上がって歩くだけで血糖値に好影響を与える可能性がある。

まとめ

血糖コントロールの改善（HbA1c 値の低下）は、運動量（頻度）の増加と関連があり、運動の強さとは関連が薄いようである（Umpierre *et al.* 2013）。すなわち、運動量は強さ×時間で表されることから、強さが低くても時間を長くすることで運動の効果が期待できると考えられる。糖尿病の治療において、運動療法は食事療法や薬物療法と比べて継続率が低いことが知られている。生活スタイル、体力等を踏まえ、自分に合った無理のない運動を生活のなかに取り入れることが望まれる。

引用文献

DiPietro, L. *et al.*, Three15-min bouts of moderate postmeal walking significantly improves 24-h glycemic control in older people at risk for impaired glucose tolerance, *Diabetes Care*, **36**: 3262-3268, 2013.

Dunstan, D. W. *et al.*, Breaking up prolonged sitting reduces postprandial glucose and insulin responses, *Diabetes Care*, **35**: 976-983, 2012.

Grøntved, A. *et al.*, Television viewing and risk of type 2 diabetes, cardiovascular disease, and all-cause mortality: a meta-analysis, *JAMA*, **305**: 2448-2455, 2011.

Henson, J. *et al.*, Breaking up prolonged sitting with standing or walking attenuates the postprandial metabolic response in postmenopausal women: a randomized acute study, *Diabetes Care*, **39**: 130-138, 2016.

日本肥満学会編『肥満症診療ガイドライン 2016』，ライフサイエンス出版，2016.

日本糖尿病学会編『糖尿病診療ガイドライン 2016』，南江堂，2016.

Sigal, R. J. *et al.*, Effects of aerobic training, resistance training, or both on glycemic control in type 2 diabetes: a randomized trial, *Ann. Intern. Med.*, **147**: 357-369, 2007.

曽根博仁他，JDCS グループ，日本糖尿病学会（編）『糖尿病学の進歩　第 39 集』診断と治療社，2005.

Thomas D. E., Elliott, E. J. and Naughton, G. A., Exercise for type 2 diabetes mellitus, *Cochrane Database Syst. Rev.*, CD002968, 2006.

Umpierre, D. *et al.*, Volume of supervised exercise training impacts glycaemic control in patients with type2diabetes: a systematic review with meta-regression analysis, *Diabetologia*, **56**: 242-251, 2013.

| 3.6 | 変形性膝関節症の予防と改善 |

はじめに

　社会の高齢化にともない、自立した生活をおこなうことが困難な高齢者は増加の一途をたどっている。高齢者はどのような理由で自立を失うのであろうか。介護保険の被給付者について自立喪失に至った原因をみることでその概略を推定することができる。介護保険では自立喪失の程度に応じて、自立喪失の予備軍ともいえる「要支援」と介護が必要な「要介護」の2つのカテゴリーに分類されている。意外に感じられるかもしれないが、高齢者が要支援に陥る原因の第1位は2007（平成19）年以来、一貫して関節疾患である（厚生労働省「国民生活基礎調査」）。この関節疾患は、罹患者数を考えれば実際にはそのほとんどが変形性関節症と考えられる。この結果からも高齢者の自立を脅かすものとして、変形性関節症が重要であることがわかる。では変形性関節症とはどのような病気であろうか。

変形性関節症とは

　変形性関節症は加齢にともなう疾患の1つで、関節軟骨が徐々に失われていく病気である。軟骨が変性・消失する一方、関節の辺縁部では骨棘（こつきょく）と呼ばれる骨組織の新生が生じ、「軟骨は減り骨が増える病気」とも捉えることができる（後述も参照）。変形性関節症は全身のどの関節にも起こりうるが、発生頻度がとくに高いのは手指の関節と膝関節である。ただし手指の関節の場合、変形性関節症が生じても強い痛みが長期間続くことは少なく、また変形が生じることはあってもそれによって手の機能が大きく低下することは稀である。したがって実際には手指の変形性関節症はそれほど大きな問題にならない。頻度の高さに加えて歩行や立位が困難になるという機能障害の点からも、臨床的にもっとも問題となるのは膝関節の変形性関節症である。先に

述べた高齢者の自立の喪失についても、もっとも問題となるのは膝関節の変形性関節症である。このため本節では以下、膝関節の変形性関節症（変形性膝関節症）について述べることにする。日本全国で治療が必要な変形性膝関節症の患者はおよそ 1000 万人、潜在的な患者も含めるとおよそ 3000 万人と推定されている（介護予防の推進に向けた運動器疾患対策に関する検討会 2008）。

膝関節の構造

最初に膝関節の構造を簡単に説明する。膝関節はおもに大腿骨、脛骨、膝蓋骨の 3 つの骨によって構成される（図 3.6.1）。立位の状態で体重を支えるのは大腿骨と脛骨である。大腿骨と脛骨の関節の表面は厚さ 3-5 mm 程度の関節軟骨に覆われている。大腿骨と脛骨の関節面の間には関節面の間隙を埋めるように半月と呼ばれる組織が存在する。半月は膝関節の内側と外側にあり、それぞれ内側半月、外側半月と呼ばれる。半月は接触面積を増やすことで関節軟骨への荷重を軽減し、また関節の安定性を保つ働きをもつ。

膝関節には関節の安定性を保つための 4 本の靭帯が存在する。側副靭帯はおもに関節の側方向（内外反方向）の安定性を保つ靭帯であり、関節の内側にあるものを内側側副靭帯、外側にあるものを外側側副靭帯と呼ぶ。関節の中央には前十字靭帯、後十字靭帯があり、前後方向と回旋（ねじれ）方向の安定性を担っている。関節全体は袋状の関節包と呼ばれる組織に包まれている。関節包の内面は滑膜と呼ばれるごく薄い膜に覆われており、その内腔には少量の液体（関節液）が存在する。関節液は正常の膝関節では 1-4 ml 程度と少量であるが、関節の潤滑液として、また軟骨細胞の代謝に関して非常に重要な役割を果たす。関節液は関節の中で絶えず産出されており、その産生には滑膜が重要な役割を果たす。また変形性関節症では滑膜に変化が生じることによって、痛みや軟骨の変性・消失などさまざまな変化が引き起こされることが知られている。

変形性膝関節症の病態

先に述べたように変形性関節症では軟骨が変性・消失していくが、この変化は関節内の軟骨に一様に生じるのではなく、荷重が多くかかる部位におい

てもっとも顕著である。膝関節の場合、荷重がより多く加わるのは関節の内側である。したがって軟骨の変性も関節内側に生じることが多く、変形性膝関節症の9割以上は内側型である。内側型の変形性膝関節症では軟骨の変性・消失にともなって下肢は次第にO脚変形を示すようになる（図3.6.2）。O脚変形が生じると荷重はさらに内側に偏って加わるようになり、軟骨の変性・消失が一層生じやすくなる。

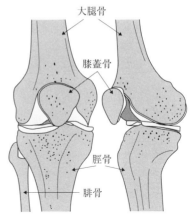

図 3.6.1　膝関節を構成する骨。膝関節はおもに大腿骨、脛骨および膝蓋骨によって構成される。

　変形性関節症の診断には単純X線写真（いわゆるレントゲン）がもっともよく用いられる。関節軟骨はカルシウムを含まない組織であるためX線の透過性が高く、関節軟骨のある部分は、X線写真において関節の隙間（関節裂隙）として認められる。変形性関節症では軟骨の変性・消失にともなってこの関節裂隙が狭くなってくる。この変化は「関節裂隙の狭小化」と呼ばれる。もっとも一般的な内側型の変形性膝関節症では膝関節の内側に関節裂隙の狭小化が生じる（図3.6.3）。これがO脚変形の原因である。

　軟骨の変性・消失とともに滑膜に変化が生じ、それにともなって関節液の量が増加していわゆる「膝に水がたまる」状態になる。また軟骨の変性・消失にともなって半月にも変性、断裂、偏位（位置のずれ）といった変化が生じる。関節辺縁部では先述のように骨棘形成が起こる。骨棘は変形性膝関節症が進むにつれてX線写真でもはっきり認められるようになってくる（図3.6.3）。

変形性膝関節症の症状

　変形性膝関節症の症状は痛み、関節のこわばり、腫れ、O脚変形（内反変形）やX脚変形（外反変形）といった変形のほか、関節がまっすぐ伸びない、曲がらないといった関節可動域の低下、膝のひっかかり感、など多様である。

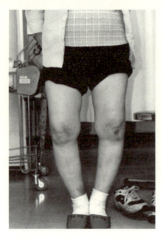

図 3.6.2 内側型の変形性膝関節症の症例にみられたO脚変形。内側型の変形性膝関節症では進行にともなってO脚変形が生じる。

しかし変形性膝関節症の症状の中で一番重要なものは痛みである。痛みは変形性膝関節症の症状として一番頻度が高いことに加え、膝関節の機能障害の程度とも密接に関連し、臨床的にきわめて重要な症状である。

変形性膝関節症が進行すると痛みに加えて下肢の筋力の低下や関節の不安定性などが生じて歩行能力が低下し、生活の質（QOL）の低下がもたらされる。また変形性膝関節症になるとバランス能力も低下することから転倒や骨折のリスクが高まり、高齢者の自立喪失の間接的原因となる。このほか、変形性膝関節症の患者ではうつの傾向もみられること、心血管系の障害に罹患する危険も高まることも明らかになって

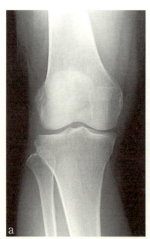
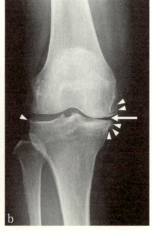

図 3.6.3 正常（a）および変形性膝関節症に罹患した膝関節（b）の単純レントゲン像。変形性膝関節症では軟骨の変性・消失にともなって関節裂隙の狭小化が生じ（b、矢印）、また関節面の辺縁には骨棘と呼ばれる骨組織の新生が起こる（b、矢頭）。

194　第3章　教養として知りたい運動の効果

いる。

変形性関節症の治療

　変形性関節症は患者数も多く社会的に重要な疾患であるにもかかわらず、疾患の進行を遅らせたり止めたりできる治療法は現時点で確立されていない。進行してしまった症例に対しては人工関節置換術などの手術治療もおこなわれるが、患者の大半を占める軽度から中等度の進行度の症例に対しては、痛みが強い場合、消炎鎮痛剤を中心とした薬物療法がおこなわれる。しかし投薬による治療は基本的に症状緩和以上の意味をもたないうえ、患者の多くが高齢者であることを考えれば、副作用を避けるためにも投薬以外の方法で症状を軽減することが望ましい。

　変形性膝関節症に対する投薬以外の治療として、膝関節への力学的な負荷を減らすような日常生活の指導がおこなわれる。具体的には膝関節の状態に応じて階段や坂道を避ける、ゆっくり小さめの歩幅で歩く、正座や膝を深く曲げる機会の多い和式の生活を避ける、重いものをもったり、長時間の立位が必要となるようなことはなるべく避ける、といったことである。また肥満傾向のある者に対してはまず減量が勧められる。減量によって症状が軽減し、かつ変形性膝関節症の進行を遅らせることができることは多くの研究によって示されている。さらに症例によっては膝関節にかかる荷重をコントロールする目的でつえの使用が勧められたり、治療用の膝ブレース、足底板（インソール）が用いられることもある。変形性膝関節症についてはこれら以外に運動療法が治療として広くおこなわれている。運動療法の有効性は多くの研究によって確認されており、変形性膝関節症の保存的治療法（手術によらない治療）のなかで運動療法はきわめて重要な位置を占める。そこで運動療法について今までに知られていることを以下に示す。

変形性膝関節症に対する運動療法

　変形性膝関節症に対して運動療法が痛みを減らし、機能障害を軽減する効果があることは以前から多くの論文によって報告されてきた。運動療法の有効性は、たとえば変形性膝関節症に対する診療ガイドラインからも知ること

ができる。診療ガイドラインは今までに発表された研究論文に基づいて、診断や治療の標準的な指針を示したものである。変形性膝関節症については現在、おもなものだけで4つの診療ガイドラインが欧米の学会から公表されているが、どのガイドラインにおいても運動療法は変形性膝関節症の保存的治療法において中核に位置づけられている。

変形性膝関節症に対する運動療法の有用性をまとめた文献を1つ選ぶとしたら2015年のFransenらのシスティマティック・レビューがあげられよう。このレビューではそれまでに報告された研究論文のなかで信頼性の高い44の報告をまとめた結果、運動療法によって変形性膝関節症の痛みが平均で12%、機能障害の程度も平均で10%低下すると報告している（Fransen *et al.* 2015）。このレビューでは運動療法の効果の持続性についても調べており、運動療法の治療効果は運動療法実施後、指導の方法にもよるが少なくとも2-6カ月は持続するとしている（Fransen *et al.* 2015）。変形性膝関節症に対する運動療法の実際について、以下に少しくわしく述べてみたい。

変形性膝関節症に対する運動療法の種類

今まで単に運動療法と述べてきたが、変形性膝関節症に対して治療効果があることが知られている運動療法は、筋力訓練、有酸素性運動、バランス訓練の3種に大別される。

(1) 筋力訓練

変形性膝関節症に対する運動療法のなかで現在もっとも広くおこなわれており、有効性に関する報告も多いのは、大腿四頭筋（大腿の前部にあり膝を伸ばす筋肉）を中心とした下肢の筋力訓練である。筋力訓練はその訓練様式にかかわらず治療効果を発揮する。単純に大腿四頭筋の等尺性（関節を動かさずに筋肉を収縮させる）訓練をおこなっただけでも変形性膝関節症の痛みと機能障害を軽減する効果が得られるが（Doi *et al.* 2008）（図3.6.4）、大腿四頭筋を含む下肢の筋肉に対して等尺性、等張性（筋肉を一定の力で収縮させながらおこなう）、あるいは求心性（筋長が短くなる筋収縮）、遠心性（筋長が長くなる筋収縮）運動による筋力訓練をおこなうことで治療効果が得られること

についても多くの報告があり、筋力訓練の様式による治療効果の差はあまりないと考えられている（Kus and Yeldan 2018）。また筋力訓練の強度についても治療効果に差がないこと、さらに筋力訓練をおこなった結果得られる膝伸展筋力の増加の程度と治療効果の間にも明らかな関連がないことが報告されている（Barthology *et al.* 2017）。筋力訓練はやり方によっては膝痛を悪化させる恐れもある。以上の知見に基づけば、変形性膝関節症に対する筋力訓練は関節に加わる負荷が比較的小さい等尺性訓練で十分と考えられる。

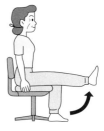

図 3.6.4 変形性膝関節症に対する筋力訓練の一例。ここではもっとも単純な大腿四頭筋の等尺性訓練の方法を示す。椅子に腰かけた状態で膝関節を最大伸展位までゆっくり伸ばし、その状態で大腿四頭筋を 3–5 秒間、持続的に強く収縮させたあとゆっくり膝を曲げる、という運動を 1 セット 20 回、1 日 2 セット、8 週間にわたり毎日おこなうことで変形性膝関節症の痛みが軽減することが報告されている（Doi *et al.* 2008）。

(2) 有酸素性運動

有酸素性運動も変形性膝関節症に対して治療効果があることが知られている。変形性膝関節症に対して治療目的でおこなわれる有酸素性運動はおもにウォーキングであるが、エアロバイクについても治療効果が認められている。メタ解析（1.4 節参照）の結果、ウォーキングは変形性膝関節症の痛みと機能障害の軽減において、筋力訓練と同等、あるいはそれを上回る効果があると報告されている（Roddy *et al.* 2005）。

(3) バランス訓練

変形性膝関節症では関節の固有位置覚（角度を感知する能力）が低下する（Knoop *et al.* 2011）。固有位置覚の低下は変形性膝関節症の患者が転倒しやすい原因の1つでもある。変形性膝関節症によって低下した固有位置覚はバランス訓練によって改善すること、それにともなって変形性膝関節症の機能障

害が軽減することが研究の結果から示されている（Knoop *et al.* 2011）。

　なお、変形性膝関節症の患者の場合、バランス訓練などとくに固有位置覚の改善を目指した訓練をおこなわなくても、筋力訓練、有酸素性運動、さらに後述する水中運動療法、太極拳などをおこなうことによって関節の固有位置覚が改善することが報告されている（Silva *et al.* 2012）。先に述べた筋力訓練や有酸素性運動による治療効果も、その一部は固有位置覚の改善によるのかもしれない。

　以上、変形性膝関節症に対する3種類の運動療法について述べた。これらの運動療法はもちろん併用することも可能で、実際に運動を組み合わせておこなうことで疼痛や機能障害がより効率的に軽減するという報告もある（Uthman *et al.* 2014）。変形性膝関節症の患者に対する運動療法は、実際には治療に携わる人がさまざまな工夫を凝らしておこなっており、上記の3種類の運動のほか、可動域訓練・ストレッチングなどもおこなわれることが多い。また肥満傾向がある人では運動療法とあわせて減量をおこなうことで治療効果が高まることも報告されている。

変形性膝関節症に対するその他の運動療法

　前項では変形性膝関節症に対する運動療法を運動の種類別に述べた。一方で変形性膝関節症に対しては複数の運動要素を含む複合的な運動療法がおこなわれることも多い。ここではそのような運動療法のうち治療効果が一般に認められている水中運動療法と太極拳について述べる。

（1）水中運動療法

　水中運動療法は変形性膝関節症に対して広くおこなわれている運動療法である。水中では膝関節にかかる体重負荷が軽減されるので、膝の痛みが強い患者や肥満度の高い患者でも運動療法をおこないやすくなる。水中運動療法では筋力訓練と有酸素性運動の要素をあわせもつ水中歩行を中心に筋力訓練、柔軟性訓練もおこなうのが一般的で、実際、水中運動療法をおこなうことで柔軟性、筋力がともに改善することも報告されている（Wang *et al.* 2007）。

先にも述べたように、とくに体重を負荷しておこなう運動療法では時に膝痛が悪化することがあるが、水中運動療法ではその危険が比較的少なくてすむ。

　今までの研究結果から、水中運動療法をおこなうことで変形性膝関節症の患者の機能障害の程度が軽減され、QOL が改善することが報告されている（Bartels *et al.* 2007）。水中運動療法の効果の程度は、メタ解析の結果から筋力訓練など通常の運動療法と同程度と考えられている（Wang *et al.* 2011）。

(2) 太極拳

　太極拳も変形性膝関節症に対して治療効果のあることが知られている運動療法である（Ye *et al.* 2014）。太極拳はゆっくりと連続した動作を続ける運動であり、筋力訓練、バランス訓練、柔軟性訓練の要素をもつ。変形性膝関節症の患者が太極拳をおこなうことによって、他の運動療法に匹敵する治療効果が得られたとする結果が多くの研究者によって報告されているが、その運動の構成要素を考えれば当然の結果とも思われる。

どの運動療法がもっとも有効か

　以上、変形性膝関節症に対する運動療法について述べてきたが、実際に患者の治療をおこなう場合には、どの運動療法がもっとも効果が高いかが問題になる。このため今までに多くの研究者が運動療法の種類による効果を比較・検討してきた。しかし種々の運動療法の間に有効性については明らかな差がないというのが現在までの結論である。この理由は 1 つには運動療法に関する論文の間で被験者やおこなわれた運動療法のプロトコール、評価法が異なっており、比較が難しいということもあろうが、より根本的には運動療法が治療効果を示す機序にあるのかもしれない。

　じつは運動療法が治療効果を示す機序については不明な点が多い。筋力訓練については、以前は膝伸展筋力が増大することで膝関節の安定性が高まるために症状が改善すると考えられていた。しかしその後の研究で筋力訓練をおこなっても膝関節の安定性や関節内の荷重状態は変化しないことが明らかになった（Ferreira *et al.* 2015）。先に述べたように変形性膝関節症に対して筋力訓練をおこなった場合、筋力増強の程度と症状改善の間に関連がないこ

3.6　変形性膝関節症の予防と改善　　199

とや、膝関節に直接影響しない股関節周囲筋の筋力訓練をおこなっても変形
性膝関節症の症状が改善することを考えれば、運動療法の効果には何らかの
液性因子や運動にともなう心理的な要因が関連していることも考えられる。
運動療法についてはまだ不明な点が多く、今後の研究成果が待たれるところ
である。

おわりに

　以上、変形性膝関節症に対する運動療法について述べた。最近、現代人は
寿命の延びや肥満度の違いを考慮しても近代以前の人間より変形性膝関節症
に罹患しやすくなっているという研究結果が発表され注目を集めた（Wallace
et al. 2017）。その理由はわかっていないが、運動量の低下が関与している可
能性も考えられる。事実、さまざまな研究の結果から筋力低下が変形性膝関
節症発症の危険因子であることが示されている（Oiestad *et al.* 2015）。これ
らを考えあわせれば、筋力訓練を中心とした運動療法は変形性膝関節症に対
する非常に理にかなった治療法に思われる。一方、今まで述べてきたように
運動療法についてはまだ明らかになっていないことも多い。今後さらに研究
が進み、変形性膝関節症に対してより効果の高い運動療法が提示されること
が望まれる。

引用文献

Bartels, E. M. *et al.*, Aquatic exercise for the treatment of knee and hip osteoarthritis, *Co-chrane Database Syst. Rev.*, 2007: CD005523.

Bartholdy, C. *et al.*, The role of muscle strengthening in exercise therapy for knee osteo-arthritis: A systematic review and meta-regression analysis of randomized trials, *Semin. Arthritis. Rheum.*, **47**: 9-21, 2017.

Doi, T. *et al.*, Effect of home exercise of quadriceps on knee osteoarthritis compared with nonsteroidal antiinflammatory drugs: A randomized controlled trial, *Am. J. Phys. Med. Rehabil.*, **87**: 258-269, 2008.

Ferreira, G. E. *et al.*, The effect of exercise therapy on knee adduction moment in individ-uals with knee osteoarthritis: A systematic review, *Clin. Biomech.* (Bristol, Avon), **30**: 521-527, 2015.

Fransen, M. *et al.*, Exercise for osteoarthritis of the knee: A cochrane systematic review, *Br. J. Sports Med.*, **49**: 1554-1557, 2015.

介護予防の推進に向けた運動器疾患対策に関する検討会，介護予防の推進に向けた運動器疾患対策について，2008. https://www.mhlw.go.jp/shingi/2008/07/dl/s0701-5a.pdf（2019年7月30日アクセス）

Knoop, J. *et al.*, Proprioception in knee osteoarthritis: A narrative review, *Osteoarthritis Cartilage*, **19**: 381-388, 2011.

厚生労働省，国民生活基礎調査. https://www.mhlw.go.jp/toukei/list/20-21kekka.html（2019年7月30日アクセス）

Kus, G. and Yeldan, I., Strengthening the quadriceps femoris muscle versus other knee training programs for the treatment of knee osteoarthritis, *Rheumatol. Int.*, 2018.

Oiestad, B. E. *et al.*, Knee extensor muscle weakness is a risk factor for development of knee osteoarthritis. A systematic review and meta-analysis, *Osteoarthritis Cartilage*, **23**: 171-177, 2015.

Roddy, E., Zhang, W. and Doherty, M., Aerobic walking or strengthening exercise for osteoarthritis of the knee? A systematic review, *Ann. Rheum. Dis.*, **64**: 544-548, 2005.

Silva, A. *et al.*, The effects of therapeutic exercise on the balance of women with knee osteoarthritis: A systematic review, *Rev. Bras. Fisioter.*, **16**: 1-9, 2012.

Uthman, O. A. *et al.*, Exercise for lower limb osteoarthritis: Systematic review incorporating trial sequential analysis and network meta-analysis, *Br. J. Sports Med.*, **48**: 1579, 2014.

Wallace, I. J. *et al.*, Knee osteoarthritis has doubled in prevalence since the mid-20th century, *Proc. Natl. Acad. Sci. U S A*, **114**: 9332-9336, 2017.

Wang, T. J. *et al.*, Effects of aquatic exercise on flexibility, strength and aerobic fitness in adults with osteoarthritis of the hip or knee, *J. Adv. Nurs.*, **57**: 141-152, 2007.

Wang, T. J. *et al.*, Comparing the efficacy of aquatic exercises and land-based exercises for patients with knee osteoarthritis, *J. Clin. Nurs.*, **20**: 2609-2622, 2011.

Ye, J. *et al.*, Effects of tai chi for patients with knee osteoarthritis: A systematic review, *J. Phys. Ther. Sci.*, **26**: 1133-1137, 2014.

3.7 骨粗しょう症の予防と改善

からだを構成する組織の密度

ヒトのからだはさまざまな組織が組み合わさって成り立っている。そのなかで骨は、からだの支持や血液産生、カルシウムの貯蔵といった重要な役割をもつ。骨は全身に分布し、成人したヒトの場合、体重の約15％を占める（Forbes 1987）。骨の他にも体重の約30-40％を占める骨格筋や、数％から50％までと幅広い割合を示す脂肪組織があるが、これら各組織の密度と体重に占める割合の違いによってからだ全体の密度（身体密度）が左右される。身体密度というと馴染みが薄いかもしれないが、たとえば、密度が水（36℃で $0.99\ g/cm^2$）より低い脂肪組織（$0.92\ g/cm^2$）の割合が高いと水に浮きやすい現象と密接に関わっている（ちなみに骨格筋の密度は $1.04\ g/cm^2$ で、トレーニングでこの割合が高くなると水に浮きにくくなる）（Snyder *et al.* 1984）。骨格筋や脂肪組織の場合、運動によって組織の「量」は増減するが、組織の「密度」はほとんど変化しない。一方、今回スポットを当てる骨は「量」と「密度」の両方にトレーニング効果が認められる特徴的な組織である。

骨粗しょう症について学ぶ（日本骨粗鬆症学会 2015）

骨粗しょう症は、骨強度が低下する疾患で、骨折の危険性が増大する。この骨強度には、骨密度と骨質（微細構造と材質）が約7：3の割合で影響している。実際の診断では、骨密度測定だけでなく、既存骨折、骨折の家族歴、喫煙、飲酒、運動不足、ステロイド薬使用など患者の骨折危険因子を含めて総合的に評価することが推奨されている（大腿骨近位部骨折と主要な骨粗しょう症による骨折の10年間の発生確率を算出できる WHO 骨折リスク評価ツール FRAX[@]も活用できる）。

40歳以上の骨粗しょう症の推計患者数は1000万人を超え、大腿骨近位部

202　第3章　教養として知りたい運動の効果

骨折は日常生活に大きな支障を来し、寝たきりになるリスクとも直結する。また、骨粗しょう症による骨折でもっとも頻度の高い椎体骨折（80歳以上の40％以上が椎体骨折を有するというデータもある）は、腰背部の疼痛と脊柱変形といった症状をともなうが、4 cm以上の身長低下がある場合には椎体骨折を罹患している可能性が高いことが指摘されている。

　骨は破骨細胞と骨芽細胞によって全骨格の約5％が日々つくり替えられている。破骨細胞は古くなった骨を溶解して骨吸収を、骨芽細胞は新しい骨をつくり骨形成を担う（骨リモデリング）。通常、骨吸収は数週間で終了するが、骨形成には数カ月かかる。この骨吸収と骨形成のバランスが崩れると、骨粗しょう症を発症するリスクが上がる。加齢による骨形成機能の低下や、閉経による骨吸収抑制に直接働くエストロゲンの欠乏、カルシウムやビタミンD、Kの不足がこのバランスに大きく影響する。

骨密度を把握して骨粗しょう症を予防しよう

　現在、骨密度をもっとも正確に測定する方法として、二重エネルギーX線吸収（DXA）法が臨床や研究で広く利用されている（図3.7.1）。この方法は放射線が人体を透過する際の各組織での吸収の違いによって、骨・脂肪・それ以外の組織（lean soft tissue）に分ける測定法である。また、DXA装置は放射線を利用するものの、骨密度測定の対象となる腰椎や大腿骨近位部、また橈骨の撮影では、胸部単純X線撮影よりも低線量で、放射線自体による危害の可能性は非常に低いことが知られている。DXA法による骨粗しょう症の診断基準は、「①閉経後女性と50歳以上の男性は、若年成人平均値（young adult mean: YAM）との比較で評価する、②閉経前女性と50歳未満の男性は、YAMとの比較ではなくZスコア（同年齢比較）で評価するのが良く、Zスコアが -2.0以下であれば年齢相当値から外れていると解釈する」とされている（日本骨粗鬆症学会 2015）。このように確定診断レベルまで詳細に骨密度を把握するためにはDXA法（測定部位は腰椎および大腿骨近位部が推奨される。評価が困難な場合は橈骨で評価する（日本骨粗鬆症学会 2015））が第1選択肢となるが、装置が備わった病院等での検査が必要になることが難点の1つである。

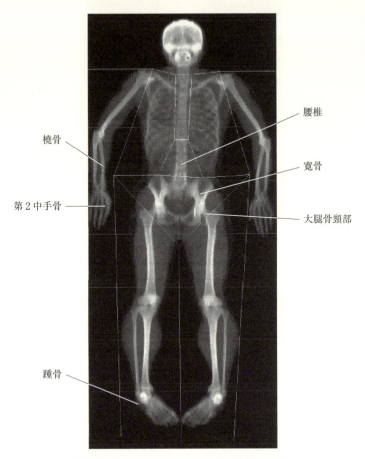

図 3.7.1 全身スキャンした DXA 画像と骨の名称。

　骨粗しょう症の確定診断ができる別の方法に MD（microdensitometry）法がある。この方法は、日本で開発され、第 2 中手骨の X 線撮影画像の濃淡や皮質骨（1.5 節参照）の幅から骨密度を測定する（日本骨粗鬆症学会 2015）。DXA 法のように特別な装置を必要としないが、中手骨は骨量減少に大きな影響を与える海綿骨（1.5 節参照）の割合が 2-3% のため、骨密度の経過観察には現段階では適さないとされている（日本骨粗鬆症学会 2015）。
　一方、健康診断のような集団検診で多く利用されている方法に、定量的超

音波測定法（quantitative ultrasound: QUS）がある。この方法は、対象骨（体重の影響を受け、かつ、海綿骨が豊富な踵骨を測定・検査する場合が多い）を伝播する超音波の速度と減衰から骨量を推定する（日本骨粗鬆症学会 2005）。QUS は機器ごとに基準が異なり確定診断には使用できないものの、DXA 法と違い放射線の曝露もなく、持ち運び可能な利点がある。骨密度増減の経過観察は、同一機器を使用すればある程度の評価ができる可能性があるが、現段階ではエビデンスが少ない。

DXA 法で測定した腕、体幹、脚の骨密度

骨密度はからだの部位ごとに異なる。DXA 法を用いて全身スキャンした結果をみると、若年齢および中高齢女性の骨密度の平均値は、腕、腰椎、脚の順に高くなる（Sanada *et al.* 2009）。このことから、つねに荷重がかかっている体幹や脚の骨密度が高く、非荷重骨である腕の骨密度が低いことがわかる。

若年齢女性と閉経後中年齢女性の骨密度を比較すると、横断的な研究であるものの、約 35 年間に各部位で 10% 程度の低下がみられる（表 3.7.1）（Sanada *et al.* 2009）。また、閉経後の中年齢と高年齢の女性を比較すると、さらに約 10 年間で 6% 程度骨密度が低くなるという（表 3.7.1）（Sanada *et al.* 2009）。このことから、とくに閉経後は各部位ともに急速に骨密度が低下することがわかる。骨粗しょう症に直結する骨密度の低下は静かに進行し、何か対策を講じなければならないことが理解できる。

骨密度はどこまで高まる？

骨がその強さを増すのは、1 つに環境に対する適応がある。地上で重力を受けながら生活すれば、体重を支えるための骨が必然的に強くなる。宇宙に行けば重力がないので、地上で獲得した適応は消えてしまう（Orwoll *et al.* 2013）。同様に継続的にスポーツを実施している選手の骨もその環境に適応することが知られている。たとえば過去に約 10 年以上、激しい稽古に励んだ学生相撲選手では同年代の一般学生よりも当然、骨密度は高い。興味深いのは、大きなからだを支える脚（1.33 g/cm^2）や腰椎（1.18 g/cm^2）の骨だけで

3.7　骨粗しょう症の予防と改善　　205

表 3.7.1　各年齢の骨密度。(Sanada *et al.* 2009) より改変。

骨密度 (g/cm^2)	若年齢女性	閉経後中年齢女性	高年齢女性
	61 人・平均年齢 24 歳	49 人・平均年齢 58 歳	28 人・平均年齢 70 歳
腕	0.71	0.63	0.59
腰椎	1.07	0.92	0.86
脚	1.12	1.01	0.94

なく、腕の骨 (0.99 g/cm^2) にも高い値が観察されることである。ちなみに、学生相撲選手の最高値は、腕が 1.15 g/cm^2、腰椎が 1.46 g/cm^2、脚が 1.45 g/cm^2 と驚異的に高い値を示した。DXA 装置は機種によって測定値が多少異なる可能性があるため単純には比較できないが、相撲選手の最高値は骨が折れることなく過酷な稽古に耐えた証である。

閉経後急速に低下する骨密度は運動で改善できるのか？

　先に述べたように、骨は運動下の環境に対して適応する能力をもつ。すなわち、骨に多くの刺激が加われば、それに反応し、骨は強くなる可能性がある。閉経後の女性では骨密度の急激な減少が観察されるため、運動効果を確かめる研究対象となっている。閉経後の女性を対象にして運動効果の程度を網羅的に調べた研究では、1 回 30-60 分、週 3 回以上、10 カ月以上、比較的高い負荷がかかるジャンプやレジスタンス・トレーニングを実施した場合、骨密度は維持・改善されることが報告されている (Xu *et al.* 2016)。この研究で示された運動時間、頻度、期間、運動の種類は、骨密度の上昇には貢献すると考えられるが、多くの中高齢者にとってこの条件の運動を継続することは容易ではない。けが予防の観点からも、まずは自分が取り組める範囲の運動内容からスタートし、個人のペースで徐々に運動時間や強度を増やすことが肝要である。

ウォーキングで骨密度は上昇するのか？

　ウォーキングは中高齢者にとってもっとも取り組みやすく、継続が可能な運動といっても過言ではない。閉経後の女性の骨密度に対するウォーキング

の効果を検証したレビュー論文によると、ウォーキングでも若干の効果は表れるらしい。この論文では腰椎の骨密度にウォーキングの効果を認めていないが、6カ月以上継続することで大腿骨頸部の骨密度が高まる可能性を報告している（Ma *et al.* 2013）。一方で、閉経後の日本人女性（平均年齢65歳）を対象にした研究では、1日800 mgのカルシウムを摂取し、中等度強度で8000歩以上、少なくとも1時間のウォーキングを週4日、12カ月間実施したところ、対照群と比較してわずかであるが腰椎骨密度の増加（1年で1.7%、大腿骨近位部のデータはない）を観察している（Yamazaki *et al.* 2004）。ウォーキングはジャンプやレジスタンス・トレーニングと比較して骨への刺激が低いため大きな効果は期待できないが、長期間の継続によって骨密度の維持、あるいは若干の改善が期待できる可能性がある。

非荷重運動の水泳で骨密度は上昇するのか？

　水泳は浮力がともなうため、陸上と比較して骨に荷重がかかりにくく、骨密度を上昇させるか否かについて議論が続いている。この理由として、これまでの研究デザインが、水泳以外の身体活動量データを収集しておらず、水泳自体が骨密度に与える影響について検討することが困難だった点があげられている（Lee *et al.* 2015）。このような指摘をクリアしている研究を紹介する。1回60分、週平均1.5回の水泳トレーニング（クロール1000 m、平泳ぎ・背泳ぎ・バラフライそれぞれ150-200 m）を2年間継続した閉経後の日本人女性（22人、平均年齢60歳）と通常の生活を維持する同年代の女性（19人、平均年齢59歳）の骨密度を比較した結果、腰椎の骨密度は両群で減少したものの、大腿骨近位部の骨密度は水泳トレーニングを実施した群で増加していた（呉他 2000）。まだ質の高いエビデンスは少ないものの、骨への荷重が少ない水泳においても、筋活動による骨への刺激が骨密度の上昇を促している可能性が示唆される。

男性の骨密度低下は考える必要がないのか？

　多くの研究は、骨密度低下が著しい閉経後の女性を対象としている。しかし、骨密度の低下は女性に限ったことではなく、男性でも程度は別として着

実に進行する。男性を対象とした研究は数が限られているが、12 カ月間片足ジャンプを実施（週 3 回、10 回の片脚ジャンプを 3 セット、各セット間休憩 15 秒からスタートし、ジャンプに慣れた 11 週目以降は毎日 10 回の片脚ジャンプを 5 セットへ増加）し、大腿骨頚部の骨密度が上昇するかどうかを検討した研究がある（Kemmler et al. 2018）。この研究によると、健康な男性（平均年齢 70 歳）の片脚ジャンプを実施した脚は、トレーニングをしていない脚と比較して、大腿骨頚部の骨密度が高まったと報告されている。一方、12 カ月間のレジスタンス・トレーニング（週 3 回、骨盤周囲に負荷がかかる 5 種目を 15 回 3 セットからスタートし、トレーニングに慣れた 8 週目以降は 8 回繰り返し可能な重量で 3 セットと負荷を増加）とウォーキング（週 3 回 30 分間）は、健康な男性（平均年齢 64 歳）の寛骨の骨密度を高めたものの、骨密度の上昇率はレジスタンス・トレーニング群とウォーキング群に差が認められなかったという研究もある（Kemmler et al. 2018）。このように少しずつ研究成果が蓄積されているが、まだまだ質の高いエビデンスは少なく、現時点で男性の骨密度を高める適切な運動の時間・頻度・期間・種類は明確となっていない。

他の器官・組織も含めて骨への運動の影響を捉える

　体重減少が骨密度に及ぼす影響について、200 本を超える論文をまとめた研究成果によると、1 年以上の食事制限単独および、食事制限と運動を組み合わせて体重減少をおこなったケースでは、腰椎および大腿骨近位部を含む骨盤エリアの骨密度の減少が報告されている（Soltani et al. 2016）。この結果は、食事制限をともなった体重減少は、骨への荷重負荷の低下につながる側面もあることを示している。一方、食事を制限することなく体重減少をともなうような運動を実施したケースでは、腰椎および骨盤エリアの骨密度の低下は認められていない（Soltani et al. 2016）。このことは、運動による骨格筋の筋活動が骨に与える影響は、体重という荷重が減少した場合でも少なくない可能性を示唆している。

　スポーツ科学やスポーツ医学でもっとも権威があるといっても過言ではないアメリカスポーツ医学会（The American College of Sports Medicine）が出版している Position Stand（Kohrt et al. 2004）によると、運動は骨量の維持

だけでなく、バランス能力の改善や転倒予防のために作成されるべきだと示されている。つまり、骨だけに着目してトレーニングをするのでなく、骨格筋や神経も含めた運動の重要性が指摘されている。また、最近では、各器官・組織は単独ではなく、相互に関連・協力しながら生命を紡いでいるという「臓器連関」・「臓器相関」という考え方が広まってきた。内臓をも含めたさまざまな器官・組織に目を向けたからだづくりが必要になるのではないだろうか。

引用文献

Gilbert, B., Forbes, *Human Body Composition Growth, Aging, Nutrition, and Activity*, Springer, 1987.

Kemmler, W. *et al.*, Exercise effects on bone mineral density in older men: a systematic review with special emphasis on study interventions, *Osteoporos. Int.*, **29**: 1493-1504, 2018.

Kohrt, W. M. *et al.*, American College of Sports Medicine Position Stand: physical activity and bone health, *Med. Sci. Sports Exerc.*, **36**: 1985-1996, 2004.

呉堅他，水泳運動が閉経後女性の骨密度に及ぼす影響，『体力科学』，**49**: 543-548，2000.

Lee, N. *et al.*, A review of the effect of swim training and nutrition on bone mineral density in female athletes, *J. Exerc. Nutrition Biochem.*, **19**: 273-279, 2015.

Ma, D. *et al.*, Effects of walking on the preservation of bone mineral density in perimenopausal and postmenopausal women: a systematic review and meta-analysis, *Menopause*, **20**: 1216-1226, 2013.

日本骨粗鬆症学会『QUS 使用の実際』，ライフサイエンス出版，2005.

日本骨粗鬆症学会『予防と治療のガイドライン 2015 年版』，ライフサイエンス出版，2015.

Orwoll, E. S. *et al.*, Skeletal health in long-duration astronauts: nature, assessment, and management recommendations from the NASA Bone Summit, *J. Bone Miner. Res.*, **28**: 1243-1255, 2013.

Sanada, K. *et al.*, Muscle mass and bone mineral indices: does the normalized bone mineral content differ with age?, *Eur. J. Clin. Nutr.*, **63**: 465-472, 2009.

Snyder, W. S. *et al.*, *Report of the Task Group on Reference Man*, Pergamon Press, 1984.

Soltani, S. *et al.*, The effects of weight loss approaches on bone mineral density in adults: a systematic review and meta-analysis of randomized controlled trials, *Osteoporos. Int.*, **27**: 2655-2671, 2016.

Xu, J. *et al.*, Effects of exercise on bone status in female subjects, from young girls to postmenopausal women: An overview of systematic reviews and meta-analyses, *Sports Med.*, **46**: 1165-1182, 2016.

Yamazaki, S. *et al.*, Effect of walking exercise on bone metabolism in postmenopausal women with osteopenia/osteoporosis, *Bone Miner. Metab.*, **22**: 500-508, 2004.

3.8 | がんの予防

がんの現状

　がんは、1981年より日本人の死因の第1位であり（図3.8.1）、一生のうちにがんに罹患する確率は、男性では62%、女性では47%、がんで死亡する確率は男性では25%、女性では16%であると推定されている。つまり、日本人が生涯にがんに罹患する可能性は男性では2人に1人、女性では3人に1人、がんで死亡する可能性は男性では4人に1人、女性では6人に1人という現状であり、がん予防は「健康長寿」のために取り組むべき課題の1つだと考えられる。

　本節では、まずがん発生の仕組みやがん治療の現状を紹介した後に、がん予防に関する全般的な指針を紹介する。その後、身体活動に焦点をあてて身体活動とがんに関する研究や、なぜ身体活動ががんを予防するかについてのメカニズムを紹介し、「健康長寿」のために参考になると思われる情報を提供する。

がん発生のしくみ

　がん細胞は正常な細胞の遺伝子に傷がついて発生する。ヒトのからだには約70兆個もの細胞があり、日々さまざまな細胞がさまざまな発がん物質にさらされて傷ついている。正常な細胞は、受けた傷がわずかであった場合は自らの力で修復することが可能であるが、傷が深い場合は死滅して新しい細胞と置き換えられることになる。しかしながら、時に、傷ついた細胞（がん細胞）が修復もされず、死滅もせず長い年月をかけて増殖し、がん検診でみつかるような大きさにまで増殖し、他の場所に移動したり（転移）、他の臓器に入り込んだり（浸潤）、さらに命を奪うまでの大きさに増殖してしまうのががんである（図3.8.2）。このため、がんを予防するには、できるだけ遺伝

210　第3章　教養として知りたい運動の効果

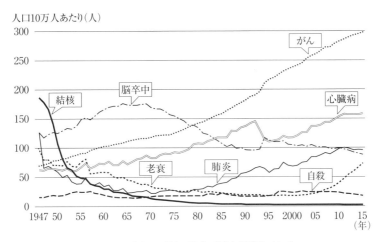

図 3.8.1　日本人の死因の推移（厚生労働省 2018）。

子に傷をつけないようにしてがん細胞の発生を防ぐこと（例：タバコを吸わない）、発生したがん細胞が増殖しないようにすること（例：肥満しない）、発生したがん細胞を死滅させること（例：免疫機能の活性化）のいずれか、あるいはこれらすべてが重要だと考えられる。そして、後で述べるように、身体活動はこれらすべての要素を備えている可能性がある。このため、身体活動はがん予防の有力な方法の1つだと考えられる。

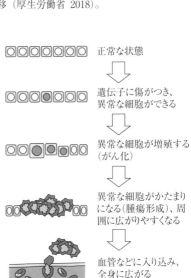

図 3.8.2　がんの発生と進行の仕組み（国立がん研究センターがん情報サービス）。

早期発見・早期治療

　がん細胞が転移したり他の臓器に浸潤したりする前にみつけ出すことができれば、そのがん細胞を体内から取り除いてしまう（切除）ことや早期に適

切な治療を開始することが可能である。いくつかの代表的ながんについては早期発見のためのがん検診が確立されており、「健康長寿」のためには年齢や性別に適したがん検診を受診することが望ましい。科学的根拠（エビデンス）に基づくがん検診については、国立がんセンターが「がん検診推進のページ」をインターネット上に開設している。

1961年、ジョン・F・ケネディ米国大統領は「アポロ計画」を発表し、10年以内に人類を月に到着させ、安全に地球に帰還させると宣言し、2年後の1963年に暗殺されて帰らぬ人となってしまった。しかし、アポロ計画はケネディ大統領が死亡した後も継続され、1969年に目標が達成された。次期大統領となったリチャード・ニクソン大統領は1971年に「がん戦争宣言」を発表し、第2次世界大戦で死亡したすべての米兵よりも多くの米国人が、毎年がんで死亡していることから、国として治療法をみつけるためにがんに打ち勝つと宣言した。しかしながら、任期中にがんに打ち勝つことはできず苦戦を強いられた。2016年、バラク・オバマ大統領は「ムーンショット・プログラム宣言」を発表し、約2兆円の研究費で「がん」に対抗するために国をあげた取り組みをおこなうと宣言した。「ムーンショット・プログラム」という名前に、「アポロ計画」のように苦難を乗り越えて成功させるという熱意がこめられているが、まだ完全勝利にはほど遠い状況である。しかしながら、2018年に京都大学の本庶佑特別教授が免疫療法という新たながん治療法を確立させてノーベル賞を受賞するなど、がん治療法は着実に進歩しており、いずれ、図3.8.1に示されている結核のようにがんが日本人の主要な死因でなくなる日がくることが期待される。

がん予防指針

がん治療法は着実に進歩している現状であるが、まだ完全に確立されている状況ではない。がん治療法の進歩と同様にがん予防法についても着実に進歩しており、ここでは1997年から10年おきにがん予防法を公表し続けている「世界がん研究基金・米国がん研究協会（World Cancer Research Fund/American Institute for Cancer Research, 以下、WCRF/AICR）」のがん予防指針を紹介する。

WCRF/AICR が初めてがん予防指針を発表したのは、1997 年である。世界を代表する 15 人のがんを専門とする研究者（日本からは九州大学の廣畑富雄名誉教授が参加）が、約 4500 本の論文を確認して「食事と栄養によるがん予防（Food, nutrition and the prevention of cancer）」というタイトルの報告書を出版した。そして、この 670 ページもなる報告書のまとめとして「がん予防の 14 か条」を発表した（WCRF/AICR 1997）。

この 14 か条の作成に使用された科学的根拠のほとんどは「疫学研究」である。疫学研究とはメカニズム（知りたいことの仕組み）が解明されていない病から人類を救ってきた歴史をもつ学問で、原因と結果の因果関係をメカニズム抜きに明らかにすることができる学問である。がんの危険因子を明らかにした最初の疫学研究は 1950 年に英国で発表された「ケースコントロール研究」と呼ばれる研究手法を用いた研究で、がんに罹患した人とがんに罹患していない人を対象にして、過去の生活習慣を確認するという方法で研究が実施された。この研究手法を使って最初に発見されたがんの危険因子は「喫煙」であった。がんに罹患した人の喫煙率が、がんに罹患していない人の喫煙率に比べて明らかに高かったことから、喫煙ががんの原因であると推測されたのである。

しかしながら、疫学研究は喫煙とがん発生の間に存在するであろうメカニズムまで明確にできる研究手法ではないことから、たった 1 つの研究から「喫煙」ががんの原因であると判断することは危険がともなう。つまり、間違った判断を下してしまう可能性がある。そこで、世界中のさまざまな研究者が実施したさまざまな研究の結果が同じであるかどうかを確認しながらがんの危険因子、言い換えれば、がんを予防するための因子が何かを特定していくのである。今回の指針づくりにおいて約 4500 本もの論文ががん研究の専門家によって確認されたのはこのためである。また、メカニズム抜きにがんの危険因子を明らかにする学問とはいっても、その時点でわかっている範囲で考えられるメカニズムの可能性を考慮に入れながらがんの危険因子であるかどうかを判断していくのである。そして、1997 年と同様の方法で、2007 年、2018 年とがん予防の指針が更新されている（WCRF/AICR 2007, WCRF/AICR 2018）（表 3.8.1）。

3.8　がんの予防　　213

表 3.8.1　がん予防の 10 か条（WCRF/AICR 2018）。

第 1 条　体重を正常範囲に保つ
第 2 条　つとめてからだを動かし活動的な生活をする
第 3 条　全粒穀物、野菜、果実、豆類を食べる
第 4 条　ファストフードを避ける
第 5 条　赤身と加工肉を控える
第 6 条　砂糖入りドリンクを控える
第 7 条　アルコールを控える
第 8 条　サプリメントに頼らない
第 9 条　赤ちゃんを母乳で育てる
第 10 条　がんの生存者は上記の各項目に従う

表 3.8.2　日本人のためのがん予防法（国立がん研究センター 2018）。

喫煙：たばこは吸わない。他人のたばこの煙を避ける
飲酒：飲むなら、節度のある飲酒をする
食事：食事は偏らずバランスよくとる
身体活動：日常生活を活動的に過ごす
体形：成人期での体重を適正な範囲に維持する（太りすぎない、やせすぎない）
感染：肝炎ウイルス感染の有無を知り、感染している場合は適切な措置をとる。機会があればピロリ菌感染検査をする

　WCRF/AICR の指針は世界のさまざまな国の人びとを対象とした指針であるが、日本人を対象とした指針については国立がん研究センターが発表した指針が存在する。国立がん研究センターは WCRF/AICR の報告書、すなわち世界中の研究論文も踏まえたうえで、日本人を対象とした研究に重点を置いて整理し、「日本人のためのがん予防法」を発表している（表 3.8.2）。このため、「健康長寿」を希望する日本人にとっては表 3.8.2 に示す指針がもっとも参考になる指針であると考えられる（国立がん研究センター 2018）。

身体活動とがん予防

　1997 年に発表された WCRF/AICR の「がん予防の 14 か条」において、第 3 条が「身体活動の維持」となっている。当時、身体活動と結腸がんに関す

214　第 3 章　教養として知りたい運動の効果

る疫学研究が 19 本存在しており、そのほとんどが身体活動量が多い人の結腸がんのリスクが低いという結果であったことから、身体活動が結腸がんを予防することは確定的であると報告された。「がん予防の 14 か条」において「予防することが確定的」と判断されたのは身体活動のみであったことから、世界中のがん研究者が身体活動に注目することになった。翌年（1998 年）、日本がん疫学研究会は WCRF/AICR の「がん予防の 14 か条」が日本人にも適応できるかどうかを確認し、日本人を対象に身体活動と大腸がんを調査した 4 本の疫学研究を吟味した。その結果、日本人においても身体活動量が多い人は大腸がんのリスクが低いということはほぼ確実であると報告している（日本がん疫学研究会がん予防指針検討委員会 1988）。

　2007 年に更新された報告書（WCRF/AICR 2007）では、身体活動量が多い人の結腸がんのリスクが低いことは前回と同様に「確実」、乳がん（閉経後期）および子宮内膜がんについては「可能性大」、肺がん・膵がんについては「可能性あり」となっている。このときに確認された論文は結腸がんが 39 本、乳がん 21 本、子宮内膜がん 8 本、肺がん 16 本、膵がん 12 本と 1997 年当時より大幅に論文数が増えている。そして、がん予防のための身体活動として、「最低 30 分の適度な強度の身体活動を毎日実施すること」、体力の向上を目的に「60 分以上のやや強度の高い運動か 30 分以上の強度の高い運動を毎日実施すること」、そして「座り過ぎを少なくすること」を推奨している。

　2018 年に国立がん研究センターが発表した「日本人のためのがん予防法」では、18 歳から 64 歳までの人にがん予防のための身体活動として、「歩行またはそれと同等以上の強度の身体活動を 1 日 60 分行うこと」、そして「息がはずみ汗をかく程度の運動は 1 週間に 60 分程度行うこと」を推奨している。さらに、2013 年に厚生労働省は日本人の身体活動指針を作成するためにコンピュータで検索した 6533 本の論文から 267 本を厳選して整理した結果を「健康づくりのための身体活動指針（アクティブガイド）」の表紙に「ふだんから元気にからだを動かすことで、糖尿病、心臓病、脳卒中、がん、ロコモ、うつ、認知症などになるリスクを下げることができます」と記載し、身体活動ががんのリスクを下げると国民に伝えている（厚生労働省 2013）。

3.8　がんの予防　　215

身体活動とがんに関する疫学研究

　身体活動とがんに関する疫学研究の例として、筆者らが日本人労働者を対象に実施した研究を紹介する（Sawada *et al.* 2003）。この研究は「コホート研究」と呼ばれる研究で、先に紹介した「ケースコントロール研究」より信頼性の高い結果を導き出す研究手法として知られているものである。研究参加者は1982年から1988年までの間に健康診断と体力測定を実施した9039人の日本人男性労働者である。追跡開始時点の平均年齢は37歳（19-59歳）であった。健康診断によって、これらの研究参加者ががんに罹患していないことを確認するとともに、固定式自転車（自転車エルゴメータ）を使って有酸素性能力（全身持久力とも呼ばれる）を測定した。アンケート調査（質問紙調査）によって測定した身体活動量は、身体活動量の思い出し方が回答者によってばらばらであることから正確性が低いことが知られているが、有酸素性能力については、身体活動量が多い人は有酸素性能力が高いことが明らかになっており、客観的で正確性の高い指標と考えられている。この有酸素性能力を用いて研究参加者を、有酸素性能力が低い群・やや低い群・やや高い群・高い群の4群に分類した。そして、研究参加者を平均16年間追跡して追跡期間中におけるがん死亡の有無を把握した。追跡期間中のがん死亡者数は有酸素性能力が低い群から50人（Q_1）、36人（Q_2）、20人（Q_3）、17人（Q_4）であり、有酸素性能力が高い群ほど追跡期間中のがん死亡者数が少ないことを確認した（図3.8.3）。そして、それぞれの群における年齢・肥満度・収縮期血圧・喫煙習慣・飲酒習慣にさまざまな差があったことから、多変量解析と呼ばれる統計手法を用いて、それぞれの群の年齢・肥満度・収縮期血圧・喫煙習慣・飲酒習慣の違いを調整した。そして、有酸素性能力が低い群を基準にして、有酸素性能力がやや低い群・やや高い群・高い群の相対危険度を算出した。その結果、有酸素性能力が高くなるに従ってがん死亡の相対危険度が低くなる傾向にあり、有酸素性能力が低い群と比較して高い群の相対危険度は59%低い値であった（図3.8.4）。筆者らの研究は、身体活動を実施することによって高い有酸素性能力を維持している人は、身体活動量不足の人と比較してがん死亡の危険度が半分ほど低いことを示しており、「日常生活

216　　第3章　教養として知りたい運動の効果

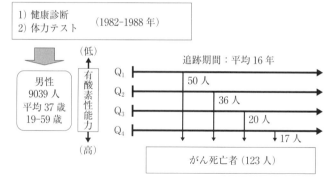

図 3.8.3 身体活動とがんに関する疫学研究の流れ（Swada *et al.* 2003）。

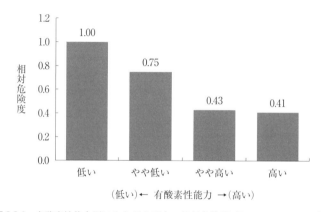

図 3.8.4 有酸素性能力別にみたがん死亡の相対危険度（Swada *et al.* 2003）。

を活動的に過ごす」ことによってがんが予防できる可能性を示唆している。

身体活動ががんを予防するメカニズム

がんを予防するには、前述したように下記の3つが重要だと考えられる。

① 遺伝子に傷をつけないようにしてがん細胞の発生を防ぐ。
② 発生したがん細胞を増殖させない。
③ 発生したがん細胞を死滅させる。

身体活動は①-③すべての要素を備えている可能性がある。身体活動ががんを予防するメカニズムにはまだ解明すべき点が数多く残されているが、こ

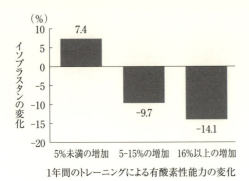

図 3.8.5 身体活動が活性酸素による細胞の損傷を予防（Campbell *et al.* 2010）。

こでは①-③に関する科学的根拠を紹介する。

(1) 遺伝子に傷がつくのを防ぐ

からだを動かすためには体内でエネルギーを燃やすための酸素が必要となるが、体内への酸素の取り込みが増えると遺伝子に傷をつける活性酸素を増やしてしまうことになる。このため生物は防御反応として体内の抗酸化能力を高め、その結果としてがん発生が予防される可能性がある。図 3.8.5 は 173 人の女性を対象に、1 年間のトレーニングによる有酸素性能力の変化が大きい人ほど活性酸素による遺伝子の傷を評価する物質であるイソプラスタンが減少していることを報告した研究であり、身体活動が遺伝子に傷がつくのを防ぐ可能性を示唆している研究である（Campbell *et al.* 2010）。

(2) がん細胞が増殖するのを防ぐ

身体活動がインスリン、エストロゲン、テストステロンといったホルモンや IGF（Insulin-like Growth Factor：インスリン様増殖因子）といったがん細胞を増殖させる増殖因子の過剰な分泌を抑制し、その結果としてがん増殖を抑制する可能性がある。Moore らは身体活動ががんを予防するメカニズムについてその中心的な役割を担うのはインスリンではないかと考えている（Moore *et al.* 1998）。彼らの説を裏付けるように、2010 年には米国糖尿病学会と米国がん協会が、2013 年には日本糖尿病学会と日本癌学会が糖尿病とがんが関係しているとの共同声明を発表している。身体活動がインスリンの分泌を抑制して 2 型糖尿病（3.5 節参照）を予防することが知られているが、同時にがんも予防している可能性が高いと考えられる。

(3) 増殖したがん細胞を死滅させる

適度な身体活動は免疫機能を高める可能性があると考えられている（Nieman 1994）（図 3.8.6）。3625 人の日本人を対象とした研究で、ナチュラルキラー細胞（NK細胞）の活性が高い人は低い人と比較してがん死亡率が低いことが報告されている（Imai *et al.* 2000）（図 3.8.7）。これらのことから、適度な身体活動を実施して免疫機能を高めれば、がんを予防できる可能性があると考えられる。

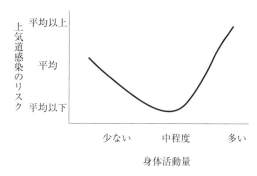

図 3.8.6　身体活動量と上気道感染のリスク：ニエマンのJカーブ理論（Nieman 1994）。

まとめ

身体活動ががんを予防するメカニズムは十分に解明されていない状況であるが、

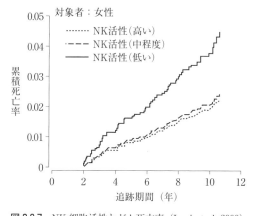

図 3.8.7　NK 細胞活性とがん死亡率（Imai *et al.* 2000）。

これまでに実施された疫学研究、そして数多くの疫学研究を整理した国内外のがん予防指針は、がん予防のために身体活動の実践を奨励している。やり過ぎなければ身体活動に害はないと考えられることから、適度な身体活動の実践は「健康長寿」のために取り組むべき生活習慣の1つだと考えられる。

引用文献

Campbell, P. T. *et al.*, Effect of exercise on oxidative stress: A 12-month randomized, controlled trial, *Med. Sci. Sports Exerc.*, **42**: 1448-1453, 2010.

Imai, K. *et al.*, Natural cytotoxic activity of peripheral-blood lymphocytes and cancer incidence: an 11-year follow-up study of a general population, *Lancet*, **356**: 1795-1799, 2000.

国立がん研究センター，科学的根拠に基づくがん予防，2018．https://ganjoho.jp/public/pre_scr/cause_prevention/evidence_based.html（2019 年 7 月 30 日アクセス）

国立がん研究センターがん情報サービス，知っておきたいがんの基礎知識．https://ganjoho.jp/public/dia_tre/knowledge/basic.html（2019 年 7 月 30 日アクセス）

厚生労働省，アクティブガイド，2013．https://www.mhlw.go.jp/stf/houdou/2r9852000002xple-att/2r9852000002xpr1.pdf（2019 年 7 月 30 日アクセス）

厚生労働省，平成 30（2018）年人口動態統計の年間推計．https://www.mhlw.go.jp/toukei/saikin/hw/jinkou/suikei18/index.html（2019 年 7 月 30 日アクセス）

Moore M. A. *et al.*, Physical exercise: a pillar for cancer prevention?, *Eur. J. Cancer Prev.*, **7**: 177-193, 1999.

Nieman, D. C., Exercise, infection, and immunity, *Int. J. Sports Med.*, **15**: S131-141, 1994.

日本がん疫学研究会がん予防指針検討委員会編著『生活習慣と主要部位のがん』，九州大学出版会，1999．

Sawada, S.S. *et al.*, Cardiorespiratory fitness and cancer mortality in Japanese men: A prospective study, *Med. Sci. Sports Exerc.*, **35**: 1546–1550, 2003.

WCRF/AICR, *World Cancer Research Fund/American Institute for Cancer Research : Food, nutrition and the prevention of cancer; a global perspective*, American Institute for Cancer Research, 1997.

WCRF/AICR, *World Cancer Research Fund/American Institute for Cancer Research : Food, nutrition, physical activity, and the prevention of cancer; a global perspective*, American Institute for Cancer Research, 2007.

WCRF/AICR, *World Cancer Research Fund/American Institute for Cancer Research : Diet, nutrition, physical activity and cancer; a global perspective*, American Institute for Cancer Research, 2018.

3.9 認知機能の維持と改善

認知症と現代社会

　現代の高齢社会では、認知症の人が今後ますます増加していくと予想されている。図 3.9.1 は、二宮ら（2015）が、ある町の認知症患者数の年次推移の結果から、将来の日本全体の認知症患者数を推計したものである（折れ線グラフ）。これによると、2020 年には認知症の人は約 600 万人になると想定されている（65 歳以上人口の約 17%）。さらに認知症と関連する疾患の増加もおり込むと、2025 年には約 5 人に 1 人が認知症となる可能性を指摘している。つまり、自身が認知症になるかどうかは別にして、誰もが認知症と関わりをもつ時代に突入したといえよう。

　このような社会状況に応じて、厚生労働省は「認知症の人の意思が尊重され、できる限り住み慣れた地域のよい環境で自分らしく暮らし続けることができる社会の実現」を目指し、「認知症施策推進総合戦略〜認知症高齢者等にやさしい地域づくりに向けて〜（新オレンジプラン）」を 2015 年に関係府省庁と共同で策定した。このなかには、重要な柱として認知症の人やその家族の視点を重視し、「認知症への理解を深める取り組み」「認知症の容態に応じた適時・適切な医療・介護等の提供」「介護者への支援」「認知症の人を含む高齢者にやさしい地域づくりの推進」「認知症の予防法・診断法・治療法・リハビリテーションモデルや介護モデル等の研究開発及びその成果の普及の推進」などが盛り込まれている。このように、現代社会では、認知症になっても安心して暮らせる社会を国民全員でつくり上げていくことが重要な課題となっている。

認知症とは

　勘違いされることがあるが、認知機能の低下＝認知症ではない。たとえば、

3.9　認知機能の維持と改善　221

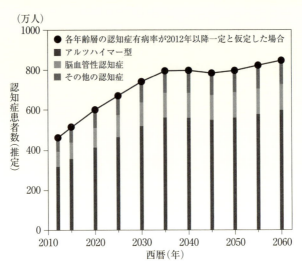

図 3.9.1 認知症患者の将来推計および各認知症患者の推計。(二宮他 2015) より改変。

　日常生活で物忘れが多くなった（記憶力が低下）、あるいは作業の手際が悪くなった（処理速度の低下）と感じると認知症ではないかと疑う人がいる。しかし多くの人は、物忘れが多くなったからメモをしっかり取る、あるいは、作業速度が落ちたから早めに準備を始めるなど、新しい方法を取り入れ問題なく日常生活を過ごすことができる。一方、認知症は、脳の障害によって認知機能が持続的に低下し（すなわち、進行性）、生活に支障が出ている状態をいう。つまり、先に述べたように、自分自身の特徴を理解してやり方を工夫するといった適応は困難である。このように、加齢にともなう認知機能の低下と認知症は異なるものである。

　認知症には、アルツハイマー型認知症、脳血管性認知症、レビー小体型認知症、前頭側頭葉型認知症などさまざまな種類があり、それぞれ原因も症状も異なる。図3.9.1に示した通り、日本ではアルツハイマー型認知症がもっとも多く（棒グラフの一番濃い部分）、その原因は、脳にアミロイドβたんぱく質やタウたんぱく質が蓄積し、脳細胞（とくに記憶に関わる脳の海馬領域）がダメージを受けるためと考えられている。残念ながら、これらの物質が蓄積

する原因は現在も調査中である。2018年には、脳内アミロイドβ蓄積量を簡易に推定できる方法が開発され、今後加速度的に研究が進められるものと期待される。また、アルツハイマー型認知症に有効な薬物療法も提案されている。

　アルツハイマー型に次いで脳血管性認知症も多い（棒グラフの一番薄い部分）。アルツハイマー型が脳の変性疾患であるのに対し、脳血管性認知症は血管の循環障害である。こちらも最終的には脳細胞の不全が生じることがあるが、脳梗塞やクモ膜下出血など、血管の詰まりや出血が発端となる。また、臨床では、アルツハイマー型認知症と脳血管性認知症の混合型認知症が多いことがわかっており、互いに発症を促進する可能性が指摘されている（羽生2012）。

認知症によって起こること

　認知症では、中核症状とそれに付随して生じるBPSD（行動・心理症状）と呼ばれる症状がある。中核症状として、出来事や体験内容を完全に忘れる（物忘れの自覚なし）、あるいは新しいことを覚えられないといった「記憶障害」、時間、季節、場所などがわからなくなる「見当識障害」、抽象的な思考ができず曖昧な言葉の理解が難しくなったり、論理的に物事を考えることができないといった「理解力・判断力の障害」、計画的に物事を進めることができないといった「実行機能障害」、服を着ることができない、よく知っている人がわからない、話す・聞く・読む・書くといった言葉を使うことが難しくなる「失行・失認・失語障害」があげられる（図3.9.2）。

　BPSDは英語の「Behavioral and Psychological Symptoms of Dementia（認知症の行動と心理症状）」の頭文字で、中核症状が元になって出現する周辺症状である。たとえば、できていたことができなくなって不安を強く感じることや、物をしまったこと自体を忘れてしまうことによって、周囲の人が盗んだと考えるような妄想が生じたりする。その他にも暴力や徘徊などさまざまな行動や心理症状が現れることから、BPSDは介護者にとって対応に苦慮することが多い問題である。

3.9　認知機能の維持と改善　　223

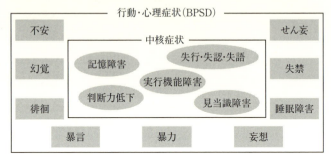

図 3.9.2　アルツハイマー型認知症と脳血管性認知症における病因および症状。

加齢による認知機能の変化

　現在のところ、認知症が根治するという明確な研究成果はない。これは、本書の中心である運動についても当てはまる。つまり、運動によって認知症が治るという証拠はない。しかし、認知症の前駆状態である軽度認知障害[1]や加齢にともなう認知機能の低下に対して、運動が改善効果をもつことは多数報告されている。そこで、ここからは、いったん軽度認知障害と加齢にともなう認知機能低下に焦点をあてて話を進める。

　図3.9.3の左側のグラフに、加齢による認知機能の低下の例として、記憶の加齢変化を示した。ここからわかるように、記憶は25歳以降、すでに低下傾向にある。他の認知機能も変化のパターンは異なるがおおむね20-30歳付近をピークに徐々に低下する（Baltes and Lindenberger 1997）。ただし、すべての機能が一様に低下するわけではない。語彙や知識など、個人が経験、教育、学習などから獲得していく結晶性知能は、生涯にわたり増大していく。

---

[1] 正常と認知症の境界の状態。本人による記憶障害の訴え、記憶検査の成績低下、全般的な認知機能や日常性活動作は正常、認知症ではない状態。また、軽度認知障害は必ず認知症に移行するものではない。

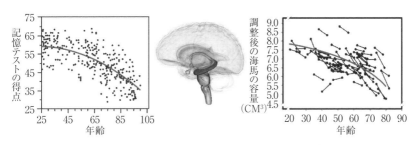

図 3.9.3 記憶能力の加齢変化（左）と海馬の容量の加齢変化（右）。脳の濃い部分は海馬を示す。左図は、(Baltes and Lindenberger 1997) より改変。右図は、(Raz *et al.* 2005) より改変。

　加齢によって影響を受けやすい認知機能は、情報の処理速度、記憶に関わる機能、行動や思考を抑制する機能、あるいは、それらを含む広範な機能である実行機能とされている。

　認知機能の低下に直接関与する要因は、加齢にともなう脳の構造的・機能的変化である。図 3.9.3 の右側のグラフは、海馬と呼ばれる記憶に関わる脳領域の容積の加齢変化を示したものである。記憶の低下と非常に類似したパターンでこの部分の容積も減少していくことがわかる。いわゆる脳の萎縮である。脳の大きさやその萎縮は、完全に認知機能の衰えを説明できるわけではないが、認知機能の低下の一要因であると考えられている。また、脳を車のエンジンにたとえるなら、脳を働かせるための燃料も必要である。脳の活動時には、血液によって酸素やグルコース（ブドウ糖）が供給される。加齢にともない血流が低下すると供給される酸素やグルコースの量が減る。また、グルコースの利用可能量自体も少なくなる。さらに、脳血流の低下が脳の萎縮を促進するという意見もある。すなわち、認知機能の低下の原因は、脳の問題に由来する。

　先に述べた記憶力のグラフで注目したい点は、80 代の高齢者のなかにも 20 代の若者と同程度の記憶を示す人がいるということである。つまり、私たちの認知機能はおおむね加齢により低下するが、その変化の程度には大きな個人差がある。この事実は、認知機能の変化が環境や生活スタイルに依存している可能性を示し、その仕組みを明らかにできれば、どうすれば認知機能を

3.9　認知機能の維持と改善

改善あるいは低下を抑制することができるかが明らかになるはずである。

　ここで加齢変化に関して、重要な知見を紹介しておきたい。若年者と高齢者が言語の記憶課題をおこなうときの脳活動を記録すると、若年者は左の前頭前野が活動するのに対し、記憶課題の成績が高い高齢者は両側の前頭前野が活性する（Cabeza *et al.* 1997）。つまり、高齢者の脳は、脳の機能低下を補償する、すなわち、若年者とは異なる方法で記憶するということである。これは、脳の萎縮によって必ずしも認知機能の低下が説明できないことにも関連している。

認知機能を改善・向上させる──脳トレは有効か？

　筋力が低下すれば筋肉に負荷をかけ、持久力が低下すれば心肺系に負荷をかけるといったように、私たちはある機能が低下した場合、直接その機能に負荷を与えて改善を目指す。このようなルールに基づいて認知機能の改善を目指す方法は、脳トレーニングとして浸透している。実際に、脳トレーニングは、私たちの認知機能改善に有効なのだろうか？

　ここでは、その真偽をテストした Owen ら（2010）の大規模な調査結果を紹介したい。彼らは、イギリスの18歳から60歳までの11430人の対象者に、効果があるとされるさまざまな脳トレーニングをおこなわせ、トレーニング前後で認知機能を測定した。その結果、トレーニング後には、トレーニング時に使用した認知課題の成績が明確に向上した。この結果は、脳トレーニングが有効であるかのようにみえる。しかし、重要な発見として、先にみられた認知課題の成績向上は、トレーニング時に使用した課題をおこなうときだけであり、それとまったく同じ認知機能を測定する他の認知課題をおこなった場合には、まったくトレーニング効果が認められなかった。すなわち、認知機能を鍛えるゲームをおこなったことでゲームは上手くなったが、その効果は、他の認知課題に転移しなかったということである。

　私たちが効果として望むことは、脳トレーニングで特定の認知機能（たとえば、記憶）を高め、それが他の認知課題や日常生活にも波及する（たとえば、物忘れが減る）ことである。脳トレーニングの効果が転移しないとする報告は他にも存在し、脳トレーニングに懐疑的な見方をする研究者は多い。

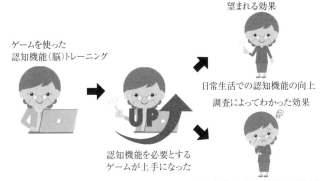

図 3.9.4　脳トレーニングが認知機能に及ぼす効果。

このことから、認知機能を向上させるために、からだ同様に脳に負荷をかける方法は、一般的に思われているほど効果は高くないようである（図 3.9.4）。

ただし、注意点として、若いときに知的な活動を多くおこなってきた高齢者ほど認知機能は高い。つまり、脳トレーニングが機能を回復させるかどうかは別にして、高い機能を維持するという意味では有効となり得る。実際、知的な機能を必要とする余暇活動をおこなっている高齢者は、そうでない高齢者に比べ、アルツハイマー型認知症を発症しにくいという知見もある（Fratiglioni *et al.* 2004）。

脳と身体能力の不思議な関係

脳トレーニングのように、直接脳に負荷をかける方法が有効でないとするならば、どうすればよいのだろうか？　ここでは、まず脳と身体能力の興味深い関係について紹介したい。

Erickson ら（2009）は、心血管系の機能を反映する持久力は、記憶を司る海馬の容積と関連があることを発見した。具体的にいうと、持久力の高い高齢者ほど海馬の容積が大きかったのである。さらに、別の研究では、持久力の高い高齢者は、低い高齢者よりも、前頭前皮質を含む脳の広範囲で、加齢にともなって生じる脳の神経細胞の減少が小さいことが報告されている（Colcombe *et al.* 2003）。

このような脳と持久力の関係と類似して、認知機能と筋力との間にも関係があることが報告されている。たとえば、大腿部の筋力と関係する膝の伸展力（前方に蹴る強さ）が強い高齢者ほど、認知課題の成績が高い（Nakamoto et al. 2012）。また本書の 1.2 節で紹介されているように、握力と認知機能の関係を指摘する研究もある。

　脳・認知機能と身体能力の関係が示される以前から、からだを鍛える運動が認知機能に好影響を及ぼすことは指摘されてきた。しかし、一見無関連に思える脳・認知機能と身体能力との間に明確な関係がみいだされて以来、からだを鍛えることが認知機能の改善につながるかどうかを調査する研究が爆発的に増加することになった（なお、認知機能と食事・栄養に関しては、第 4 章を参照のこと）。

運動による認知機能の改善効果

　運動の効果に関して、もっともよく研究されているのは心血管系に作用する有酸素性運動である。Kramer ら（1999）は、6 カ月間のウォーキングによって、複雑な課題を遂行するために必要な機能である実行機能が向上することを示した。また、Colcombe and Kramer（2003）は、それまでおこなわれてきた有酸素性運動を使った中・高齢者の介入研究を統計的に分析し、有酸素性運動が実行機能の改善にとくに有効であると結論づけている。

　さらに、Erickson ら（2011）は、ウォーキングをおこなった人とストレッチのみをおこなった人の 1 年後の海馬の容積の変化を調査したところ、ストレッチのみをおこなった高齢者では加齢にともなう海馬容積の減少が認められたのに対し、ウォーキングをおこなった人では海馬容積がむしろ増加したことを報告している（図 3.9.5）。この増加は、運動によって脳の神経細胞の新生が促進されたためと考えられている。どの程度運動をおこなえばよいかは議論が分かれるところであるが、ウォーキングなどの軽度から中等度の運動を 1 日 30 分以上、週 3 日以上、3 カ月以上続けることが脳・認知機能に有益であると考えられる。また高強度の運動が有効であるとする研究もある。

　さらに、筋力を高めるトレーニングが認知機能に好影響をもたらすという研究もある。たとえば、61 歳から 79 歳までの高齢者が 2.4 節で紹介されてい

228　　第 3 章　教養として知りたい運動の効果

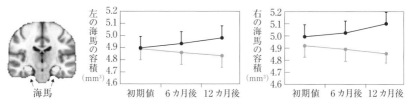

図 3.9.5 1年間のウォーキング（実線）とストレッチ（点線）をおこなった場合の海馬の容積の変化。（Erickson *et al.* 2011）より改変。

る自体重トレーニングを3カ月間おこない、運動によって膝伸展力が向上した人は、認知課題の成績も同様に向上したことが明らかにされている（Nakamoto *et al.* 2012）。また、このような自体重トレーニングは、日常生活を送るための重要な認知機能である抑制機能や作業記憶を向上させるようである（Ikudome *et al.* 2017）。自体重を使った方法には、特別な機器を使用せず日常のちょっとした時間でおこなえるというメリットもある。

　運動によって認知機能が改善するメカニズムはいくつかの仮説が提示されている。直接的な効果としては、運動による血流量の増加や血管機能の向上、神経の新生あるいは血管新生を促す脳由来成長因子や血中由来インスリン様成長因子の産出促進、脳内での情報伝達に関わる神経伝達物質の増大など、脳の構造的・機能的変化が引き起こされることが示されている。

運動による認知症の予防

　ここで話を認知症に戻そう。先に述べたように、運動は直接的な効果として脳の構造的・機能的変化を生じさせ、認知機能を向上させる。しかし、認知症が発症した後に、運動によって認知症が治るという証拠はない。ただ、運動が認知症の予防や改善に有効であるという証拠は提出されている。たとえば、Larsonら（2006）は、1回15分以上の運動を1週間あたり3回以上おこなっている高齢者は、3回未満の高齢者に比べ、認知症の発症リスクが低いことを明らかにしている。この場合、体力レベルが低かった高齢者ほど、運動による認知症予防の効果が高いようである。また、Boyleら（2010）は、筋力の高い高齢者ほど、軽度認知症やアルツハイマー型認知症になるリスクは低いとしている。

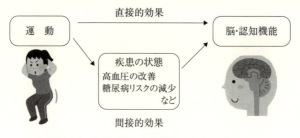

図 3.9.6 運動が脳・認知機能に与える効果。

　さらに、運動が間接的に認知症予防につながるという指摘もある（図 3.9.6）。3.3 節や 3.5 節でも述べられているように、運動は高血圧リスク、糖尿病のリスクを低下させることはよく知られている。アルツハイマー型認知症の危険因子として、中年期の高血圧、高コレステロール血症、またはその組合せがあげられる。また、糖尿病と認知症との関連に関する研究も多数ある。つまり、運動が高血圧症や糖尿病等を予防・改善し、その結果、認知症の発症リスクを下げるのではないかということである。

　以上のように、運動が認知症を根治させるかは不明であるが、少なくとも予防や改善には高い効果をもつ。そのため、間接的な効果も考慮すると、生涯にわたる運動は、認知症のリスクを減じる有効な手立てであり、若いときから運動を継続的におこなう必要があると考えられる。

おわりに

　ここまでみてきたように、脳・認知機能と身体機能は表裏一体の関係にある。また、不思議な言い回しになるが、身体運動は認知機能を高めるだけではなく、身体機能も高めることができる。つまり、運動は認知症や寝たきりといった問題を同時に予防できる唯一の方法といえる。こういった観点も含めて考えるなら、生涯を通して身体運動に親しみ楽しむ態度を育成すること、高齢者が運動を楽しくおこなえる環境をつくることが現代社会、そして未来の社会形成に重要であろう。さらに、運動はストレスを低減させ、社会的な相互作用をも促進する。これらは、認知症発症のリスクを低下させる重要な要因であるとされていることから、他者との相互作用を含めた運動がもたら

す効果の解明についても今後の発展が期待される。

引用文献

Baltes, P. B. and Lindenberger, U., Emergence of a powerful connection between sensory and cognitive functions across the adult life span: A new window to the study of cognitive aging?, *Psychol. Aging*, **12**: 12–21, 1997.

Boyle, P. A. *et al.*, Physical frailty is associated with incident mild cognitive impairment in community-based older persons, *J. Am. Geriatr. Soc.*, **58**: 248–255, 2010.

Cabeza, R. *et al.*, Age-related differences in neural activity during memory encoding and retrieval: A positron emission tomography study, *J. Neurosci.*, **17**: 391–400, 1997.

Colcombe, S. J. *et al.*, Aerobic fitness reduces brain tissue loss in aging humans, *J. Gerontol. A Biol. Sci. Med. Sci.*, **58**: 176–180, 2003.

Colcombe, S. and Kramer, A. F., Fitness effects on the cognitive function of older adults: A meta-analytic study, *Psychol. Sci.*, **14**: 125–130, 2003.

Erickson, K. I. *et al.*, Aerobic fitness is associated with hippocampal volume in elderly humans, *Hippocampus*, **19**: 1030–1039, 2009.

Erickson, K. I. *et al.*, Exercise training increases size of hippocampus and improves memory, *PNAS*, **108**: 3017–3022, 2011.

Fratiglioni, L., Paillard-Borg, S. and Winblad, B., An active and socially integrated lifestyle in late life might protect against dementia, *Lancet Neurol.*, **3**: 343–353, 2004.

羽生春夫．混合型認知症の診断と治療，*BRAIN and NERVE*，**64**: 1047–1055，2012.

Ikudome, S. *et al.*, Effect of long-term body-mass-based resistance exercise on cognitive function in elderly people, *J. Appl. Gerontol.*, **36**: 1519–1533, 2017.

Kramer, A. F. *et al.*, Ageing, fitness and neurocognitive function, *Nature*, **400**: 418–419, 1999.

Larson, E. B. *et al.*, Exercise is associated with reduced risk for incident dementia among persons 65 years of age and older, *Ann. Intern. Med.*, **144**: 73–81, 2006.

Nakamoto, H. *et al.*, Knee extensor strength is associated with Mini-Mental State Examination scores in elderly men, *Eur. J. Appl. Physiol.*, **112**: 1945–1953, 2012.

二宮利治・清原裕・小原知之，日本における認知症の高齢者人口の将来推計に関する研究，厚生労働省科学研究費補助金（厚生労働省科学特別研究事業）報告書，20–24，2015.

Owen, A. M. *et al.*, Putting brain training to the test, *Nature*, **465**: 775–778, 2010.

Raz, N. *et al.*, Regional Brain Changes in Aging Healthy Adults: General Trends, Individual Differences and Modifiers, *Cerebral Cortex*, **15**: 1676–1689, 2005.

3.10 | 抑うつの予防と改善

うつ病とは

厚生労働省が 2017（平成 29）年に実施した患者調査によれば、気分障害（うつ病および躁うつ病）の患者数は 127.6 万人、そのうち 65 歳以上の高齢者は 40 万人と推計されている。また、うつ病の生涯有病率（一生のうちに一度はこの病気になる人の割合）は最近の日本の調査では 5.7% と報告されている（川上 2016）。

うつ病の主たる症状は、①気分が落ち込む（憂うつになる）、②物事に興味がわかない、あるいは楽しめない、というもので、精神的なエネルギーが低下した状態という特徴がある。日常生活の中で、嫌なことやがっかりすることがあれば気持ちが沈んで元気がなくなることは誰もが経験することだが、多くの場合、たとえ気分が落ち込んでも、何か楽しいことがあれば気が紛れたり、嫌なことやがっかりした原因が解消されると自然に気が晴れてくる。このように誰もが経験する、一時的で日常生活に支障を来さない気分の落ち込みは、うつ病ではない。気分の落ち込みが、ほとんど毎日、1 日中、そして 2 週間以上続くような場合には、「うつ病」を疑ってみる必要がある。うつ病になると上記①②の症状のほか、おっくうだったりなんとなくだるかったり、集中力や注意力がなくなったり、食欲が落ちたり、よく眠れなくなったりして、苦痛を感じて日常生活に支障を来すようになる。うつ病患者は身体疾患の合併症も多く、自殺者を除いたとしても、うつ病の人はうつ病でない人と比較して寿命が 10 歳短いという報告もある（Walker *et al.* 2014）。

高齢者の場合は、典型的なうつ病の症状を示す人は 3 分の 1 から 4 分の 1 しかおらず、症状の一部がとくに強く現れたり、逆に一部が弱かったりするので、診断がつきにくいことも多いといわれている。気分の落ち込みよりも、頭重感、肩こり、腰痛、便秘、倦怠感、易疲労感、不眠、食欲不振、脱力感

232　第 3 章　教養として知りたい運動の効果

など身体面に関するものや、「ものおぼえが悪くなった」「ものわすれが増えた」といった記憶力の衰えに関する訴えも多いので認知症を疑って受診する場合もあるという。高齢者は、近親者との死別等から孤独感を感じることも多く、そういったライフイベントや環境の変化があったときに症状が続く場合は、うつ病を疑って専門家を受診することも大切である。

「うつ病」に関連するほかの言葉に、抑うつ状態、うつ状態、うつ、抑うつなどがある。うつ病の診断基準に該当するほどではないが、気分の落ち込みが持続している状態を"抑うつ状態"といったり、一時的な気分の落ち込みを"うつ"、あるいは"抑うつ"といったりすることがある。最近10年間で、身体活動・運動とうつ病との関連を解明しようとする研究が大変増えている。しかし、病院で診断を受けた"うつ病"について検討された科学的根拠（エビデンス）は必ずしも多くない。そこで本節では、診断を受けるには至っていない"うつ"や"抑うつ状態"も含めて、身体活動、運動の効果について述べていく。

運動をしている人はうつ病になりにくいのか？

からだをよく動かしている人（運動をしている人、あるいは身体活動度の高い人）は、将来的にうつ病になりにくいのだろうか？　このような問いに対する答えは、疫学という（一個人ではなくて）集団において健康に関連するある事象の頻度や分布とその関連要因を調べる科学的手法を使って導き出される。米国政府が2008年に身体活動のガイドラインを発表した際の報告書によれば、身体活動・運動は、抑うつに対して予防的効果があることを示す強い科学的根拠があると結論づけている。

ではうつ病にならないために私たちはどの程度、からだを動かせばよいのだろうか？　現在、WHO（世界保健機関）や米国では、18歳以上の成人と65歳以上の高齢者のどちらに対しても、健康づくりを目的として週あたり150分以上の中〜高強度の身体活動をおこなうことを推奨している。1週間あたり150分以上の身体活動をおこなうことで、将来的にうつ病・抑うつ状態になるリスクは19-27%低下するという（Mammen and Faulker 2013）。1週間が7日なので、土日を除く5日間では毎日30分以上、身体活動をおこなう

とよい計算になる。

　効果的な身体活動の量についてこころの健康に特化してより詳細に調べた研究によると、平均年齢63歳の女性49821人を対象に10年間調べたところ、身体活動が1日あたり10分未満の人たちと比較すると、10-29分とあまり長い時間でなくても、将来的にうつ病になるリスクが10%抑えられるという。さらに1日あたり60-90分では16%、90分以上では20%抑えられていたという（Lucas *et al.* 2011）。

　このような知見は欧米に限らずアジアでも得られている。平均年齢74.2歳の2673人の台湾人男女を11年間観察した研究では、少なくとも15分以上の中高強度の身体活動を週に3回実施していた場合に、抑うつの予防的効果が得られたとされている（Chang *et al.* 2017）。さらに日本人高齢者1422人（平均年齢72.5歳）を対象に2年間観察した研究では、週に少なくとも2回以上運動をおこなえば、運動をしない人と比べて48%、さらに運動を1人ではなく他の人と一緒におこなうと60%、抑うつになるリスクが低下すると報告されている（Kanamori *et al.* 2018）。身体面、精神面の不調を生じやすく運動することに動機づけが難しい高齢者では、少ない運動回数でも効果が得られるというのはうれしい情報である。

　最近の研究では、歩数計や加速度計を用いてより客観的に身体活動を計測する手法が用いられるようになっている。とくに加速度計は、身体活動の強度別の時間を詳細に調べることができる。65歳以上の男女（平均年齢74歳）285人を対象に加速度計を用いて実施した研究では、座位、低強度身体活動、中高強度身体活動について、それぞれに費やす時間と2年後のうつ状態との関連を検討した。その結果、中高強度の身体活動ばかりでなく低強度の身体活動にも、抑うつに対する予防効果があったことが報告されている（Ku *et al.* 2018）。低強度の身体活動は、3メッツ（メッツ：運動の強度の単位で安静座位でのエネルギー消費が1メッツ）以下のゆっくりとした歩行や家事などが該当する。

不活動の時間が短いとうつ病になりにくい？

　近年、身体活動と同じくらい問題視されつつあるのが身体不活動（座位行

234　　第3章　教養として知りたい運動の効果

動）である。身体不活動は身体活動とは別の健康に対する独立した危険因子
として着目されている。独立した危険因子とはどういうことかというと、た
とえば1日のうちに仮に60分しっかり運動をした場合でも、残りの時間を
ずっと椅子に座ってテレビをみているようでは健康に良くはない、座ってい
る時間が長ければそのこと自体が健康に悪影響なのではないかというもので
ある。質問票を使った調査研究では座っている時間を調べるのは難しいので、
テレビ視聴時間やゲームやパソコン端末を使っている時間を不活動時間とし
てうつ病発症との関連が検討されている。前述のLucasらの研究によれば、
1日の身体活動（低、中、高強度身体活動の合計）が10分未満かつテレビ視
聴時間が週21時間以上の高齢女性と比較して、1日90分以上の身体活動か
つテレビ視聴時間が週に5時間未満の人たちはうつ病のリスクが38%低かっ
たという（Lucas *et al.* 2011）。

運動によってうつ病が改善するのか？

　身体活動・運動は、うつ病の有効な治療法であり、心理学的介入や抗うつ
薬を含む他の治療法と同等の効果があることが報告されている。

　どのような運動をどの程度おこなえば効果があるのか？　いくつか研究が
おこなわれてきているが、研究で実施されている運動の頻度は週3回程度、
実施の期間は12-24週間が主で、うつ病の重症度を中程度から大幅に低下さ
せるという（Ekkekakis 2015）。1回あたりの運動は、ある研究を例にとると
10分間のウォーミングアップ、30分間の有酸素性運動（ウォーキングあるい
はジョギング）を70-85% HR reserve に相当する強度で実施（HR reserve：
予備心拍数＝運動時最大心拍数－安静時心拍数）、最後に5分間のクーリング
ダウンといった内容でおこなわれている。運動の種類は、有酸素性運動、1
人ではなくグループ形式で、インストラクターがついている形式で有効性が
より高いという。

　ほかの治療法、とくに薬物療法よりも良い点は、治療からの脱落率が通常
の治療では30%程度あるのに対して、運動療法は18%程度と低いこと、う
つ症状の再発率も低いこと、薬に特徴的な副作用の心配がないことなどがあ
げられる。また、運動療法は薬剤抵抗性のうつ病で効果を発揮したり、自殺

念慮に対して効果的（Vancampfort *et al.* 2018）であったりするという報告もある。

うつ病が、気分の落ち込み、やる気が出ない、おっくうといった症状を呈することから、からだを動かすなど無理だろうと思うかもしれないが、英国のうつ病治療の指針では、重症でないうつ病患者に対して、8人程度のグループで、1回あたり45分、中等度強度の有酸素性運動を週に2回5週間、引き続き週に1回7週間のプログラムが推奨されている（NICE guideline）。

このような運動プログラムを提供する際は、高齢者ではうつ病の臨床的な特徴と病態生理が、若年成人のそれとは大きく異なることに注意を払う必要がある。晩年になってのうつ病は、身体疾患の有病率の高さ（同時にもっている身体疾患にも注意が必要）、認知機能障害の有病率の上昇などを考慮したうえで運動処方をしなくてはならない。それでも、通常の抗うつ薬による治療に運動療法を加えることで、心気的症状ばかりでなく、うつ病のおもな症状である気分の落ち込みへの効果や、認知機能や自律神経バランスに大きな改善が期待できる。

心疾患に合併するうつ病に対する運動療法

高齢になると動脈硬化にともない、心筋梗塞や狭心症などの虚血性心疾患、慢性心不全といった心疾患をもつ人が増えてくる。このような心疾患患者には抑うつ状態を生じる人が多いことが報告されている。虚血性心疾患患者の抑うつの有病率（虚血性心疾患の患者でうつ症状をもっている人の割合）は15%から40%以上と報告されている。いったん心筋梗塞を起こした後に、再度同じ発作を起こす割合や死亡率などの疾病予後に、抑うつ状態が強く関連しているといわれている。

心筋梗塞後の患者に対する数種類の治療の効果を調べた米国の研究では、心筋梗塞発症後の6カ月間に定期的に運動をしていた群は運動をしていなかった群より全死亡率（あらゆる理由による死亡率）が低く、また抑うつ得点の減少度が大きかったという。全死亡率については、年齢、BMI、左室駆出率（心臓の機能評価指標の1つ）、治療方法（バイパス術か冠動脈形成術か）等の諸要因を考慮したとしても、心筋梗塞後の予後には定期的な運動をしている

236　第3章　教養として知りたい運動の効果

ことと抑うつ得点の低下の両方が重要と考えられている。また、冠動脈疾患にうつ症状を合併している患者に、週3回30分間、予備心拍数の70-85％相当の有酸素性運動（ウォーキングあるいはジョギング）を監視下で16週間おこなう運動療法群、抗うつ剤による薬物療法群、偽薬群の3群に無作為割り付けを実施して効果を比較検討したところ、運動療法群と薬物療法群で同等の抑うつ改善効果が認められた。また、私たちの心臓の拍動の間隔は、正常状態では大きくなったり小さくなったりと変動しているが、冠動脈疾患にかかるとこの変動が少なくなることが観察されていて、これが病気の予後にも関係しているのだが、運動療法群は薬物療法群より心拍変動の改善が良好であったということが認められている。すなわち、運動療法では抑うつの改善効果に加え、心疾患の予後に関連する要因も改善するというプラスの効果が確認されている（Blumenthal *et al.* 2012）。

なぜ運動はうつ病に効くのか？

なぜ運動はうつ病に効くのだろうか？　その答えには、なぜうつ病になるのかという、うつ病の原因や発症の機序（メカニズム）が関係していると思われるが、それはまだはっきりとはわかっていない。うつ病は、もともとの性格、物事の考え方・とらえ方（認知）、身に起こるさまざまな事象や環境（ストレスなど）と、脳内の感情をコントロールする神経伝達物質（セロトニン、ノルアドレナリン）の変化などが複合的にかかわりあって発症すると考えられている。運動をするとうつ状態が良くなる機序としては、脳由来神経栄養因子（BDNF）の発現が増える、セロトニンおよびノルアドレナリンの可用性（使われやすさ）の亢進、視床下部―脳下垂体―副腎皮質系の関与などが指摘されている。うつ病患者では脳内の両側海馬、前帯状皮質、前頭前皮質、線条体、扁桃体などに容積変化がみられ、また運動によってこれらの部位の容積の増加が認められることと関係すると考えられている。運動によってなぜ容積変化が起きるのかははっきりわかっていないが、運動による細胞増殖、血管系の新生、神経伝達物質の発現、視床下部―脳下垂体―副腎皮質系の活動性の変化等によって生じるのではないかと考えられている（Gujral *et al.* 2017）。

おわりに

うつ病の治療目的で身体活動や運動プログラムを提供する場合には、適用について十分慎重に考慮する必要がある。対象者（患者）の重症度や自殺の危険性などについて臨床医が事前に慎重に判断をおこなうこと、またプログラムの提供中も適宜、経過観察をおこないつつ実施するべきである。前述の指針でも、有能な医師のもと、実施する必要性が記載されている。高齢者の場合で中等度の強度以上の運動をおこなう場合は、身体面のリスクも考慮し、事前に実施の可否についてメディカルチェックをおこなうことも検討する必要がある。このような点を考慮すると、まずは日常生活での身体活動を積極的に推奨していくことが重要と考えられる。

引用文献

2018 Physical Activity Guidelines Advisory Committee Scientific Report. https://health.gov/paguidelines/second-edition/report/（2019 年 3 月 19 日アクセス）

Belvederi, M. *et al.*, Physical exercise in major depression: Reducing the mortality gap while improving clinical outcomes, *Front Psychiatry*, **9**: 762, 2019.

Blumenthal, J. A. *et al.*, Exercise and pharmacological treatment of depressive symptoms in patients with coronary heart disease: results from the UPBEAT (Understanding the Prognostic Benefits of Exercise and Antidepressant Therapy) study, *J. Am. Coll. Cardiol.*, **60**(12): 1053-1063, 2012.

Chang, Y. C. *et al.*, Effects of different amounts of exercise on preventing depressive symptoms in community-dwelling older adults: a prospective cohort study in Taiwan, *BMJ Open*, **7**(4): e014256, 2017.

Ekkekakis, P. and Honey, I., Shrunk the pooled SMD! Guide to critical appraisal of systematic reviews and meta-analyses using the Cochrane review on exercise for depression as example, *Ment. Health Phys. Act.*, **8**: 21-36, 2015.

Gujral, S. *et al.*, Exercise effects on depression: Possible neural mechanisms, *Gen. Hosp. Psychiatry*, **49**: 2-10, 2017.

川上憲人，有病率および受診行動，厚生労働省厚生労働科学研究費補助金（障害者対策総合研究事業）（H25—精神——般—006）国立研究開発法人日本医療研究開発機構障害者対策総合研究開発事業（精神障害分野）精神疾患の有病率等に関する大規模疫学調査研究：世界精神保健日本調査セカンド総合報告書，2016 年 5 月.

Kanamori, S. *et al.*, Frequency ad pattern of exercise and depression after two years in older Japanese adults: the JAGES longitudinal study, *Sci. Rep.*, **8**: 11224, 2018.

Ku, P. W. *et al.*, Prospective relationship between objectively measured light physical activity and depressive symptoms in later life, *Int. J. Geriatr Psychiatry*, **33**(1): 58–65, 2018.

Lucas, M. *et al.*, Relation between clinical depression risk and physical activity and time spent watching television in older women: a 10-year prospective follow-up study, *Am. J. Epidemiol.*, **174**(9): 1017–1027, 2011.

Mammen, G. and Faulkner, G., Physical activity and the prevention of depression a systematic review of prospective studies, *Am. J. Prev. Med.*, **45**(5), 649–657, 2013.

National Institute of Health and Care Excellence. Depression in adults: treatment and management, NICE guideline: short version, Draft for second consultation, May 2018. https://www.nice.org.uk/guidance/GID-CGWAVE0725/documents/short-version-of-draft-guideline（2019 年 8 月 19 日アクセス）

Physical Activity Guidelines Advisory Committee Report, 2008. U.S. Department of Health and Human Services. https://health.gov/paguidelines/2008/report/pdf/CommitteeReport.pdf（2019 年 3 月 19 日アクセス）

Vancampfort, D. *et al.*, Physical activity and suicidal ideation: a systematic review and meta-analysis, *J. Affect. Disord.*, **225**: 438–448, 2018.

Walker, E. R., McGee, R. E., and Druss, B. G., Mortality in mental disorders and global disease burden implications: a systematic review and meta-analysis, *JAMA Psychiatry*, **72**(4): 334–341, 2015.

World Health Organization, Global Recommendations on Physical Activity for Health. Geneva: World Health Organization, 2010. https://apps.who.int/iris/bitstream/handle/10665/44399/9789241599979_eng.pdf;jsessionid=063852F6938860EC27752ABC9FCD3E5F?sequence=1（2019 年 3 月 19 日アクセス）

3.10　抑うつの予防と改善　　239

3.11 | 不眠の予防と睡眠改善

加齢による睡眠の変化

　年をとると実感する変化の1つが睡眠に関するものである。「若い頃のようにぐっすり眠れない、熟睡感がない」「以前はいつまででも眠っていられたのに、年のせいか休みの日でも同じ時間に目が覚めて、朝寝坊ができない」といった声をよく聞く。悲しいことに、年をとるとともに睡眠の問題が増えるのは現実である。その背景には、睡眠の質が変化すること、睡眠の量が減少すること、睡眠の効率が低下すること、そして睡眠のタイミングが妨害されることがある。

　まず睡眠の質の変化は、自覚することは難しく、自覚できたとしても間違っていることも少なくない。睡眠の質を明らかにするには、脳波や筋電図などのセンサーをからだに装着して、脳の活動の様子やからだの状態を調べることが必要である。ぐっすり眠っている熟眠状態（深いノンレム睡眠）は、40代の半ばから終わり頃では10代の頃の6割程度、70歳では8割も減少することがわかっている。深いノンレム睡眠が少なくなり、浅い眠り（専門用語では睡眠段階1、睡眠段階2と呼ばれるノンレム睡眠）の占める割合が高くなる。ただしそこそこの睡眠状態（専門用語では睡眠段階2と呼ばれるノンレム睡眠）は年をとっても大幅に減らないし、これがとれていれば問題はない。深い睡眠が減ったからといって心配する必要はない。また、夢をみることが多いレム睡眠も年齢による変化は少ない。

　次に、睡眠の量の変化をみてみよう。睡眠時間は人によって個人差があるが、多くの場合加齢とともにだんだんと減っていく。若い学生の時期には8-10時間の睡眠時間が必要であり、かつ眠ることができるが、30代では7-9時間、70代を過ぎると6時間程度という人が増えてくる。睡眠の質や量の変化は、加齢にともなう脳機能の変化（たとえば、大脳皮質の厚みや神経細胞間

240　第3章　教養として知りたい運動の効果

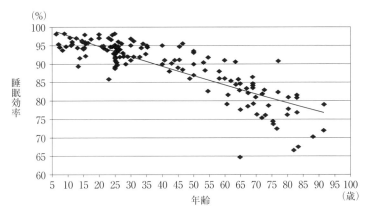

図 3.11.1 年齢による睡眠効率の変化。睡眠効率は、横になっている時間のうち、実際に眠れている時間の割合をさす。加齢にともない、睡眠効率は低下する（Ohayon et al. 2004）。

のネットワークの変化、脳内の沈着物増加など）が1つの要因と考えられている。

　また、加齢による睡眠量の減少は、安定した睡眠状態を続けて保つことができないことと関係している。これが3点めの睡眠の効率の変化である。年をとるほど夜中に目を覚ます回数が多くなることを自覚している人も多い。トイレが近くなること、服用している薬や病気などのせいで覚醒しやすくなっていることが関係している。夜中の中途覚醒時間は、10年ごとに10分ずつ増加する。ベッドで横になっている時間のうち、実際に眠れていた時間がどのくらいかを計算すると、90%（7時間ベッドにいるうち、30分近くは目を覚ましている）の人もいれば、60%（8時間ベッドにいるが、実際に眠れているのは5時間程度）の人もおり、個人差が大きくなる。このように実際に眠れている割合のことを睡眠効率と呼び、加齢とともに睡眠効率は低下することが知られている（Ohayon et al. 2004, 図3.11.1）。しばしばとりがちな間違った対処法として、必要な睡眠量が減っていることに気づかずに、「よく眠れない。でも布団にいれば少しは眠れるかも」「熟眠感がないから、横になってからだを休めておこう」と考えて、布団の中で踏ん張ってしまうことがある。これがかえって睡眠効率の低下を招いている。

加齢による睡眠の変化の4点めとして、からだのリズムが変わり、睡眠のタイミングが変化することがあげられる。からだの中で分泌されるさまざまなホルモンが生理機能を調整している。たとえば、メラトニンは夜になると脳の中で分泌される。このホルモンが分泌されると、からだはもうすぐ眠る時間だと認識し、眠りの準備を始める。年をとると、メラトニンの分泌が始まる時間と、濃度がピークを迎える時間が早くなる。そのために眠気を感じる時間、寝る時間が早まってくる。高齢者が睡眠と覚醒で問題を感じるようになるのは、からだのリズムの変化が大きく関係している。夕食を食べた後に、テレビをみながらいつの間にか眠ってしまう。夜、布団に入る前に、リビングでうとうとしてしまう。このように夜の早い時間帯に居眠りをしてしまうと、眠るための力が弱まってしまい、数時間後に布団に入って本格的に寝ようとしても寝つけず、眠ってもすぐに目が覚めてしまう。そして満足のいく睡眠がとれない状態のまま、からだのリズムは睡眠を終了し、目覚める準備が始まってしまう。朝、早く起き出して陽の光を浴びると、からだのリズムはよりいっそう前倒しになり、ますます早すぎる就寝、早すぎる目覚めにつながってしまう危険性がある。そして「自分は不眠症だ」という思い込みが生まれ、昼間の活動や人とのつきあいが制限されてしまう。家で休む時間が長くなると、健全な疲労感を得られないために睡眠の問題が深刻化してしまう。

　以上の睡眠の変化は、加齢にともなう自然な変化であるが、私たちはどうしても若い頃と同じであって当然と思い、間違った対処法をとりがちである。それによって、不眠症状がひどくなったり、長引いたりする。現在、日本の成人の20人に1人、60歳以上では6,7人に1人が医療機関で処方された睡眠薬を服用している。

運動するとよく眠れるのか？

　山登りをして疲れた日や、からだを使う庭仕事や家事をした日はよく眠れた経験がある人は多いだろう。よい眠りのためになるべく運動するように心がけているという声もよく聞かれる。フィンランドでおこなわれた調査では、良い睡眠のために心がけている生活習慣や行動として、1位が運動（男性の

33%、女性の 30%）、2 位が読書・音楽鑑賞（男性の 14%、女性の 23%）、3 位がサウナ・シャワー（男女とも 9%）、4 位が規則正しい生活習慣（男女とも 9%）であった（Urponen *et al.* 1988）。厚生労働省が提唱する「健康づくりのための睡眠指針」でも、「熟年世代は朝晩メリハリ、昼間に適度な運動で良い睡眠」という項目が掲げられている（厚生労働省健康局 2014）。一方で、運動をして疲れすぎて、いつもより眠れなくなるという経験をすることもある。運動をすると睡眠は改善するのだろうか。

　単発で実施した運動がその夜の睡眠に与える影響と、運動を習慣的におこなうことによってもたらされる効果を分けて考えてみたい。まず、単発で実施した運動がその夜の睡眠に与える影響について、過剰な負荷がかかる運動の場合は、その夜の睡眠は障害されることがわかっている（Driver *et al.* 1994）。これは、筋肉や腱の損傷、交感神経の緊張、ストレス性ホルモンの過剰分泌が起こるため、寝つきが悪くなったり、睡眠が分断されやすくなったりするからである。一方、適度な運動であれば、寝つきが早くなり、総睡眠時間が長くなり、深い睡眠が増えることが報告されている（Kubitz *et al.* 1996）。ただしその変化は、運動しない日の夜に比べて、数分〜十数分程度である。

　それでは、運動を習慣的におこなうことによって、睡眠にはどのような影響がもたらされるだろうか。これについては、ふだんの状況をアンケートで答えてもらい分析するもの（調査研究と呼ばれる方法）と、実際に運動をおこなってもらいその影響をみるもの（介入研究と呼ばれる方法）の 2 種類の研究によって明らかにされている。

　まず調査研究の結果をみてみよう。アメリカでおこなわれたアンケート調査によると、週に 1 度以上運動をしている中高齢者は、運動をしない人に比べて、睡眠の問題が少なかった（National Sleep Foundation 2013）。40 代から 60 代の中高年女性を対象とした日本の調査でも、1 回 30 分以上の低〜中等度の有酸素性運動（楽〜ややきついと感じるウォーキング・自転車・水泳・ステップ運動など）を週 2 日以上の頻度で 3 カ月以上実施している人は、こうした運動をしていない人に比べて熟眠感が高く、夜間のトイレ覚醒が少ないことが示されている（水野他 2004）。夜間のトイレ回数は加齢とともに増加し、高齢者では夜間トイレ回数が多い人ほど長期にわたり不眠を訴える人が

増える。夜間頻尿の原因として、(1) 尿濃縮およびナトリウム保持などの腎機能の低下、(2) 夜間の尿量増加をもたらすような水・電解質調節系の内分泌応答の変化、(3) 尿を貯留するぼうこうの機能的容量の低下と排尿筋活動の不安定化などが指摘されている。運動習慣と頻尿をもたらすメカニズムの関連についてはいまだ不明であるが、運動習慣によって、高齢者の夜間頻尿を予防できる可能性がある。

次に、実際に運動をおこなってもらう介入研究では、研究の対象者によって異なる結果が得られている。健康な若者はもともとよく眠れるため、運動習慣があろうがなかろうが睡眠の質に差はみられない。ところが、中途覚醒が増え、深い睡眠が減ってくる中高年者や不眠症状に悩んでいる人では、定期的に運動をおこなうことで睡眠は改善すると報告されている。たとえば、不眠で悩む高齢者を対象に、昼食後に30分間昼寝をとってもらい、夕方に軽い運動をおこなうプログラムを週3回、1カ月間実施した研究では、中途覚醒が減って睡眠状態が改善するとともに、日中の眠気や気分の落ち込み、不安感が低減したという (Tanaka *et al.* 2001)。ここでおこなわれた運動は、座った姿勢でも横になった姿勢でもできるような軽いストレッチングや腹式呼吸を取り入れた体操で、ゆったりと30分程度おこなうものであった。

習慣的な運動が睡眠を改善した背景として、日中に適正な覚醒維持ができ、夕方から就寝前にかけての居眠りを防止できた点が大きい。夕方の時間帯は深部体温がもっとも高くなるので、筋力や運動能力を発揮しやすく、からだへの負担も少ないことから、運動をおこなうのに効果的な時間帯と考えられる。加えて運動の前に、午後の早い時間帯に短時間仮眠をとっておくことで、疲労感や眠気を感じずに、夕方しっかりと動くことが可能になる。これが夜間の良質な睡眠を促し、翌日の生活の質も向上するという好循環を形成したと推察できる。また、昼寝や運動を日々同じ時間帯におこなうことで、生活のリズム、からだのリズムを整えることができ、睡眠改善につながると考えられる。昼寝をとらず運動のみをおこなう場合も、夕方の時間帯に定期的にからだを動かすことで、睡眠への良い効果が期待できると思われる。

さらに、昼間に十分な光を浴びると、メラトニンの分泌量が増えることがわかっている。メラトニンは、夜の時間帯に分泌されるホルモンで、眠りを

促し、からだのリズムを整える作用をもっているが、加齢とともにメラトニン分泌量は減少する。しかし、高齢者であっても昼間に明るい光を浴びるような環境で過ごすことによって、メラトニン分泌量は若い人とほぼ同程度のレベルにまで回復する（Mishima *et al.* 2001）。たとえば、施設に入所している不眠高齢者に、午前2時間、午後2時間の計4時間、2500ルクス（日差しが十分に差し込む窓際での明るさ）のもとで過ごすことを4週間続けてもらったところ、夜間時間帯のメラトニン分泌量が格段に上昇した。運動習慣を取り入れることは、戸外に出る、日中に明るい光を浴びるといった機会が増えることにつながり、これが睡眠を改善することにつながる。

あるいは、運動することでストレスが軽減されたり、食事がしっかり摂れるようになって栄養状態がよくなったりと、いろいろな要素が複合的に関連すると考えられる。

どのような運動をすればよいのか？

良い睡眠をとるために、どのような運動をすればよいのだろうか。運動の種類、運動の長さ、運動の強さ、運動する時間帯、どのくらい継続すればよいのかを考えてみたい。

まず、運動の種類であるが、睡眠を改善するには有酸素性運動が有効である。これは睡眠の質や眠りやすさが体温の変動と関係しており、有酸素性運動をすることで体温調節機能が高まるためである。汗をかいて、少し息があがるようなジョギング、ウォーキング、水泳が効果的である。高齢者や運動習慣のない人では、有酸素性運動以外のストレッチングや体操などの運動でも睡眠は改善する。

運動の長さについては研究が少なく、睡眠を改善する運動の長さを述べることは現段階では難しい。運動強度による睡眠改善の効果には差が認められていない（Youngstedt 2005）。むしろ激しい運動の実施によって中途覚醒が増えることがある。軽い運動、中程度の運動では中途覚醒時間が減少したという報告があり、自分が快適と感じる運動を続けるのがよいだろう。また、運動習慣がない人は、運動をしなくてはと意気込むよりも、今より少しからだを使ってみようと工夫するだけでもよいだろう。たとえば、1日の中でテ

3.11　不眠の予防と睡眠改善　245

レビをみる時間、座っている時間が長い人ほど、寝つくのに時間がかかり、早朝に目が覚めてしまうリスクが高く、睡眠の質が悪いという（Buman *et al.* 2015）。もし、家の中で過ごす時間が長く、テレビをみて座っていることが多いという場合には、テレビをみているときは足踏み体操やストレッチングをすると決めるだけでも、からだが使うエネルギーが増え、睡眠にも良い影響が出るだろう。

　運動する時間帯についてはどうだろう。寝る間際に運動をすると、からだが興奮してうまく寝つけなくなる。これまでの研究を概観すると、就寝4-8時間前に運動をするのが、睡眠にはもっとも効果がありそうである。それ以降（寝る前4時間以内）の運動では、中途覚醒が若干減って、総睡眠時間は増えるが、寝つきが少し悪くなる（Youngstedt 2005）。とくに寝る直前に激しい運動をすると、普段運動習慣がある人でも、睡眠が妨害される。また運動実施から就寝まで8時間以上ある場合は、睡眠に対する直接的な効果は少ない。睡眠の改善を目的とした運動は、夕方の時間帯におこなうのがよいといえる。

　どのくらい続ければ効果が出るのかという点では、運動による睡眠改善効果を期待するには長い目で考えることが必要である。これまでの研究結果をみると、「運動するとよく眠れる」というよりは、「運動する人はよく眠れている」といったほうが適切である。運動実施の頻度や睡眠習慣、睡眠環境の違いにもよるが、睡眠の改善効果が表れるのには、おおむね1〜数カ月の運動習慣の継続を要するものと思われる。快眠を期待して、無理な運動を単発でおこなうよりも、軽い運動でもよいので継続しておこなうことが睡眠力の底上げにつながるだろう。

　これまで不眠を有する高齢者を対象としておこなわれた研究で、睡眠改善に有効であった運動プログラムとしては、①最大心拍数の7割程度となる有酸素性運動を週に4回（週4回のうち2回はグループでおこない、残り2回は自宅で）、4カ月間実施したものや、②3カ月にわたり週に3回ずつウェイトトレーニングを実施したもの、③1カ月間にわたり、毎日45分間、速足ウォーキングを実施したものなどがある（Youngstedt 2005）。睡眠だけを改善することにとらわれず、体力や健康全般の向上を目指した運動を無理なく気

長に続けることが大切である。

引用文献

Buman, M. P. *et al.*, Sitting and television viewing: Novel risk factors for sleep disturbance and apnea risk? results from the 2013 National Sleep Foundation Sleep in America Poll, *Chest.*, **147**(3): 728-734, 2015.

Driver, H. S. *et al.*, Prolonged endurance exercise and sleep disruption, *Med. Sci. Sports Exerc.*, **26**(7): 903-907, 1994.

厚生労働省健康局, 健康づくりのための睡眠指針 2014, 2014.

Kubitz, K. A. *et al.*, The effects of acute and chronic exercise on sleep. A meta-analytic review, *Sports Med.*, **21**(4): 277-291, 1996.

Mishima, K. *et al.*, Diminished melatonin secretion in the elderly caused by insufficient environmental illumination, *J. Clin. Endocrinol. Metab.*, **86**(1): 129-134, 2001.

水野康他, 中高年女性における運動習慣の有無と睡眠習慣および睡眠健康度との関係, 『体力科学』, **53**: 527-536, 2004.

National Sleep Foundation 2003 Exercise and Sleep. https://sleepfoundation.org/sites/default/files/2003SleepPollExecSumm.pdf (2018 年 12 月 1 日アクセス)

Ohayon, M. M. *et al.*, Meta-analysis of quantitative sleep parameters from childhood to old age in healthy individuals: Developing normative sleep values across the human lifespan, *Sleep.*, **27**(7): 1255-1273, 2004.

Tanaka, H. *et al.*, Effects of short nap and exercise on elderly people having difficulty in sleeping, *Psychiatry Clin. Neurosci.*, **55**(3): 173-174, 2001.

Urponen, H. I. *et al.*, Self-evaluations of factors promoting and disturbing sleep: An epidemiological survey in Finland., *Soc. Sci. Med.*, **26**(4): 443-450, 1988.

Youngstedt, S. D., Effects of exercise on sleep, *Clin. Sports Med.*, **24**(2): 355-365, 2005.

コラム　ロコモティブシンドローム

　ロコモティブシンドローム（locomotive syndrome：運動器症候群、ここでは「ロコモ」と略す）は、運動器の障害により「要介護になる」リスクの高い状態であることと定義されている。このロコモは、メタボリックシンドローム（通称メタボ）とはまったく異なる概念としてとらえられている。最初にメタボとロコモの違いを説明しよう。メタボは、内臓脂肪の蓄積が主因で複数の危険因子が重複することで心臓や脳血管系の病気を患い、健康寿命が短くなり「要介護状態」になるのに対し、ロコモは、「運動器の障害」が原因で運動が制限される。ただ、メタボとロコモはともに認知症を合併する場合もあり、高齢者の健康という観点からは、両者に対して幅広い対応策が必要となる。高齢になり、寝たきりや、認知症になって、要介護となることはできるだけ避けたい。そのための健康寿命の延伸、生活機能低下の防止には、予防、早期発見・早期治療が重要なのである。
　このロコモは一般に国民病といわれるが、その原因には、大きく分けて、1：運動器自体の疾患と、2：加齢による運動器機能不全がある。それぞれの詳細を示すと、1は、加齢にともなうさまざまな運動器疾患が含まれ、例として変形性関節症、骨粗しょう症にともなう円背、易骨折性、変形性脊椎症、脊柱管狭窄症など、あるいは関節リウマチによる痛み、関節可動域制限、筋力低下、麻痺、骨折、痙性などがある。これらにより、バランス能力、体力、移動能力が低下する。2は、加齢による運動器機能不全として、筋力低下、持久力低下、反応時間延長、運動速度の低下、巧緻性低下、深部感覚低下、バランス能力低下などがあげられる。これらをエビデンスベースで詳細に解説している本書によって、ロコモとメタボを早期予防して、健康寿命をのばしてほしいと願っている。

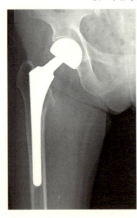

図1 骨粗しょう症による骨折のために人工股関節を入れた高齢者（福井尚志教授提供）
∴大腿骨頸部骨折は日本では、1年間に12万件も生じている。

第 4 章

食事と栄養
―― 健康の保持と増進

高齢者の健康を保持・増進するためには、運動だけではなく栄養も重要な要素である。ここでは、高齢者にまつわる栄養学的な問題とその原因、さらには対応策についてみていきたい。

4.1　若いころから気をつけよう
——青年・中年期の栄養状態と高齢期の健康との関係

年代による栄養状態の変化

　若いころの生活習慣は、実はその後何十年にもわたって影響を及ぼし続けることが知られている。したがって、高齢になっても健康を保つためには、若いころから食事内容に注意を払うことが必要となる。

　まずは、各年代において栄養と関連する問題としてどのようなものがあるのか、厚生労働省が毎年実施している国民健康・栄養調査の結果（2017（平成 29）年度）からみていきたい（図 4.1.1）（厚生労働省 2018）。まず青年期（〜29 歳）の女性においては、体格の指標の 1 つである Body Mass Index（BMI ＝ 体重（kg）÷身長（m）÷身長（m））が 18.5 未満となる者の割合が 21.7%、つまり 5 人に 1 人が「やせ」と判定される状況になっている。中年期においては、過栄養すなわち肥満傾向の男性が増加し、30 代の男性では 32%、40 代の男性では 35.3% と、およそ 3 人に 1 人が「肥満」と判定されるようになる。高齢期（70 歳以上）になると、その状況は一変し、やせ＝低栄養と判断される人の割合が増加する。このように各年代で栄養状態が大きく異なっており、それぞれの時期に合わせた対応が高齢期における健康の保持・増進さらには健康寿命の延伸にとって重要となる。

「やせすぎ」の影響——青年期の栄養状態と高齢期の健康

　青年期の女性では、低栄養・低体重になる者の割合が高いが、青年期に低栄養状態にあった者では、高齢期においてどのような健康上の問題が現れてくるのであろうか？　高齢女性で多くみられる疾患の 1 つに骨粗しょう症が

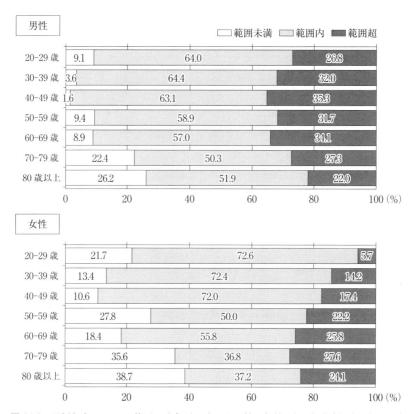

図 4.1.1 目標とする BMI の範囲の分布（20 歳以上、性・年齢階級別）（厚生労働省 2018）。

あげられるが、青年期に低体重・低栄養であった者ではその発症リスクが高くなることがわかっている。図 4.1.2 に示すように、青年期は骨量・骨密度がもっとも高まる時期であり、18-20 歳ごろにピークを迎える。それ以降は徐々に低下するが、50 歳ごろからさらに急激な低下が生じる。骨密度がある

4.1 若いころから気をつけよう

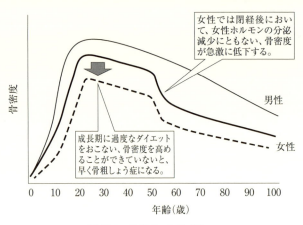

図 4.1.2　骨密度の加齢変化。

一定のレベル以下になると骨粗しょう症と診断され、背骨が圧縮され（脊椎圧迫骨折）腰が曲がったり、また転倒により大腿骨の付け根が折れたりすると、寝たきりになってしまう可能性が高まる。とくに女性では、骨粗しょう症になるリスクが男性に比べて高い。それは、もともと男性に比べて骨量が少ないことに加えて、中年期後半において「閉経」という生理学的に大きな変化がからだの中で生じるためである。女性ホルモンのエストロゲンは、骨の形成・強化にかかわる細胞（骨芽細胞）の働きを高め、逆に骨を壊す細胞（破骨細胞）の働きを弱めることで骨密度を高める作用をもっている。女性では、閉経にともない、このような作用をもつエストロゲンの分泌量が減少することで、骨密度が大きく減少してしまう。したがって、青年期にできるだけ骨密度を高めておくことが、骨粗しょう症さらには寝たきりを予防するうえで重要となる。

　骨は、たんぱく質の1つであるコラーゲンの周りにカルシウム（リン酸カルシウム）が結合したものである。当然、青年期にかけて骨の材料となるたんぱく質とカルシウムを十分に摂取することが重要となるが、低栄養・低体重の者ではそれらの摂取量が不足し、骨密度を高めることができなくなり、より早期に骨粗しょう症になってしまう。また、骨には衝撃（機械的な刺激）を感知して、それに適応すべく骨密度を高めようという仕組みが備わってい

る。したがって、運動をおこなうことで適度な機械的刺激を骨に加えることも重要となるが、低体重の者ではそのような運動にともなって骨に伝わる機械的刺激も少なくなる（骨粗しょう症については、3.7節も参照）。

　ただし、スポーツ選手などにおいては、長時間にわたる激しいトレーニングをおこない、エネルギー消費量が過度に増えることで逆に骨密度が低下してしまうことも知られている。食事によって体内に取り込んだエネルギー摂取量から運動などで使ったエネルギー消費量を差し引いた残りの部分は「エナジーアベイラビリティ（energy availability）」（日本語では、「利用可能エネルギー量」や「エネルギー有効性」）と呼ばれる。この部分は、体温の維持や消化・吸収といった基本的な生体機能の維持のために使用できるエネルギー量を意味し、これが除脂肪量1kgあたり30kcal/日を下回ると、さまざまな生体機能に異常をきたすようになる（Mountjoy *et al.* 2018）。とくに女性においては、女性ホルモンの分泌量が著しく減少し、生理が止まる（無月経症）場合がある。先に述べたように、女性ホルモンは、骨密度の維持・増加において重要な働きをしているため、無月経となった選手では、骨密度が低下し、疲労骨折の発症率が高まる。スポーツ選手に限らず、最近では過度なダイエット（食事制限）をおこないながら、運動も実施することで急いでやせようとする若年女性が増えている。しかしながら、このような過剰とも思われる減量志向は、カルシウムやたんぱく質の摂取不足とエナジーアベイラビリティの低下を引き起こすことで、青年期における骨密度の増加を妨げたり、高齢期における骨粗しょう症の発症リスクを高めたりしてしまう。青年期における過度なダイエットはその後の人生に大きな影響を及ぼすことを覚えておく必要がある。

「メタボ」の影響——中年期の栄養状態と高齢期の健康

　中年期には、いわゆる「メタボ」と呼ばれるような過栄養・肥満となる者の割合が増加する。メタボリックシンドロームとは、内臓脂肪が過剰に蓄積することで、血糖を低下させる作用をもつインスリンの効きが骨格筋、肝臓などにおいて悪くなり（＝インスリン抵抗性）、その結果、糖尿病、脂質異常症、高血圧、さらには動脈硬化症の発症につながる状態のことを指す。中年

4.1　若いころから気をつけよう　253

期におけるこのような状態は、その後の高齢期にまで大きな影響を及ぼす。

　メタボリックシンドロームの本体は、内臓脂肪の蓄積である。脂肪の蓄積は、エネルギーバランスの乱れ、つまり、食事からのエネルギー摂取量が身体活動などによるエネルギー消費量を上回ることで、余剰となったエネルギーが脂肪細胞へと蓄積することで生じる。したがって、その蓄積を予防・解消するには、(1) 運動・身体活動によってエネルギー消費量を増大させる、もしくは、(2) 食事制限によりエネルギー摂取量を減らすことのどちらかが必要となる。

「腹八分目」と寿命──エネルギー摂取制限による効果

　運動・身体活動でのエネルギー消費量の増大に関しては、他の章でくわしく解説されているのでここでは省略し、エネルギー摂取量の制限とその効果についてみていきたい。昔から「腹八分目」とよくいわれているが、毎日のエネルギー摂取量を少しずつ制限することが健康や寿命の延伸につながるのではないかと期待されている。ヒトを対象とした研究では、毎日の食事量を〜3割程度減らすことで、内臓脂肪が減少し、インスリン抵抗性が改善（インスリン感受性が亢進）することが示されている（Weiss and Holloszy 2007）。さらに、実験動物（ラット）を対象とした研究では、図4.1.3にみられるように、毎日エサを自由に好きなだけ摂取するラットに比べて、毎日のエサの摂取量を3割ほど減らしたラットでは、平均寿命と最高寿命の両方がのびることが報告されている（Holloszy 1997）。

　このようにラットなどの実験動物においては、エネルギー摂取制限による寿命延伸効果が認められているが、さらにヒトに近い動物ではどうだろうか？　サルを対象として、30年という長い年月をかけてエネルギー摂取制限と寿命との関係を検討した研究がある。この研究では、ラットを対象とした研究と同様に、エネルギー摂取量を制限したサルでは、自由にエサを食べ続けたサルに比べて外見も若々しく、寿命がのびることが示されている（図4.1.4）（Colman *et al.* 2009）。現在のところ、サルにおいては成人〜中高年期においてエネルギー摂取制限をおこなった場合に、老化が遅れ、寿命がのびることが確認されており、ヒトでも同様の効果が得られるだろうと考えられ

254　　第4章　食事と栄養

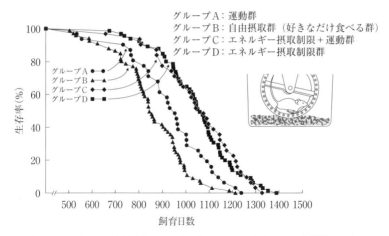

図 4.1.3 エネルギー摂取制限および運動がラットの寿命に及ぼす影響。エネルギー摂取制限をおこなう群では、自由摂取群の摂食量の7割程度のエサを毎日与えた。運動群には、右図のような回転ケージを用いて、自由にランニング運動をおこなわせた（Holloszy 1997）。

ている（Mattison *et al.* 2017）。

　健康の保持・増進に効果的な運動とエネルギー摂取制限を組み合わせた場合に、寿命に対してどのような効果が得られるのであろうか？　先ほど示したラットを対象とした研究では、運動による効果もあわせて検討されている。自由に運動ができるように、回転ケージと呼ばれる運動用の装置が設置されたケージで飼育されたラットでは、エネルギー摂取量を制限したラットほどではないものの、平均寿命がのびるという結果が報告されている（図 4.1.3）。少なくともラットのような小動物においては、運動をおこなうことで、より長生きできる可能性が高まるといえそうである。ただし、エネルギー制限と運動を組み合わせても、寿命に対するさらなる延伸効果は得られない（Holloszy 1997）。サル、さらにはヒトにおいて運動もしくは運動とエネルギー摂取制限の組み合わせが寿命に対してどのような効果をもたらすのかはまだ不明であるが、ラットとは異なった結果が得られることを期待したい。

　エネルギー摂取制限をおこなうと、不足したエネルギーを補うために骨格筋のたんぱく質が分解され、骨格筋が萎縮する危険性が高まる。その結果、

4.1　若いころから気をつけよう　255

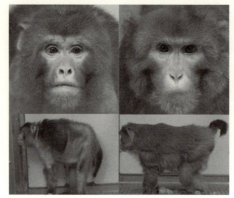
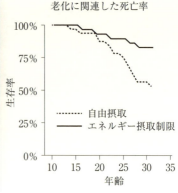

図 4.1.4 アカゲザルにおけるエネルギー摂取制限の効果。エネルギー摂取制限をおこなったサル（写真右）は、毛並みもよく若々しくみえる（両方のサルともに、アカゲザルの平均寿命に近い 27.6 歳）。このようにエネルギー摂取制限は、老化に関連した疾患の発症と死亡率を低下させる（Colman *et al.* 2009）。

除脂肪量さらには基礎代謝量が減少し、減量後においてむしろ太りやすい体質になってしまう場合がある。そこで、減量中には骨格筋の材料であるたんぱく質の摂取量を増やすことが推奨されている（Wycherley *et al.* 2012）。しかしながら、最近の研究では、減量中にたんぱく質の摂取量を増やすと、骨格筋および除脂肪量を維持することはできるが、インスリン感受性の改善はみられなかったという結果も示されている（Smith *et al.* 2016）。減量中にたんぱく質の摂取量を高めたほうが良いのかどうかについてはまだ結論が得られていないので、今後の研究を注意深くみていく必要があるだろう。

糖質は敵なのか？──糖質制限食による効果

　近年、減量を目的としたダイエット法の 1 つとして「糖質制限食」「炭水化物制限食」が注目されている。その理論的根拠はどのようなものなのか？また、どれくらいの減量効果が期待できるのであろうか？
　まず、糖質制限食の理論的根拠についてみていきたい。体重の増減は、基本的にはエネルギー摂取量とエネルギー消費量のバランスによって決まると

考えられている。その一方で、糖質を摂取することで膵臓から分泌されるインスリンも体重を決定する重要な因子の1つであるという説もある。このインスリンには、(1) 脂肪細胞への血糖の取り込みを増加させる（取り込まれた血糖は脂肪合成の材料として利用される）、(2) 脂肪合成に関与する酵素の発現量を増加させる、(3) 脂肪分解に関係する酵素の働きを弱める、という作用がある。つまり、インスリンは脂肪の合成を促すホルモンであるといえる。そこで、糖質の摂取量を制限し、インスリンの分泌を減少させることで、脂肪の合成、さらには肥満を予防しようとするのが糖質制限食ということになる。

　では、このような糖質制限食が体脂肪・体重減少に効果的なのだろうか？糖質制限食に関する数多くの研究論文のなかから、実験手法が妥当であると認められた研究を選びだし、そこで得られたデータを統合し、解析をおこなった研究報告がある（Naude *et al.* 2017）。この報告では、糖質からのエネルギー摂取量が45％未満のものを糖質制限食として定義し（『日本人の食事摂取基準』(2015年版) では、炭水化物（糖質）の目標量は50-65％とされている（厚生労働省 2014））、それが、一般的にバランスがとれて健康的であるといわれている対照食（糖質からのエネルギー摂取量が45-60％）と比較して、体重減少効果が高いのかどうかを検証している。その結果、最終的に導きだされた結論は、「対照食と糖質制限食との間に減量効果の差はほとんどない」というものであった。また、糖質制限の効果に関してこれ以外にも同様の解析をおこなっている論文がいくつか報告されているが、その解析の質が低いと判断された論文では、対照食に比べて糖質制限食のほうが減量効果が高いという結論になっており、逆に解析の質が高いと判断された論文では、糖質制限食による明確な減量効果は認められない、という結論になっている（Churuangsuk *et al.* 2018)。今後、糖質制限食・低糖質食に関する研究はさらに増え、それによって結論が変わる可能性は否定できないものの、現時点においては糖質を制限するメリットは大きくないのかもしれない。

　ただし、これらの解析結果には、「エネルギー摂取量を糖質制限食と対照食で同程度に制限した場合」という条件が付いている。過食によって肥満になった人では、そもそも食事量・エネルギー摂取量を制限することが難しい

のが実情である。糖質の摂取量を制限した場合、その代わりに脂質やたんぱく質の摂取量（比率）が増える。脂質やたんぱく質は消化・吸収に時間がかかるため、糖質を摂取した場合に比べて満腹感が持続しやすい。また、脂質を摂取した場合には、消化管からコレシストキニン（CCK）、グルカゴン様ペプチド-1（GLP-1）、ペプチド YY（PYY）といったホルモンが分泌されるが、これらの消化管ホルモンは食欲を司る視床下部に作用し、食欲を減衰させる作用をもつ。実際、糖質制限食では食欲を抑えられることが知られており、エネルギー摂取量を制限するために食欲をコントロールするという点においては有効な手段となりうるようである（Waldman *et al.* 2018）。

　では、このような糖質制限食は、死亡リスクに対してどのような影響を及ぼすのであろうか？　ここで最近の研究を 1 つ紹介したい。この研究では、アメリカで約 15000 人を対象とした調査結果と近年報告された論文の結果を統合し（総サンプル数は約 43 万人）、糖質の摂取量と総死亡のリスクとの関係を検討している（Seidelmann *et al.* 2018）。その結果、死亡リスクがもっとも低かったのは、糖質の摂取量がエネルギー比で 50-55%であり、糖質摂取量が 40%未満や 70%を超える場合には、死亡リスクが増加する、すなわち糖質摂取量と死亡リスクの間には U 字カーブの関係が存在することが明らかとなっている（図 4.1.5）。つまり、糖質の摂取量が多すぎても少なすぎても死亡のリスクが高まるようである。

　先に述べたように、糖質制限食にした場合には、代わりに脂質およびたんぱく質の摂取量（比率）が増える。その際、糖質を動物性の脂質・たんぱく質で置き換えた場合には死亡リスクが増加するが、植物性の脂質・たんぱく質で置き換えた場合には、死亡リスクが低下するという可能性も示されている（Seidelmann *et al.* 2018）。したがって、糖質を制限しすぎることは必ずしも好ましい影響をもたらさないが、その際、植物性の脂質・たんぱく質で代替すれば、そのネガティブな影響を軽減できるのかもしれない。この研究は、実際に糖質制限食を摂取させ、その後の寿命を測定するような、いわゆる「介入研究」と呼ばれるものではなく、「観察研究」と呼ばれるもの（あるときの食事摂取内容を調査し、その後の死亡率を追跡するような研究）であり、その科学的根拠（エビデンス）のレベルは必ずしも高くないということは留意

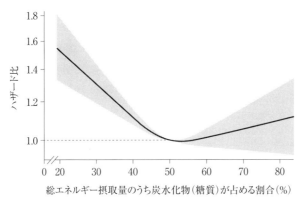

図 4.1.5 炭水化物（糖質）の摂取比率と総死亡リスクとの関係。実線は平均値、その両側の帯状の部分は95％信頼区間（母集団（調査したい集団の全体）の平均が95％の確率でこの範囲に収まることを意味する）をそれぞれ表す。ハザード比が1.0を超えると死亡のリスクが高まることを意味する。この図はアメリカで約15000人を対象とした調査の結果に基づいて作成されたもの。(Seidelmann *et al*. 2018) より作成。

しておく必要があるだろう。

4.2 高齢期の栄養状態と健康

適切な BMI 値は？──高齢者における低体重・低栄養問題

　体格の指標である BMI と総死亡のリスクとの間には、U字カーブの関係が存在する。すなわち、太りすぎても、やせすぎていても死亡のリスクは高まることになり、男女とも BMI が20-24.9の範囲でもっとも総死亡のリスクが低い。しかしながら、65歳以上の高齢者にかぎっていえば、少なくとも30を超えない限り、BMI が高くても死亡のリスクは大きくならないことや死亡率でみた至適 BMI は70歳以上では22.5-27.4と高くなることが明らかとなっている（表 4.2.1）（厚生労働省 2014）。一方、BMI が18.5未満、すなわち

表 4.2.1 総死亡率がもっとも低かった BMI の範囲（18 歳以上）（厚生労働省 2018）。

年齢（歳）	総死亡率がもっとも低かった BMI（kg/m²）
18-49	18.5-24.9
50-69	20.0-24.9
70 以上	22.5-27.4

「やせ」型になると、総死亡のリスクは急激に高まる。先ほど示したように、中年期では、過栄養とそれによるメタボリックシンドロームという問題を抱える人の割合が多いのに対して、高齢期では逆に低栄養状態の人の割合が多い。2017（平成 29）年度の国民健康・栄養調査の結果では、80 歳以上では男性で約 26％、女性では約 39％の人が低栄養傾向（BMI が目標とする範囲未満）であると報告されている（図 4.1.1）（厚生労働省 2018）。つまり、高齢者においては、このような低栄養・低体重に対してより注意を払う必要があるといえる。

　高齢期では、からだを動かす諸機能の低下によって、活動量が低下するのが一般的である。それにともない、エネルギー消費量も低下する。したがって、低体重になってしまうのは、エネルギー消費量の増加よりも、エネルギー摂取量の減少によると考えられる（活動量の減少よりも、さらにエネルギー摂取量の減少が大きくなっている）。実際、40 代から 70 代にかけて、エネルギー摂取量は約 25％減少し（Nieuwenhuizen *et al.* 2010）、先進国においては、介護施設に長期間居住している者の 85％、地域居住者の 15％が、このような加齢性の食欲不振に陥っているといわれている（Wysokiński *et al.* 2015）。このような食事・栄養摂取量の減少とそれにともなう低体重・低栄養状態は、高齢者の身体・健康状態にどのような影響を及ぼすのであろうか？

たんぱく質をとろう──低栄養と低アルブミン血症

　高齢者において食事量が減少することで、もっとも大きな問題になるのは、たんぱく質の摂取量が不足することである。たんぱく質摂取量が適切であるかどうかを評価する際には、血液中のアルブミンと呼ばれる物質（たんぱく

260　第 4 章　食事と栄養

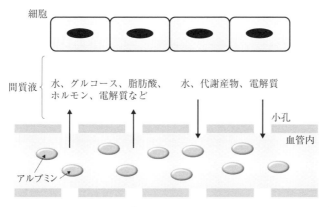

図 4.2.1 アルブミンの働き。血管の小孔から水、グルコース、脂肪酸、電解質などが流出し、細胞へと供給される。その一方で、アルブミンが血管内に存在することで、浸透圧が生じ、血管外の水分が血管内へと引き寄せられる。その際に、細胞から出された代謝産物などを血管内へと回収できる。

質）の量が用いられる。アルブミンは肝臓で合成された後、血液中へ供給され、浸透圧の調節を担っている。浸透圧とは、物質の濃度が低い液体から、物質の濃度が高い液体へと水分が移動し、両者の物質濃度が均等になるように働く力のことである。血液中にアルブミンがある程度存在することで、浸透圧（この浸透圧は「膠質浸透圧」と呼ばれる）が生じ、血管外にある水分（間質液）を血管内へと取り込むことができるようになる（図4.2.1）。たんぱく質の摂取量が減ると、肝臓でのアルブミンの合成が低下し、血中のアルブミン濃度が減少する（低アルブミン血症）。それにより、血液の浸透圧が低下し、血液中の水分が逆に組織へと流出してしまう。その結果、組織では浮腫が生じ、褥瘡（いわゆる「床ずれ」と呼ばれる症状）ができやすくなる。一方、血液側では、血液量が低下することで、最悪の場合には腎不全や心不全に陥るケースもある（図4.2.2）。

　また、肝臓ではアルブミン以外にもさまざまなたんぱく質が合成されており、脂質を全身に送り届ける際に重要な役割を果たすリポたんぱく質もそのうちの1つである。たんぱく質摂取量が減少すると、肝臓でのリポたんぱく質の合成も低下し、その結果、肝臓から血液中への脂質の放出・輸送も滞っ

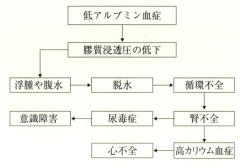

図 4.2.2　低アルブミン血症にともなうさまざまな症状。

てしまい、肝臓に脂肪が蓄積することになる。アフリカの飢餓難民の子供たちは、お腹が異常に膨れているが、あれは、まさに栄養失調でたんぱく質摂取量が極度に不足し、肝臓への脂肪蓄積と肥大が起こっている典型例である。

負のサイクルを防ぐ──低栄養とサルコペニア

　骨格筋は、体重の 40% を占める生体内で最大の臓器である。骨格筋の 80% は水分であるが、残りの大部分はたんぱく質から構成されている。骨格筋などを構成するたんぱく質は、合成と分解を毎日繰り返している。日常生活において、たんぱく質の合成は、食事などでたんぱく質を摂取することで促進され、一方、空腹状態においては、逆にたんぱく質の分解が亢進する。たんぱく質の合成が進むことを「同化作用」といい、たんぱく質の分解が進むことを「異化作用」という。図 4.2.3 で示すように、成人が日常生活を営んでいる場合、この同化作用と異化作用の部分（面積）が同じであり、その結果、体内のたんぱく質量がほぼ一定に保たれることとなる（藤田 2015）。

　一方、高齢者では、加齢そのものの影響により筋たんぱく質の合成、さらには骨格筋量が減少する（原発性サルコペニア）ことに加えて、たんぱく質の摂取量が減ることで、筋たんぱく質合成・骨格筋量がさらに低下することになる（2次性サルコペニア）。骨格筋量の減少は、身体活動量と基礎代謝量の低下につながり、エネルギー消費量がさらに減ることになる。これにより、食欲・食事量がさらに低下し、サルコペニアがますます進行するという負の

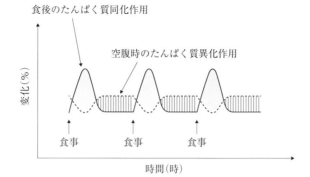

図 4.2.3 日常生活におけるたんぱく質の合成と分解（藤田 2015）。

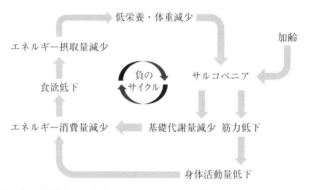

図 4.2.4 低栄養にともなってサルコペニアが助長されるメカニズム。

サイクルが形成されることになる（図 4.2.4）。

なお、高齢者では、たんぱく質の分解も低下することが知られている（Cuervo *et al.* 2005）。このことは、一見すると筋量を維持するためには好ましい変化のように思えるが、必ずしもそうではないようである。たんぱく質には寿命があり、生体は寿命がきたたんぱく質を分解し、つねに新たなものにつくりかえ、体内のたんぱく質の品質を保持しながら生命活動を維持している。この仕組みが高齢者ではうまく働かなくなり、骨格筋をはじめとするさまざまな臓器の質を保つことが難しくなるようである（Cuervo *et al.* 2005）。

高齢者の低栄養は、低アルブミン血症やサルコペニアだけではなく、表

表 4.2.2 高齢者の低栄養にともなうさまざまな病態。

● 低アルブミン血症
● サルコペニア
● 転倒・骨折
● 骨粗しょう症
● 貧血
● 嚥下機能の低下（誤嚥のリスク）
● 呼吸機能の低下
● 疲労感
● 治癒の遅延（手術後の回復の遅れなど）
● 薬剤代謝能力の低下（副作用のリスク）
● 認知機能の低下

など

4.2.2 に示すような症状を引き起こす。たとえば、免疫機能が低下したり、薬剤を代謝する能力が低下し、副作用のリスクが高まったりする。また、骨密度の低下と脂肪（とくにクッションの役割を果たす皮下脂肪）の減少が相まって、転倒骨折のリスクが増加する。さらに、骨格筋量の減少は、食べ物を噛んで飲み込む機能の低下につながることから、さらなる食事量の低下や誤飲、誤嚥性肺炎などの原因にもなる。手術や病気からの回復時には多くのエネルギーが必要となるが、低栄養状態ではその回復も遅れることになる。以上のように、低栄養状態は、多くの深刻な症状につながることから、体重減少が観察された時点で素早く対応することが必要となる。

4.3 なぜ食事量が減るのか？

　以上のように食事・たんぱく質の摂取量の減少は、低アルブミン血症やサルコペニアをはじめとするさまざまな疾患の原因となったり、その症状を促進させたりする要因となる。では、高齢者においては、食事・たんぱく質の摂取量が減ってしまうのはなぜなのか？　それには、以下のようなさまざまな要因が関係している（図 4.3.1）。

264　第 4 章　食事と栄養

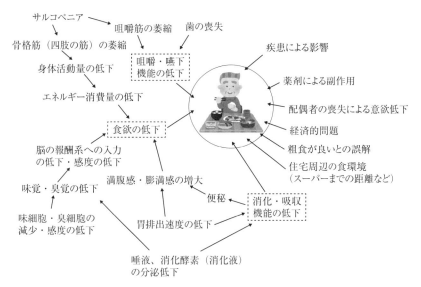

図 4.3.1　高齢者の食事量に影響を及ぼす要因。

身体活動量の低下

　健康な人では、身体活動量が増えた場合に、とくに意識することもなくそれに見合うように摂取する食事の量が増える。これは、身体活動量の増加にともなう血糖値や血中の脂質（脂肪酸）の濃度変化などを感知し、エネルギー消費量に見合った量の食事・栄養素を摂取しようとする仕組みが脳（の視床下部と呼ばれる部分）に存在するからである。激しいトレーニングをしているスポーツ選手では、エネルギー消費量の増加にともなって食事量が増えるが、逆に、高齢者のように身体活動量が減った場合には、上述のような食欲を亢進させる脳への入力が減り、食欲がわかなくなる。

食欲が落ちるのはなぜ？——味覚・臭覚および口腔環境・機能の悪化

　私たちは、おいしいものはついつい食べ過ぎてしまうが、逆においしくないものでは食が進まない。高齢者では、この「おいしさ」を感じる仕組みが

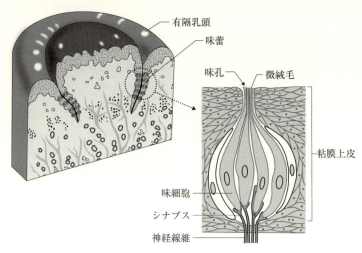

図 4.3.2 味細胞。(増田 2015) より作成。

鈍化してしまう。

　味は、舌のなかの味蕾と呼ばれる部位にある味細胞で感知される(図4.3.2)。高齢者では、この味細胞の数が減少することやその感度（感受性）が鈍化することが知られている（Wysokiński *et al.* 2015）。また、高齢者では唾液の分泌量が減少するため、味を生じさせる物質が味細胞にまで到達しにくくなる（An *et al.* 2018）。その結果、味の閾値（味を感じることができる最低の濃度）が高くなる。おいしいものを食べたときには、脳の報酬系と呼ばれる部位でドーパミンやβエンドルフィンといった快楽物質が放出され、「おいしい」や「さらに食べたい」といった感情が強化される。高齢者ではこの報酬系への入力やその感度が低下する（Wysokiński *et al.* 2015）。脂質はこのような報酬系を刺激する因子の1つであるが、高齢者ではその働きが鈍くなるため、脂質の摂取量も低下してしまうようである（Wysokiński *et al.* 2015）。

　味だけではなく、「におい」によっても食欲は刺激される。しかしながら、高齢者では、嗅上皮（鼻腔の上部にある皮膚）の変化や鼻腔の粘液の分泌量が減ること、さらには臭細胞（嗅覚受容体）の再生の減少（臭細胞は1-3ヵ月程度で入れ替わるがそれがうまくいかなくなる）などが原因で、臭覚が衰える（Welge-Lüssen 2009）。その結果、味覚だけではなく臭覚から脳への入力も

減り、食べ物に対する欲がさらに失われることになる。

　サルコペニアは、四肢の骨格筋だけに生じるものではなく、食べ物を噛む際に働く筋肉（咀嚼筋）や食べ物を飲み込む筋肉（嚥下筋）にも生じる。さらに、加齢にともない歯の喪失も生じる。その結果、たんぱく質を多く含む肉類や繊維性のものを噛んで飲み込むことが難しくなり、それらの摂取量が減少してしまう（An *et al.* 2018）。

すぐ満腹になるのはなぜ？──消化・吸収機能の低下

　高齢者では、食べ物を食べると、すぐに満腹感を感じるようになる。この原因の1つとして、食べた物が胃から小腸へと排出される際の速度（胃排出速度）が遅延する（食べたものが長時間にわたり胃に残る）ことがあげられる（Wysokiński *et al.* 2015）。高齢者では胃底部（胃の左上端部にある、行き詰まりの袋状の部分）の伸展性が低下する。この部分は、食べ物を一時的に留めておく部分であり、この部分の伸展性が低下することで、胃の前庭部（胃の出口に近い部分）がすぐに食べ物で満たされることになり、満腹感をより早く感じることになるといわれている（Wysokiński *et al.* 2015）。

　胃での消化能力に関しては、胃酸や消化酵素ペプシンの分泌量なども関係してくる。食べたものは、胃酸やペプシンを含んだ胃液と混ざることによって粥状になり、その後小腸に送り出される。この胃酸やペプシンの分泌量が、加齢にともなって減少し（Feldman *et al.* 1996）、その結果、胃での消化の遅れにつながるという可能性も示されている（ただし、胃酸の分泌量の減少は、加齢そのものの影響というよりも、萎縮性胃炎や胃がんとの関係性が示唆されているヘリコバクター・ピロリ菌の感染の影響によるという意見や胃酸やペプシンの分泌量の変化は高齢者の消化・吸収に大きな影響を及ぼさないという意見もある）。

　十二指腸から小腸にかけては膵臓などから消化酵素が放出されるが、リパーゼ、キモトリプシン、アミラーゼなどの消化酵素の消化管内での濃度は、高齢者で低下する（An *et al.* 2018）（ただしその低下は、消化が悪化するほど大きなものではないという意見もある）。また、消化管ホルモンの1つであるコレシストキニン（CCK）は、高齢者で多く分泌される（Wysokiński *et al.* 2015）。

このCCKは、胃の活動を抑制する作用をもつ。上述したように、高齢者では胃排出速度の低下が生じるが、その一部にはCCKの分泌増加も関係していると考えられている。

高齢者では、胃以外の消化器系でもさまざまな変化が生じる。たとえば、食道でも、加齢によってぜん動運動（消化管が食物を口側から肛門側へと移動させようと波打つような動き）や伸展性が低下する（Gutschow *et al.* 2011）。また、大腸でも、伸展性や運動性が低下し、大便の排出が遅れる。その結果、便中の水分が大腸でより多く吸収され、便秘や下腹部の膨満感が生じやすくなる（Rayner and Horowitz 2013）。このような変化も高齢者の食欲を低下させる一因となる。

以上のような味覚・臭覚の変化および消化・吸収機能の変化の仕方は、高齢者の間でも個人差が大きい。加齢によってこれらの機能が変化しないという論文報告もあり、必ずしも一致した結果が得られているわけではない。その原因は、加齢の進行には大きな個人差があること、また高齢者では加齢の影響だけではなく、何らかの疾患をもっている人が多く、それによる影響も大きいことなどがあげられる。

食事量が減るその他の要因

加齢にともなう生理的な変化だけではなく、高齢者の食事量はそれ以外の要因からも大きな影響を受ける。上述したように、高齢者の多くが何らかの疾患を抱えており、その疾患が直接または間接的に食欲や消化・吸収機能に影響を及ぼす。たとえば、関節炎などを抱えていれば、活動量が低下し、それにともない食欲・食事量が低下する。また、胃炎などがあれば、当然食べる量が減る。さらには、がん患者においては、がん細胞から放出されるさまざまな物質（炎症性サイトカインと呼ばれるものなど）が食欲低下の原因にもなることが知られている（Wysokiński *et al.* 2015）。高齢者ではうつ病などの精神性疾患や認知症に罹る人も増え、食欲不振となったり、食事をしたかどうかを忘れてしまったりして、食事量が減少するケースもある（Wysokiński *et al.* 2015）。さらに、このような病気の治療のために摂取する医薬品も消化・吸収機能、さらには食欲そのものに大きな影響を及ぼす場合がある。

268 　第4章　食事と栄養

社会的・経済的状況も食事量に大きく影響する。たとえば、過疎地域においては、スーパーが近くにないため、なかなか買い物に行けない場合や、経済的な援助が得られず十分な量の食品を購入することができない高齢者も少なからず存在する。また、粗食＝エネルギー摂取制限が健康に良いという考えは、中高年のメタボリックシンドローム予防には当てはまるものの、それが高齢期においても同様に健康にとって良いという認識をもち続けてしまう場合も多い。さらに、配偶者を亡くした高齢男性においてよくみられるケースとして、料理が苦手で、食事を自分で準備することができない、もしくは準備できたとしてもバラエティが少なく、次第に食欲が失われてしまうといったことも食事量が減る原因としてあげられる。

4.4 低栄養状態を克服する──栄養学的手法

　高齢者の栄養関連問題として、以上のような低栄養とそれにともなう低アルブミン血症やサルコペニアなどがあげられるが、それを克服する栄養学的な方法についての情報を以下でみていきたい。さらに、低栄養問題に加えて、近年患者が急増し、大きな社会的問題となっている認知症に対する栄養学的手法についても現時点での情報を整理していきたい。

　個々の栄養素の摂取法の話に移る前に、まずは食事全体の工夫の仕方について述べる。先に述べたように、高齢者では味覚・臭覚の機能が低下していることから、味付けには工夫が必要となる。ただし、味付けを濃くすれば、食塩の摂取量が増え、それによる悪影響が生じることを留意すべきである。味覚だけではなく視覚からも食欲を高められるような彩り豊かで、バラエティに富んだ食事が望ましい。咀嚼・嚥下能力が低下していることを考慮し、小さく一口サイズに切って、簡単に飲み込めるように、また、十分に加熱し、噛みやすい状態にしておくことも重要となる。独りで食事をする（孤食）よりも集団で食事を摂った場合には、食事摂取量が増えるという報告があり、大人数で楽しみながら食事を摂れるような環境づくりもより重要となる。

4.4　低栄養状態を克服する　　269

たんぱく質とアミノ酸

　高齢者では、食事量（たんぱく質摂取量）が減少することに加えて、食後（たんぱく質摂取後）に筋たんぱく質合成の材料となるアミノ酸が骨格筋に供給されたとしても、その合成能力が成人に比べて低下することが知られている（Katsanos *et al.* 2006）（図4.4.1）。このように高齢者で筋たんぱく質の合成能力が減弱してしまうことは、「同化抵抗性（アナボリックレジスタンス）」と呼ばれている。同化抵抗性が生じている高齢者においては、より多くのたんぱく質を摂取して、血中のアミノ酸濃度を成人よりも高めることが必要となる。厚生労働省から発表されている『日本人の食事摂取基準（2015年版）』では、成人のたんぱく質の推奨量（98％の人が充足できるという数値）は、1日あたり0.9 g/体重1 kgであるのに対して、高齢者（70歳以上）では、1.06 g/体重1 kgという値が示されている（厚生労働省 2014）。また、高齢者のサルコペニアや低栄養状態を予防するためには、たんぱく質摂取量を1日あたり1.0-1.2 g/体重1 kgまで増やすほうがよいだろうと多くの研究で示されている（Robinson *et al.* 2018）。

　私たちの体内のたんぱく質は、20種類のアミノ酸から構成されているが、それらは、必須アミノ酸（9種類）と非必須アミノ酸（11種類）の2つに大別される（表4.4.1）。必須アミノ酸は体内で合成することができず、食事から摂取することが「必須」なアミノ酸のことをいい、一方、非必須アミノ酸は体内で合成することができるアミノ酸のことを指す。筋たんぱく質合成において重要となるのは必須アミノ酸であり、この必須アミノ酸を多く含むたんぱく質が「良質なたんぱく質」となる。成人と同様に筋たんぱく質合成を高めるためには、1回の食事の中に必須アミノ酸が10-15 g含まれていることが望ましく、そのためには良質なたんぱく質を毎食30 g程度摂取しなければならないといわれている（厚生労働省 2014, Paddon-Jones and Leidy 2014）。

　必須アミノ酸を多く含み、良質なたんぱく質とされるものの多くは、肉類をはじめとする動物性食品である。しかしながら、先に述べたように、高齢者では肉類の摂取量が減少する傾向にある。そもそも、食事量やたんぱく質の摂取量が低下している人に対して、その摂取量を増やすことは難しいのが

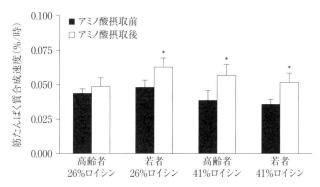

図4.4.1 高齢者と若者におけるアミノ酸摂取後の筋たんぱく質合成速度の違い。6.7 gの必須アミノ酸混合物を摂取しても、若者に比べて高齢者では筋たんぱく質合成速度が増加しにくい（グラフ左側）。ただし、必須アミノ酸の混合物の中のロイシンの比率を26%（1.7 g）から41%（2.8 g）に増やすことで、高齢者でも若者と同程度に筋たんぱく質合成を高めることができる（グラフ右側）。* はアミノ酸摂取前に比べて有意に増加したことを表す。(Katsanos et al. 2006) を改変。

表4.4.1 必須アミノ酸と非必須アミノ酸の種類。

たんぱく質を構成する20種類のアミノ酸

必須アミノ酸（9種類）	非必須アミノ酸（11種類）
・ロイシン　・リジン ・バリン　・スレオニン ・フェニルアラニン　・メチオニン ・トリプトファン ・イソロイシン ・ヒスチジン	・アスパラギン酸　・セリン ・アスパラギン　・アラニン ・グルタミン酸　・プロリン ・グルタミン　・グリシン ・システイン　・チロシン ・アルギニン

実状であろう。このような状況を打破するにはどのような方法があるのだろうか？

　筋たんぱく質の合成には図4.4.2のような細胞内情報伝達経路が関係していることが明らかとなっている。この中でも mechanistic target of rapamycin（mTOR）と呼ばれる酵素が重要な役割を担っており、この mTOR やその下流の情報伝達経路が抑制されていることが高齢者における同化抵抗性の原因と考えられている。必須アミノ酸の中には、図4.4.3に示すように側鎖と呼ばれる部分が二股に分かれている分岐鎖アミノ酸と呼ばれるものがあり、そ

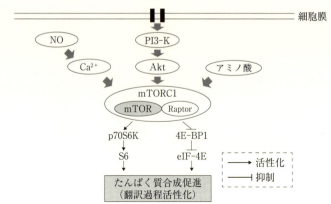

図 4.4.2 筋線維の肥大を生じさせる細胞内情報伝達経路。筋力トレーニングをおこなった際には、成長因子であるインスリン用成長因子-1（IGF-1）によってPI3-K → Akt → mTOR という経路が活性化されることにより、翻訳さらには筋たんぱく質の合成が促進される。また、mTOR は一酸化窒素（NO）→カルシウムイオン（Ca^{2+}）濃度の上昇、という経路やアミノ酸（とくにロイシン）によっても活性される。

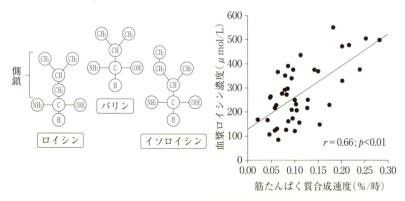

図 4.4.3 分岐鎖アミノ酸（BCAA）の構造（左図）と血漿ロイシン濃度と筋たんぱく質合成速度との関係（右図）。(Pennings et al. 2011) より作成。

の中でもとくにロイシンは、mTOR を活性化させ、筋たんぱく質合成を高める作用をもっている。図 4.4.3 に示すように、血中のロイシン濃度が高くなればなるほど、高齢者において筋たんぱく質合成が高くなることが明らかとな

っていることから（Pennings *et al.* 2011）、このロイシンを多く含むたんぱく質（ホエイたんぱく質と呼ばれる乳たんぱく質）や、ロイシンそのものをサプリメントとして摂取することが高齢者の筋たんぱく質合成を高めるうえで効果的であるとされている（図 4.4.1）（Katsanos *et al.* 2006, Pennings *et al.* 2011）。また、ロイシンは、骨格筋だけではなく、肝臓においても mTOR の活性化を介して、たんぱく質合成を高め、血中のアルブミン濃度を改善する効果も有している（Nishitani *et al.* 2004）。ロイシンと同様に、血糖を低下させるホルモンであるインスリンも筋たんぱく質の合成を促進し、分解を抑制する効果をもっている。そこで、たんぱく質やアミノ酸だけではなく、糖質も同時に摂取することでさらに高い効果を得ようとする方法もある。しかしながら、高齢者の骨格筋ではインスリン抵抗性や同化抵抗性が生じていることが多く、ロイシンや糖質の同時摂取による筋たんぱく質の合成促進効果が、若年者に比べて得にくくなっている。したがって、その効果を得ようとする場合においては、若年者より多くのロイシンや糖質を摂取しなければならないようである（藤田 2015, Katsanos *et al.* 2006）。

　たんぱく質を過剰に摂取した場合には、代謝産物である尿素窒素が多く生成され、それを排泄する際に腎臓に負荷がかかる。したがって、高齢者においてたんぱく質の摂取量を増やすことで腎機能に悪影響がでるのではないかと懸念されていた。しかしながら、腎機能に障害のない高齢者において、たんぱく質摂取量の増加が腎機能に悪影響を及ぼすというエビデンスは今のところほとんどない。また、たんぱく質を多く摂取した場合には、腎臓からのカルシウムの排出が増加してしまうため、骨密度に対してむしろ好ましくないだろうという意見もみられた。しかしながら、そのような効果を示す明確なエビデンスはなく、むしろ最近では、たんぱく質を多く摂取することで小腸におけるカルシウムの吸収が高まると考えられている（Siddique *et al.* 2017）。骨のもう 1 つの成分であるコラーゲンもたんぱく質であり、高齢期における骨密度の低下・骨粗しょう症の予防という点においても、たんぱく質摂取量を増やすことは重要となる。骨密度を維持するうえでは、カルシウムの摂取が重要であるといわれているが、後述するビタミンＤの摂取量を増やすことでより高い効果が得られる。

4.4　低栄養状態を克服する　　273

以上のように、高齢者のサルコペニアや低アルブミン血症を予防・改善さ
せるうえで、たんぱく質摂取の重要性が認識されているが、とくにサルコペ
ニアに関しては、たんぱく質の摂取を増やすだけでは、効果は十分とはいえ
ないようである。たんぱく質摂取の効果を高め、筋量・筋力を保持・増進す
るためには運動が不可欠であり、運動（レジスタンス運動など）とたんぱく
質摂取を組み合わせることが、もっとも効果的な方法であることが多くの研
究で示されている（Beaudart *et al.* 2017）。また、最近の研究では、活動的で
健康的な高齢者では、同化抵抗性が生じていないという報告もあることから
（Moro *et al.* 2018）、成人期から運動・身体活動を確保し、健康を保つことが
重要であるといえる。

n-3 系脂肪酸

　近年、サルコペニア予防のためには、たんぱく質を摂取するだけではなく、
それ以外の栄養素を同時に摂取することの重要性が指摘されつつある（McGlory
et al. 2018）。たとえば、抽出・精製された乳たんぱく質だけを摂取するので
はなく牛乳（全乳）を摂取した場合や、また、たんぱく質を多く含む卵白だ
けを摂取するのではなく全卵を摂取した場合に、筋たんぱく質合成がより高
まるというデータが報告されている（Elliot *et al.* 2006, van Vliet *et al.* 2017）。
このような結果が得られたのは、全乳や卵黄に含まれている脂肪酸やビタミ
ンなどの微量成分がたんぱく質合成を高めたからではないかと考えられてい
る。そのような栄養素の中でも、*n*-3 系脂肪酸とビタミン D が近年注目を集
めており、それぞれの効果についてくわしくみていくことにする。

　一般的に油脂とは、グリセロール分子に脂肪酸が 3 個結合したトリアシル
グリセロール（中性脂肪）のことを指す。その主な構成成分である脂肪酸の
違いによって油脂の性質や機能が決まる。脂肪酸は、それに含まれる炭素の
数や炭素同士の二重結合の有無によって図 4.4.4 のように分類されるが、*n*-3
系脂肪酸とは二重結合を複数個有する脂肪酸（多価不飽和脂肪酸）のうちリノ
レン酸、エイコタペンタエン酸（EPA）、ドコサヘキサエン酸（DHA）のこ
とを指す。リノレン酸は、亜麻仁油やえごま油などの植物油に多く含まれて
おり、一方、エイコタペンタエン酸、ドコサヘキサエン酸は魚油に多く含ま

274　　第 4 章　食事と栄養

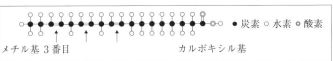

脂肪酸の名称	炭素数	二重結合数	多く含まれる油脂
酪酸	4 ⎫短鎖	0（飽和）	乳脂
カプロン酸	6 ⎭	0（飽和）	乳脂
カプリル酸	8 ⎫中鎖	0（飽和）	ヤシ油、パーム核油、乳脂
カプリン酸	10 ⎭	0（飽和）	ヤシ油、パーム核油、乳脂
ラウリン酸	12	0（飽和）	ヤシ油、パーム核油
ミスチリン酸	14	0（飽和）	ヤシ油、パーム核油
パルミチン酸	16	0（飽和）	パーム油
ステアリン酸	18	0（飽和）	牛脂、豚脂
オレイン酸	18 ⎫長鎖	1（不飽和）	オリーブ油、菜種油
リノール酸	18	2（不飽和）	大豆油、コーン油
リノレン酸	18	3（不飽和）	亜麻仁油、えごま油
エイコサペンタエン酸	20	5（不飽和）	魚油
ドコサヘキサエン酸	22 ⎭	6（不飽和）	魚油

図 4.4.4 脂肪酸の分類（上）と n-3 系脂肪酸の構造（下）。脂肪酸は炭素の数と炭素同士の二重結合の有無によって分類される。n-3 系脂肪酸は、脂肪酸のカルボキシル基の炭素を 1 番目の炭素としたとき、メチル基までの合計 n 個の炭素で構成される脂肪酸において、最初の二重結合（↑）がメチル基の炭素（n 個目の炭素）から数えて 3 番目にあるということに基づいて n-3（エヌ・マイナス・3）系と呼ばれており、リノレン酸、エイコサペンタエン酸、ドコサヘキサエン酸がそれにあたる。

れている脂肪酸である。

　この n-3 脂肪酸の効果に関しては、2000 人以上の高齢者を対象とした調査において、n-3 系脂肪酸を多く含む魚の摂取量が多い人ほど握力が高く維持されていることや（Robinson *et al.* 2008）、n-3 系脂肪酸を高齢者に 8 週間から 6 カ月間にわたって摂取させた結果、筋たんぱく質の合成が高まり（Smith *et al.* 2011）、筋機能に改善がみられるといった結果（Smith *et al.* 2015）が報告されている。このような結果から、n-3 系脂肪酸が高齢者の筋量・筋機能の維持に有効な成分となり得るのではないかと注目されている。

　先述したように、高齢者ではインスリン抵抗性・同化抵抗性を発症しているケースも多い。n-3 系脂肪酸は、インスリン抵抗性の原因とされている内臓脂肪や炎症反応を生じさせる物質（炎症性サイトカイン）を減少させることで、筋たんぱく質合成を促す（同化抵抗性を改善する）と考えられている

（Robinson *et al.* 2018）。また、*n*-3 系脂肪酸は、細胞膜の構成成分の１つであり、*n*-3 系脂肪酸を摂取することでその含有量が高まった細胞膜では、流動性が高くなり、細胞同士および細胞内におけるさまざまな情報の受け渡しがスムーズになるといわれている。その結果、たんぱく質合成に関わる情報伝達経路（図 4.4.2）も活性化するという可能性も示されている（McGlory *et al.* 2018）。

　このように、*n*-3 系脂肪酸については、高齢者を対象とした研究やそのメカニズムの解明に関する研究が進められており、高齢者の筋機能の維持・回復のために有効な栄養素・サプリメントとして期待されている。しかしながら、まだ十分な数の研究がおこなわれているわけではなく、今後さらなるエビデンスの蓄積が求められているのが現状である。

　n-3 系脂肪酸は、近年、脳の認知機能との関係でも注目を集めている。脳にはリン脂質と呼ばれる物質が多く含まれており（リン脂質は細胞膜のおもな構成成分）、DHA の多くはこのリン脂質画分に取り込まれる。アルツハイマー型認知症（3.9 節も参照）患者の脳、とくに記憶を司る海馬と呼ばれる部位の DHA 量が、同年齢の対照者と比べて低下していることや（Söderberg *et al.* 1991）、*n*-3 系脂肪酸の摂取量が少ない者では、アルツハイマー病のリスクが高くなると報告している大規模な調査研究が複数存在する（Cunnane *et al.* 2009）。このような研究結果から、DHA の摂取量を増やすことで、アルツハイマー型認知症を予防・改善できるのではないかと期待されている。実際に、DHA の投与により認知症の症状の改善が認められたとする研究報告はあるものの、これまでの研究結果をまとめて解析をおこなった場合には、アルツハイマー型認知症患者において *n*-3 系脂肪酸のサプリメントを摂取しても、認知機能の改善にはつながらないという結果が得られている（Jiao *et al.* 2014）（認知機能の低下が軽度の者であれば効果的であるが、中程度のアルツハイマー病患者では効果がないという意見もある（Freund-Levi *et al.* 2006））。近年、認知症患者が急増しており、*n*-3 系脂肪酸だけではなく、後述する中鎖脂肪酸など、脂質摂取と脳の認知機能との関係に対する関心が高まっている。世界的にも研究がさかんにおこなわれており、今後の研究次第では異なる結論が得られる可能性もあり、引き続き注目していきたい分野である。

ビタミンD

　ビタミンDは、魚類に多く含まれ、カルシウム結合たんぱく質を増やすことで小腸でのカルシウムの吸収を促進したり、骨芽細胞や破骨細胞などの骨代謝に関わる細胞の活性を調節したりすることで骨密度を高める作用を有している。さらに最近の研究では、骨密度だけではなく、筋機能や認知機能に対してもビタミンDが影響を及ぼしているという可能性が示されている。

　骨格筋にもビタミンDの受容体が存在し、筋たんぱく質の合成や筋機能に対してポジティブな効果をもたらすことが期待されている（Bouillon *et al.* 2008）。ビタミンDは紫外線によって皮膚でも生成される。食事によって摂取したものと皮膚で生成されたものをあわせた生体内のビタミンD量の指標として、25-ヒドロキシビタミンD（25[OH]D）が用いられる。この血中25[OH]D濃度が低値を示す高齢者では、筋力・筋機能が低くなることが多くの調査研究で示されている（Robinson *et al.* 2018）。さらに、ビタミンDの効果についておこなわれたこれまでの研究成果を解析した結果、ビタミンDのサプリメントの摂取は、少しではあるが、筋力・筋機能に好ましい効果をもたらし、とくに65歳以上の高齢者においてその効果が強く現れるということも報告されている（Beaudart *et al.* 2014）。ただし、このようなサプリメント摂取の効果は、ビタミンDが不足・欠乏している者においてのみ有効であり、充足している者や筋力や身体機能が保たれている者にとってはさらなる効果は期待できないようである（Robinson *et al.* 2018）。また、筋力・筋機能に対して、ビタミンDのサプリメントを摂取しても効果はないとする報告もあり、今後さらなるエビデンスの蓄積が必要な分野でもある。

　ビタミンDの受容体は、骨や骨格筋だけではなく、脳にも存在している。血中の25[OH]D濃度が健常な者に比べてアルツハイマー病患者で低値を示すことや、25[OH]Dの血中濃度が高い者ほど脳の容積が大きくなることも認められている（Moore *et al.* 2018）。このように、ビタミンDと認知機能の関係性を示す報告がある一方で、実際にビタミンDの摂取量を増やして効果を検証した研究は少なく、ビタミンDによる認知機能の改善効果が期待されてはいるものの、十分な研究がされているとはいえない状況である。

中鎖脂肪酸

　私たちが日常生活で利用する油脂のほとんどが、炭素を 14 個以上もつ「長鎖脂肪酸」と呼ばれる脂肪酸で構成されている。一方、炭素数が 8-10 個のものは「中鎖脂肪酸」と呼ばれ（図 4.4.4）、この脂肪酸が近年、認知症予防やサルコペニア予防という点で注目を集めつつある。

　中鎖脂肪酸は、主にパーム核油に約 7%、ヤシ油に約 14% 含まれる脂肪酸である。また、牛乳およびチーズなどの乳製品にも含まれており、日本人の場合、1 日あたり 0.2-0.3 g 程度の中鎖脂肪酸を日常的に摂取しているといわれている。日本人高齢者を対象として、脂肪酸の摂取量と認知機能との関係についておこなわれた調査では、中鎖脂肪鎖の摂取が認知機能低下のリスクを軽減しうる可能性が示されている（大塚他 2015）。では、中鎖脂肪酸は認知機能に対してどのような影響を及ぼすのであろうか？

　アルツハイマー型認知症の発症原因としてあげられているさまざまな要因の 1 つに、脳の糖代謝異常がある。アルツハイマー型認知症の原因物質として知られているアミロイド β が脳内に沈着することで、糖質によるエネルギー供給系の 1 つである解糖系が抑制され（糖質をエネルギー源として利用できなくなり）、神経細胞がエネルギー不足に陥り、認知機能の低下につながってしまうという説がある（Cunnane *et al.* 2011）。さらに、アルツハイマー型認知症の原因の 1 つとしてあげられている「タウたんぱく質」と呼ばれる物質の過剰なリン酸化も、神経細胞での糖の利用が減少することでさらに進み、神経細胞の細胞死を引き起こす（Cunnane *et al.* 2011）。このような、脳の糖代謝の低下は、アルツハイマー型認知症の原因というよりも、むしろアルツハイマー型認知症が進行し、脳の活動量（エネルギー消費量）が低下したことや脳が萎縮した結果である、という見方もある。しかしながら、このような脳の糖代謝機能の低下は、アルツハイマー型認知症の発症よりも先んじて生じるようである（Cunnane *et al.* 2011）。したがって、このような脳の糖代謝機能の低下を早い段階で改善するか、もしくは糖の代わりとなる他のエネルギーを脳に供給することが重要となる。

　図 4.4.5 に示すように、通常の食用油に多く含まれる長鎖脂肪酸は、小腸

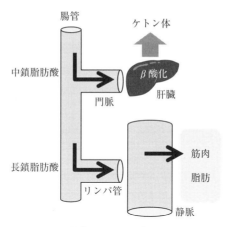

図 4.4.5 中鎖脂肪酸と長鎖脂肪酸の吸収経路の違い。

で吸収されたのち、リンパ管を経由してから静脈に入り、脂肪や骨格筋をはじめとするさまざまな臓器に運ばれる。一方、中鎖脂肪酸は、門脈という血管を通り、直接肝臓に流入する。このようにして肝臓に入った中鎖脂肪酸は、速やかに酸化され、ケトン体と呼ばれる物質に変換される。このケトン体が、糖を利用できなくなったアルツハイマー型認知症患者の脳において代替エネルギーとして利用され、その進行を予防できるのではないかという可能性が示されており（Cunnane *et al.* 2011）、そのケトン体を効率よくつくり出す栄養素である中鎖脂肪酸が注目されている。実際に、アルツハイマー病患者が中鎖脂肪酸を摂取することで、その後の血中ケトン体濃度の増加に比例して、脳へのケトン体の取り込みが増加し（Croteau *et al.* 2018）、認知機能が改善すること（Reger *et al.* 2004）、さらに、そのケトン体の血中濃度と認知機能の改善度合いの間に相関関係が認められること（Reger *et al.* 2004）、などが報告されている（図 4.4.6）。

中鎖脂肪酸の摂取によって、高齢者の筋力が回復するといった報告もみられる。図 4.4.7 は、老人介護施設に入居している 80 歳以上の高齢者に、先に紹介したロイシンやビタミン D に加えて長鎖脂肪酸もしくは中鎖脂肪酸のどちらかを含むサプリメントを 3 カ月間にわたって摂取してもらった際の体重や筋力などの変化を示している。サプリメントを何も摂取しないコントロー

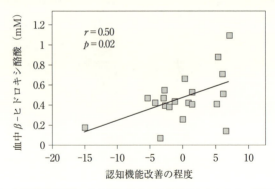

図 4.4.6 中鎖脂肪酸摂取による認知機能の改善効果と血中ケトン体濃度との関係。アルツハイマー型認知症患者もしくは軽度の認知機能低下がみられる患者に対して中鎖脂肪酸を摂取させた後、認知機能テストをおこなった。中鎖脂肪酸の摂取により認知機能の改善が認められ、その改善程度と血中ケトン体（β-ヒドロキシ酪酸）濃度との間に相関関係が認められた。(Reger *et al.* 2004) より作成。

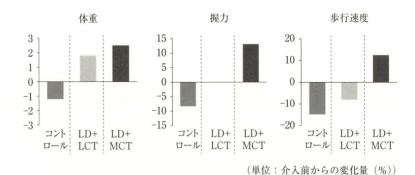

図 4.4.7 中鎖脂肪鎖を含むサプリメントが、高齢者の体重、握力および歩行速度に及ぼす影響。介護施設に入居している高齢者（平均年齢86歳）に対して、3カ月間介入し、その前後で体重、握力、歩行速度などの測定をおこなった。(Abe *et al.* 2016) より作成。

ル群や長鎖脂肪酸を含んだサプリメントを摂取した群では、体重、握力およ
び歩行速度などが減少もしくは良くても維持される程度であるのに対して、
中鎖脂肪酸を含むサプリメントを摂取した群では、これらの項目がすべて向
上するという結果が得られている（Abe *et al.* 2016）。また、血中アルブミン
濃度が低値を示す高齢者に、中鎖脂肪酸を含む飲料を摂取させた結果、アル
ブミン濃度の改善がみられたとする報告もある（野坂他 2010）。

　以上のように、中鎖脂肪酸には高齢者における低栄養、サルコペニアさら
には認知症の問題を改善できるとの期待が寄せられている。しかしながら、
n-3系脂肪酸やビタミンDと同様にそれが効果的であると断定できるほどの
研究成果が得られていないのが現状である。これらの栄養素による効果は限
定的であり、一度悪化したものを元の状態に戻すほどの大きな効果は期待で
きないと考えたほうが良いだろう。

4.5　高齢者における特有の難しさ──早期対策の重要性

　先述したように、中年期においては過栄養状態に、一方、高齢期では低栄
養状態になる人が多い。しかしながら、何歳くらいで過栄養対策から低栄養
対策に切り替えればよいのか？　これについては、残念ながら明確な基準は
存在しない。1つの考え方として、60歳までは過栄養・肥満に注意し、75
歳以上の後期高齢者は低栄養予防に注意するというものが示されている（図
4.5.1）（葛谷 2018）。その間の65-74歳はグレーゾーンであり、過栄養に対す
る対策が必要な人もいれば、すでに低栄養状態に陥り、その対策が必要な人
もいる。このように過栄養と低栄養の状態が混在する年齢層では対策が難し
くなる。

　また、高齢者においてはさまざまな疾患を抱えることも多く、加齢そのも
のによる影響だけではなく、その病気による影響や治療による副作用も認め
られる。したがって、何か健康上の問題が生じた場合にその原因を突き止め
て対策を練ることが、成人に比べて一段と難しくなる。さらに、近年では、

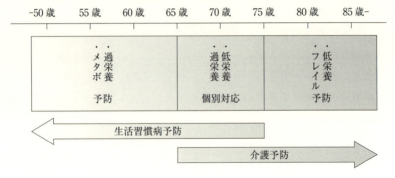

図 4.5.1 中年から高齢期にかけての栄養管理についての考え方（葛谷 2018）。

　肥満とサルコペニアが混在した状態である「サルコペニア肥満」が大きな社会問題となっている。肥満の解消にはエネルギー摂取量を制限することが必要であるが、エネルギー摂取量を制限すれば、たんぱく質の摂取量が不足し、サルコペニアの状態がさらに悪化する。一方、骨格筋の萎縮を予防するために、エネルギー摂取量やたんぱく質の摂取量を増やした場合、今度は肥満の解消が遅れる。このようなケースにおいては、持久的な運動とレジスタンス運動の両方をおこない、エネルギー消費量を増やしながら、筋肥大を生じさせることが望ましいのはいうまでもない。しかしながら、サルコペニア肥満の患者にとって、十分な量の運動を実施するのはとても難しい。

　このように、高齢期になって健康状態がかなり悪化してからはじめて、運動さらには栄養素の摂取によって健康状態を回復しようとすることは難しいのが現実である。また先述したように、さまざまな機能性食品の開発もおこなわれているが、それらを摂取したからといって完全に回復できるわけではない。若いころの運動や適切な食事は、遺伝子の化学的な修飾状態の変化を介して、その人の健康の保持・増進に対して長きにわたり影響を及ぼし続けることも近年明らかとなっている（Sharples *et al.* 2016）。以上のことを踏まえて、高齢期の健康についてある程度予見しながら、若いころから適度な運動と適切な食事を心がけ、筋量や骨密度を高め、健康な状態を維持しておくことがきわめて重要である。

引用文献

Abe, S. *et al.*, Medium-chain triglycerides in combination with leucine and vitamin D increase muscle strength and function in frail elderly adults in a randomized controlled trial, *J. Nutr.*, **146**: 1017-1026, 2016.

An, R. *et al.*, Age-dependent changes in GI physiology and microbiota: time to reconsider? *Gut.*, **67**: 2213-2222, 2018.

Beaudart, C. *et al.*, Nutrition and physical activity in the prevention and treatment of sarcopenia: systematic review, *Osteoporos. Int.*, **28**: 1817-1833, 2017.

Beaudart, C. *et al.*, The effects of vitamin D on skeletal muscle strength, muscle mass, and muscle power: a systematic review and meta-analysis of randomized controlled trials, *J. Clin. Endocrinol. Metab.*, **99**: 4336-4345, 2014.

Bouillon, R. *et al.*, Vitamin D and health: perspectives from mice and man, *J. Bone Miner Res.*, **23**: 974-979, 2008.

Churuangsuk, C. *et al.*, Low-carbohydrate diets for overweight and obesity: a systematic review of the systematic reviews, *Obes. Rev.*, **19**: 1700-1718, 2018.

Colman, R. J. *et al.*, Caloric restriction delays disease onset and mortality in rhesus monkeys, *Science*, **325**: 201-204, 2009.

Croteau, E. *et al.*, Ketogenic medium chain triglycerides increase brain energy metabolism in Alzheimer's disease, *J. Alzheimers Dis.*, **64**: 551-561, 2018.

Cuervo, A. M. *et al.*, Autophagy and aging: the importance of maintaining "clean" cells, *Autophagy*, **1**: 131-140, 2005.

Cunnane, S. C. *et al.*, Fish, docosahexaenoic acid and Alzheimer's disease, *Prog. Lipid. Res.*, **48**: 239-256, 2009.

Cunnane, S. *et al.*, Brain fuel metabolism, aging, and Alzheimer's disease, *Nutrition*, **27**: 3-20, 2011.

Elliot, T. A. *et al.*, Milk ingestion stimulates net muscle protein synthesis following resistance exercise, *Med. Sci. Sports Exerc.*, **38**: 667-674, 2006.

Feldman, M. *et al.*, Effects of aging and gastritis on gastric acid and pepsin secretion in humans: a prospective study, *Gastroenterology*, **110**: 1043-1052, 1996.

Freund-Levi, Y. *et al.*, Omega-3 fatty acid treatment in 174 patients with mild to moderate Alzheimer disease: OmegAD study: a randomized double-blind trial, *Arch. Neurol.*, **63**: 1402-1408, 2006.

藤田聡, 加齢にともなう筋量・筋機能維持に有効なアミノ酸摂取, 『体育の科学』, **65**: 807-811, 2015.

Gutschow, C. A. *et al.*, Effect of aging on esophageal motility in patients with and without GERD, *Ger. Med. Sci.*, **9**: Doc22, 2011.

Holloszy, J. O., Mortality rate and longevity of food-restricted exercising male rats: a re-evaluation, *J. Appl. Physiol.*, **82**: 399-403, 1997.

Jiao, J. *et al.*, Effect of n-3 PUFA supplementation on cognitive function throughout the life span from infancy to old age: a systematic review and meta-analysis of randomized controlled trials, *Am. J. Clin. Nutr.*, **100**: 1422-1436, 2014.

Katsanos, C. S. *et al.*, A high proportion of leucine is required for optimal stimulation of the rate of muscle protein synthesis by essential amino acids in the elderly, *Am. J.*

Physiol. Endocrinol. Metab., **291**: E381-E387, 2006.

厚生労働省『日本人の食事摂取基準（2015 年版)』, 策定検討会報告書, 2014.

厚生労働省『平成 29 年国民健康・栄養調査結果の概要』, 2018.

葛谷雅文『フレイル・要介護状態と栄養』, リハ栄養からアプローチするサルコペニアバイブル, 日本医事新報社, 2018.

増田敦子『解剖生理をおもしろく学ぶ』, サイオ出版, 2015.

Mattison, J. A. *et al.*, Caloric restriction improves health and survival of rhesus monkeys, *Nat. Commun.*, **8**: 14063, 2017.

McGlory, C. *et al.*, The impact of exercise and nutrition on the regulation of skeletal muscle mass, *J. Physiol.*, **597**: 1251-1258, 2019.

Moore, K. *et al.*, Diet, nutrition and the ageing brain: current evidence and new directions, *Proc. Nutr. Soc.*, **77**: 152-163, 2018.

Moro, T. *et al.*, Muscle protein anabolic resistance to essential amino acids does not occur in healthy older adults before or after resistance exercise training, *J. Nutr.*, **148**: 900-909, 2018.

Mountjoy, M. *et al.*, IOC consensus statement on relative energy deficiency in sport (RED-S): 2018 update, *Br. J. Sports Med.*, **52**: 687-697, 2018.

Naude, C. E. *et al.*, Low carbohydrate versus isoenergetic balanced diets for reducing weight and cardiovascular risk: a systematic review and meta-analysis, *PLoS ONE*, **9**: e100652, 2014.

Nieuwenhuizen, W. F. *et al.*, Older adults and patients in need of nutritional support: review of current treatment options and factors influencing nutritional intake, *Clin. Nutr.*, **29**: 160-169, 2010.

Nishitani, S. *et al.*, Pharmacological activities of branched-chain amino acids: specificity of tissue and signal transduction, *Biochem. Biophys. Res. Commun.*, **313**: 387-389, 2004.

野坂直久他, タンパク・エネルギー低栄養（PEM）のリスクを保有する高齢者における中鎖脂肪酸摂取が血清アルブミン値に及ぼす影響, 『日本臨床栄養学会雑誌』, **32**: 52-61, 2010.

大塚礼他, 地域在住高齢者における短鎖および中鎖脂肪酸摂取が 8 年間の認知機能得点低下に及ぼす影響, 『日本栄養・食糧学会誌』, **68**: 101-111, 2015.

Paddon-Jones, D. and Leidy, H., Dietary protein and muscle in older persons, *Curr. Opin. Clin. Nutr. Metab. Care*, **17**: 5-11, 2014.

Pennings, B. *et al.*, Whey protein stimulates postprandial muscle protein accretion more effectively than do casein and casein hydrolysate in older men, *Am. J. Clin. Nutr.*, **93**: 997-1005, 2011.

Rayner, C. K. and Horowitz, M., Physiology of the ageing gut, *Curr. Opin. Clin. Nutr. Metab. Care*, **16**: 33-38, 2013.

Reger, M. A. *et al.*, Effects of beta-hydroxybutyrate on cognition in memory-impaired adults, *Neurobiol. Aging*, **25**: 311-314, 2004.

Robinson, S. M. *et al.*, Does nutrition play a role in the prevention and management of sarcopenia?, *Clin. Nutr.*, **37**: 1121-1132, 2018.

Robinson, S. M. *et al.*, Diet and its relationship with grip strength in community-dwelling older men and women: the Hertfordshire cohort study, *J. Am. Geriatr. Soc.*, **56**: 84-90,

2008.

Seidelmann, S. D. *et al.*, Dietary carbohydrate intake and mortality: a prospective cohort study and meta-analysis, *Lancet Public Health*, **3**: e419-e428, 2018.

Sharples, A. P. *et al.*, Does skeletal muscle have an 'epi'-memory? The role of epigenetics in nutritional programming, metabolic disease, aging and exercise, *Aging Cell*, **15**: 603-616, 2016.

Siddique, N. *et al.*, Malnutrition in the elderly and its effects on bone health - A review, *Clin. Nutr. ESPEN*, **21**: 31-39, 2017.

Smith, G. I. *et al.*, High-protein intake during weight loss therapy eliminates the weight-loss-induced improvement in insulin action in obese postmenopausal women, *Cell Rep.*, **17**: 849-861, 2016.

Smith, G. I. *et al.*, Dietary omega-3 fatty acid supplementation increases the rate of muscle protein synthesis in older adults: a randomized controlled trial, *Am. J. Clin. Nutr.*, **93**: 402-412, 2011.

Smith, G. I. *et al.*, Fish oil-derived n-3 PUFA therapy increases muscle mass and function in healthy older adults, *Am. J. Clin. Nutr.*, **102**: 115-122, 2015.

Söderberg, M. *et al.*, Fatty acid composition of brain phospholipids in aging and in Alzheimer's disease, *Lipids*, **26**: 421-425, 1991.

van Vliet, S. *et al.*, Consumption of whole eggs promotes greater stimulation of postexercise muscle protein synthesis than consumption of isonitrogenous amounts of egg whites in young men, *Am. J. Clin. Nutr.*, **106**: 1401-1412, 2017.

Waldman, H. S. *et al.*, A shift toward a high-fat diet in the current metabolic paradigm: A new perspective, *Nutrition*, **46**: 33-35, 2018.

Weiss, E. P. and Holloszy, J. O., Improvements in body composition, glucose tolerance, and insulin action induced by increasing energy expenditure or decreasing energy intake, *J. Nutr.*, **137**: 1087-1090, 2007.

Welge-Lüssen, A., Ageing, neurodegeneration, and olfactory and gustatory loss, *B-ENT*, *Suppl.*, **13**: 129-132, 2009.

Wycherley, T. P. *et al.*, Effects of energy-restricted high-protein, low-fat compared with standard-protein, low-fat diets: a meta-analysis of randomized controlled trials, *Am. J. Clin. Nutr.*, **96**: 1281-1298, 2012.

Wysokiński, A. *et al.*, Mechanisms of the anorexia of aging-a review, *Age*, **37**: 81, 2015.

コラム　食事や健康法に関する信頼性の高い情報とは？

　書店に行くと、健康法、とくに食事やダイエット法に関する書籍が数多く並べられている。「○○するだけで△kgやせる！　超簡単ダイエット法」といった、とても魅力的なタイトルが掲げられており、「そんなに簡単にやせられるならば、試してみようかな」とその本についつい手が伸びてしまう。しかしながら、現実はそんなに甘くない。もしそのような手法が効果的であるならば、日本の医療費は今頃かなり削減されているはずである。また、高齢者の健康に関してもさまざまな本が出版されているが、その中には、「肉を食べると寿命を縮める」というようなタイトルの本もあれば、逆に「肉を食べると長生き！」といった内容の本もある。このように、「この本の内容は、本当に正しいのか？」「どちらの本の内容を信じたらよいのか？」というように不安に感じたことはないだろうか（この本はそのような印象を与えるものではないことを願うが……）。

　では、信頼性の高い健康情報とは一体どのようなものなのであろうか？　図1に、科学的根拠のレベルを示した。この図では上に行くほど、信頼性が高いことを意味している。まず、研究者がある健康法の効果を検討しようとした場合、ランダム化比較試験（RCT）と呼ばれる実験をおこなうことが多い。これは、実験に参加してくれる対象者（被験者）を、無作為（ランダム）に、その健康法を実施する群（介入群）としない群（対照群）に振り分けて、その両群で効果を比較検討する方法である。対照群を設けるのは、実験という特殊な状況に置かれるだけでも、普段の生活様式が違ってきてしまうことがあり、そうした影響の程度を知るためである。また、被験者をランダムに振り分けるのは、被験者には体力や体質に個人差があり、それらが仮に結果を歪めてしまう可能性があったとしても、ある程度の数の被験者を無作為に割り振れば、それらの要因がグループ間でほぼ同じになり、問題にならなくなるためである。RCTを実施するためには、大変な労力と費用がかかるが、とても信頼性の高い情報となる。さらに、このようにしておこなわれたRCTの結果を世界中から集め、統合・解析しなおしたものが、メタ解析や系統的（システマティック）レビューと呼ばれるものになる。このメタ解析や系統的レビューでは、最終的に解析対象者が多いときで数万から数十万名にもなるため、もっとも信頼性の高い科学的根拠となる。一方、一般書の多くは、ある個人の経験に基づいて執筆されたものがほとんどであり、その個人では効果があったかもしれないが、他の大多数の人でも同様の効果が得られる

286　　第4章　食事と栄養

のかは不明である。ただし、メタ解析やシステマティックレビューの結果を盲目的に受け入れて良いのかというと、必ずしもそうではない。メタ解析にはある一定のルールがあるが、それを守っていない解析もみられる。たとえば、本章でも示したように、糖質制限食によるダイエット効果に関しても、システマティックレビューがこれまでに複数報告されているが、質の悪いレビューでは、まったく異なる結論が導かれていることから（Churuangsuk *et al.* 2018）、その情報の取り扱いにも注意が必要である。

　当然のことながら、動物実験で効果が認められた健康法や健康食品が、ヒトでも同様に効果的であると考えることはできない。では、動物実験は意味がないのかというと、必ずしもそうではない。RCTやメタ解析・系統的レビューで効果があると認められた健康法・食事法でも、ではなぜその方法が効果的なのか？という部分、つまりメカニズムが明らかになっていないことが多い。細胞や実験動物を対象とした研究は、その部分（メカニズム）を明らかにすることを目的としている。最終的には、「高齢者の健康を維持するためには○○を積極的に摂取すると効果的です（RCTやメタ解析の結果から得られる結論）。なぜなら、それによって、骨格筋や肝臓において○○と呼ばれる細胞内分子を活性化し、それによって代謝機能が良くなるからです（動物実験などによって明らかになったメカニズム）」ということを示すことができれば、鬼（＝RCTやメタ解析結果）に金棒（＝くわしいメカニズム）となり、それがもっとも信頼性の高い情報となるのである。

図1　エビデンス（科学的根拠）の階層性。

参考文献

Churuangsuk, C. *et al.*, Low-carbohydrate diets for overweight and obesity: a systematic review of the systematic reviews, *Obes. Rev.*, **19**: 1700-1718, 2018.

おわりに

　編者の 1 人、深代は、これまで東京大学出版会から 3 冊の教科書（巻末参照）を刊行してきた。どれも編集部の丹内利香氏にお世話になっているが、本の編集作業の合間に、当然ながらさまざまな話をする。話の内容は、若者気質、日本の将来像、スポーツや健康本の氾濫など多岐にわたるが、その中で、近い将来に日本の人口で中心を占めることになる高齢者の健康について、研究ベースでしっかりとした本をつくりたいということで、2 人の考えが一致した。そこで、長年の親友であり、この分野の専門家でもある安部孝教授に協力を依頼し、本の構成と執筆者選定、そして編集を進めてきた。

　本書は、セルフチェック・実践・疾病への運動と栄養摂取効果という 4 部構成であるが、各節については、その分野で最先端の研究をおこなっている専門家に依頼した。依頼に際しては、例えば「高齢者の○○に対する運動の効果をエビデンスベースで明確にする、効果がない場合も明確に記す」というように、具体的に研究ベースで各テーマについて明らかにすることをお願いした。ただ、研究論文ではないので、引用文献を 10 編程度にとお願いしたが、結果として多くなった節も出現した。そして、それぞれの原稿があがった段階で、最新研究の情報を含んでいるか否かについて吟味し、編者と執筆者のキャッチボールを、節によっては何度もおこなった。各執筆者に対する加筆修正に関しては、すべて快く対応いただいた。この応対について、この場を借りて御礼申し上げたい。結果として、本書は令和元年時点での最新研究を凝縮することができたと自負している。

　また、各節の見出しは、読者に受け入れられやすい柔らかいものとした。執筆者への最初の原稿依頼のときは各節のテーマでお願いして、最終的に目次を決める際に、柔らかいタイトルをつけるという順序で進めた。そのほうが、内容は専門的であるのに対し、タイトルは柔らかく読み始めやすい目次になると踏んだからである。

最後に、本書の作成にあたり、本の構想から章立ての起案、編者と各執筆者との修正や意見統一の応対、そして校正など、さまざまな観点から私どもを支えてくれた東京大学出版会の丹内利香氏に深く感謝したい。丹内氏のサポートがなければ、とても本の完成にまでたどり着けなかったからである。また、本書の原稿については、健康科学と運動生理学を専門とする深代泰子氏から忌憚のない意見を得た。その指摘を反映することによって、より正確で表現が統一された本になった。

　本書に関わったすべての方々に感謝をして、本書を閉じたい。

編者を代表して　深代千之

索引

英数字

1RM　124
1 次骨髄腔　53
2 型糖尿病　97, 142, 182
2 次骨化中心　54
2 次性サルコペニア　262
2 ステップテスト　49
5 m 歩行　45
6 分間歩行　45, 46
10 m 歩行　45
25-ヒドロキシビタミン D（25[OH]D）　277
ADL　6, 44, 50
Body mass index（BMI）　12, 16, 140, 150, 157, 159, 250
DXA 法　24, 203
FOSTA　59
FRAX　59
HDL　173
IGF　218
IRM　32
LDL　173
MD 法　204
mTOR　271
n-3 系脂肪酸　274
O 脚　55, 60
PNF ストレッチング　67
QOL　2, 51, 52, 90, 194
QUS　205
TUG（Time UP Go test）　48
X 脚　55, 60

ア 行

アクティブガイド　160
握力　21
アディポネクチン　186
アミノ酸　270

アミラーゼ　267
アルコール摂取　168, 176
アルツハイマー型認知症　222
　　──患者　276
アルツハイマー病　276
a 運動ニューロン　135
アルブミン　260
安静時エネルギー代謝量　140
異化作用　262
胃酸　267
意識性の原則　131
椅子立ち上がり　34
インスリン　21, 29, 60, 141, 184, 218, 253, 257
　　──依存型糖尿病　→　2 型糖尿病
　　──感受性　97, 254
　　──抵抗性　184, 253
　　──分泌不全　184
インターバル方式　92
インピーダンス法　88
ウエイトトレーニング　123
ウォーキング　42, 90, 171, 177, 197
うちわ歩行　55
うつ病　93, 94, 232
運動器不安定症　86
運動強度　169, 178
運動継続時間　178
運動時間　169
運動種目　169
運動頻度　169, 178
運動不足病　3
運動療法　168, 177, 195
エイコタペンタエン酸（EPA）　274
栄養失調　159
栄養不足　29
エストロゲン　57, 143, 252
エナジーアベイラビリティ　253
エネルギー消費量　254

291

エネルギー摂取量　254
エネルギー有効性　253
エビデンス　213
嚥下筋　267
炎症性サイトカイン　268, 275

カ 行

階段駆け上がり　34
解糖系　278
外反母趾　55
海綿骨　52
拡張期血圧　109, 139, 163
下肢筋力余裕度　32
カットオフ値　16
過負荷の原理　135
カルシウム　135, 252
加齢　27, 114
がん　93, 106, 210
　　──予防の14か条　213
感覚統合　75
関節炎　99
関節可動域　62
関節裂隙　193
冠動脈疾患　174, 183
基礎代謝量　188, 256
喫煙　168
気分障害　232
キモトリプシン　267
嗅覚受容体　266
狭心症　183
虚血性心疾患　93
禁煙　168, 176, 180
筋肉トレーニング　122
筋フィラメント　135
筋力余裕度　36
空腹時採血　176
グルカゴン様ペプチド-1（GLP-1）　258
系統的レビュー　286
軽度認知障害　224
ケースコントロール研究　213
血圧測定　166
血液　175
血中脂質の異常　97
血中由来インスリン様成長因子　229
血糖値　97, 184

──コントロール　142
──スパイク　187
ケトン体　279
健康　10
　　──関連体力　10
　　──診断　88
　　──長寿　210
　　──づくりのための身体活動指針　215
　　──日本21　4
原発性サルコペニア　262
減量効果　186
高血圧　97, 163
　　──症　163
高脂血症　173
膠質浸透圧　261
後天性変形　55, 58
高比重リポタンパク（HDL）コレステロール　97, 173
後弯症　55
骨改変　57
骨格　52
骨格筋　52
骨芽細胞　203, 252
骨棘　193
骨折　56
骨粗しょう症　14, 24, 57, 58, 143, 158, 202, 252
骨代謝マーカー　58
骨端核　54
骨端軟骨板　54
骨密度　56, 157, 202, 251
コホート研究　216
コラーゲン　273
コレシストキニン（CCK）　258
コレステロール　97, 173

サ 行

座位時間　89
最小筋力　35
細小血管症　183
最大酸素摂取量　10, 14, 91, 95, 100, 102, 169
サステナビリティ　2
サルコペニア　5, 12, 18, 24, 46, 90, 122, 136, 150, 159, 267
　　──肥満　282
酸素摂取量　109

292　　索引

視覚　74
自覚的運動強度　188
脂質異常症　173
視床下部　265
次世代モバイル通信　iv
自体重エクササイズ　122
疾患別死亡率　25
自転車エルゴメータ　99, 216
ジャイロセンサ　36
臭細胞　266
収縮期血圧　109, 139, 163
柔軟性　62
主観的運動強度　148
出生時体重　22
消化酵素　267
ジョギング　177
食塩　168
　　──摂取量　180
食事管理　176
褥瘡　261
除脂肪体重　187
除脂肪量　256
心筋梗塞　175, 183
神経伝達物質　237
心血管（系）疾患　99, 106, 164, 175
人工知能　iv
身体活動（量）　153, 168, 174, 176, 234, 235
身体機能障害　24
身体重心　72
身体不活動　10, 29
浸透圧　261
心不全　261
腎不全　261
深部体温　244
水圧　108
水泳　177
水温　108
水中運動療法　198
睡眠　240
　　──効率　241
　　──薬　242
スタティックストレッチング　67
ステップ運動　6
ストレッチング　65, 245
生活活動　169

生活習慣　168, 176
　　──病　3
成人病　3
生体マーカー　21
前庭覚　74
ぜん動運動　268
前頭側頭葉型認知症　222
総コレステロール　173
総死亡リスク　157
痩身　157
相対危険度　216
足圧中心の揺れ（足圧中心動揺）　79
側弯症　55
咀嚼筋　267
速筋繊維　136

タ　行

体格指数　140
太極拳　199
大血管症　183
体重　168
　　──管理　176
体性感覚　74
体組成の維持・改善　106
ダイナミックストレッチング　68
多価不飽和脂肪酸　274
タンデム歩行　49
遅筋繊維　136
緻密骨　52
中鎖脂肪酸　278
中性脂肪　173
長鎖脂肪酸　278
長座体前屈　62
低アルブミン血症　261
低栄養　260
低比重リポタンパク（LDL）コレステロール
　　97, 173
テストステロン　60
転倒　24
　　──リスク　46
同化作用　262
同化抵抗性（アナボリックレジスタンス）　270
糖質制限食　256
等尺性訓練　196
糖尿病　97, 99, 111

――神経障害　183
――腎症　183
――網膜症　183
動脈硬化　65, 97
ドコサヘキサエン酸（DHA）　274
ドーパミン　266
トラックレース　100
トリアシルグリセロール（中性脂肪）　274
トリグリセライド　173
トレーニング効果　130

ナ 行

内臓脂肪　186, 254
　――面積　150
ナチュラルキラー細胞　219
日本人のためのがん予防法　214
尿素窒素　273
認知機能　221
認知症　25, 93, 221, 269
粘性　108
脳血管性認知症　222
脳梗塞　183
脳トレーニング　226
脳由来成長因子　229
ノンレム睡眠　240

ハ 行

バイタルデータ　88
破骨細胞　203, 252
バランス訓練　197
バリアフリー　146
バリスティックストレッチング　66
皮下脂肪　264
引き込み現象　147
膝関節　192
皮質骨　52
ビタミンD　143, 273
必須アミノ酸　270
非必須アミノ酸　270
肥満　11, 99
　――症　11, 150
頻尿　244
不眠症　242
浮力　108
フレイル　117, 122, 150

βエンドルフィン　4, 266
ペプシン　267
ヘモグロビンエーワンシー（HbA1c）　185
ペリパトス学派　147
変形性膝関節症　55, 192
便秘　268
扁平足　55
報酬系　266
歩行速度　42
歩行能力　42
歩行リズムの変動（歩行周期変動）　80

マ 行

末梢動脈疾患　183
水の比重　115
味蕾　266
メタ解析　42, 286
メタボリックシンドローム　3, 14, 23, 159, 253
メッツ　110, 178, 234
メディカルチェック　180
メラトニン　242, 244
メンタルヘルス　94
門脈　279

ヤ 行

薬物療法　176, 216
有酸素性運動　177, 188, 235-237, 245
　――教室　152
有酸素性能力　170, 216
指輪っかテスト　18
抑うつ　233
予備心拍能　104

ラ 行

ランダム化比較試験（RCT）　286
立位　71
リノレン酸　274
リパーゼ　267
リポたんぱく質　261
リモデリング　57, 58
利用可能エネルギー　253
リンパ管　279
レジスタンス運動　135, 152, 177, 188
レビー小体型認知症　222
レム睡眠　240

ロイシン　272

ロコモティブシンドローム　11, 55, 117, 150, 248

ロードレース　100

執筆者一覧

編者

深代千之　東京大学大学院総合文化研究科教授（序章，1.3節，第1, 2, 3章コラム）

安部　孝　ミシシッピ大学応用科学部客員教授（序章，1.2, 2.1, 2.5節，第3章コラム）

執筆者（執筆順）

真田樹義　立命館大学スポーツ健康科学部教授（1.1，3.1，3.2節）

沢井史穂　日本女子体育大学大学院研究科長・体育学部スポーツ健康学科教授（1.4，2.4節）

小田俊明　兵庫教育大学大学院学校教育研究科　生活・健康・情報系教育コース
准教授（1.5節）

山口太一　酪農学園大学農食環境学群　食と健康学類准教授（1.6節）

政二　慶　トロントリハビリテーション研究所研究員（1.7節）

尾崎隼朗　東海学園大学スポーツ健康科学部講師（2.1，2.2節）

小野寺昇　川崎医療福祉大学副学長・医療技術学部教授（2.3節）

Jeremy P. Loenneke　ミシシッピ大学応用科学部健康運動科学科准教授（2.5節）

家光素行　立命館大学スポーツ健康科学部教授（3.3，3.4節）

井垣　誠　公立豊岡病院日高医療センターリハビリテーション技術科科長（3.5節）

福井尚志　東京大学大学院総合文化研究科広域科学専攻生命環境科学系教授（3.6節）

緑川泰史　桜美林大学健康福祉学群准教授（3.7節）

澤田　亨　早稲田大学スポーツ科学部教授（3.8節）

中本浩揮　鹿屋体育大学体育学部准教授（3.9節）

小田切優子　東京医科大学公衆衛生学分野講師（3.10節）

駒田陽子　明治薬科大学リベラルアーツ心理学研究室准教授（3.11節）

岡島　義　東京家政大学人文学部心理カウンセリング学科准教授（3.11節）

寺田　新　東京大学大学院総合文化研究科広域科学専攻生命環境科学系准教授（第4章）

編者略歴

深代千之（ふかしろ・せんし）

1955 年生まれ．東京大学大学院総合文化研究科教授．東京大学大学院教育学研究科博士課程修了，教育学博士．主要著書：『スポーツ動作の科学』（共著，東京大学出版会，2010），『〈知的〉スポーツのすすめ』（東京大学出版会，2012），『身体と動きで学ぶスポーツ科学』（共著，東京大学出版会，2018）ほか多数．

安部　孝（あべ・たかし）

1958 年生まれ．日本体育大学卒業．東京大学教養学部助手，東京都立大学教授などを経て，ミシシッピ大学応用科学部客員教授．博士（医学）．主要著書：『サルコペニアを知る・測る・学ぶ・克服する』（共著，ナップ社，2013），『これからの健康とスポーツの科学　第 4 版』（共編著，講談社，2015）ほか．

スポーツでのばす健康寿命
科学で解き明かす運動と栄養の効果

2019 年 10 月 30 日　初　版

[検印廃止]

編　者　深代千之・安部　孝

発行所　一般財団法人　東京大学出版会

代表者　吉見俊哉
153-0041 東京都目黒区駒場4-5-29
http://www.utp.or.jp/
電話 03-6407-1069　Fax 03-6407-1991
振替 00160-6-59964

組　版　有限会社プログレス
印刷所　株式会社ヒライ
製本所　誠製本株式会社

©2019 Senshi Fukashiro and Takashi Abe, *et al.*
ISBN 978-4-13-053702-5　Printed in Japan

JCOPY〈出版者著作権管理機構 委託出版物〉
本書の無断複写は著作権法上での例外を除き禁じられています．複写される場合は，そのつど事前に，出版者著作権管理機構（電話 03-5244-5088，FAX 03-5244-5089, e-mail: info@jcopy.or.jp）の許諾を得てください．

スポーツ動作の科学
バイオメカニクスで読み解く

深代千之・川本竜史・石毛勇介・若山章信　A5判・296頁・2400円

どうすれば高く跳べるのか？　運動神経は遺伝するのか？　運動スキルを上達させたい読者のために，身体の仕組みやスポーツ動作を読み解く方法を，最新の研究成果をふまえわかりやすく解説．図・写真も豊富な入門書．

〈知的〉スポーツのすすめ
スキルアップのサイエンス

深代千之　46判・224頁・2400円

どうしたら速く走れるようになるのか？　剛速球を投げるこつとは？　ゴルフのスコアをよくするための練習法とは？　スキルアップをめざす読者のために，運動の基本動作と身体の仕組みについて，最新の科学的成果をふまえ，図や写真とともにわかりやすく解説．

スポーツ栄養学
科学の基礎から「なぜ？」にこたえる

寺田 新　A5判・256頁・2800円

スポーツ選手のパフォーマンスを向上させるための食事摂取法とは？　運動と食事をどのように組み合わせれば，健康の維持増進につながるのか？　本書はその基礎となる理論を紹介しながら，細胞・分子レベルで解説．「なるほど」と納得できる役立つ内容が満載．

身体と動きで学ぶスポーツ科学
運動生理学とバイオメカニクスがパフォーマンスを変える

深代千之・内海良子　A5判・208頁・2800円

経験と勘でおこなわれてきたトレーニング．その生体内での効果を科学的に解明し，バイオメカニクスと結びつけることで，さらなるパフォーマンスの向上へ．高校で学んだ生物や物理の知識を活かし，日常の生活動作やスポーツという実践に応用してみよう．

ここに表示された価格は本体価格です．ご購入の
際には消費税が加算されますのでご了承ください．